传播概念译丛 | 主 编 黄 旦

传播概念·Agenda-Setting

James W. Dearing Everett M. Rogers /著

倪建平 /译

目　录

中文版总序

最早接触到"传播概念"丛书是1991—1992年在澳大利亚访学期间，没有全读，而是其中的一两本，当时的印象就很深刻。首先是喜其浅显，像我这等英语水平的，可以无需一手原著一手词典左顾右盼就能顺畅读完，立马觉得自己很是了得，自信心瞬间膨胀。当然，更多是充满好奇和敬佩，一个概念可以梳理得如此清晰，尽管纵横间涉及的文献不少，代表性的观点几乎无一遗漏，但起承转合丝毫不乱，条条线索各就其位，寥寥数笔就勾勒出其大概轮廓。相比之下，才明白自己所知道的那点传播学，是何等浅薄，甚至连小儿科都算不上。待到1998年有机会赴美，就有意识地找这套书来看，过去留下的印象被重新激活，遂萌生了译介的念头。

显然，厘清某一概念的来源、语境、阐释以及演变，是这套书所要完成的任务，但它们并非概念史或语源学的路子，重点是从具体的不同运用来说明其意义之差异，希望对实际的研究起点导引的作用，由此倒与研究评述有几分类似，可却又能依托文本而跳出文本，处处显露出作者自身对之的研究、理解、分析和解释，完全可称为高质量的学术著作。我特别注意丛书主编 Steven H. Chaffee 先生为每本书所作的序言，发现其第一段都用同样的文字表达下述的意思：第一，作者均是各自领域的专家；第二，一本书展现某一个概念的不同运用；第三，书中也指出关于该概念的未来研究前景。可见薄薄的概念丛书，打一开始就荷载着不轻的分量。

问题是，引入一套产于十多年前的丛书，其意为何？尽管说，经典著作没有时间限制，但这尚不是我介绍这套书的主要目的。在动手写这个总序之际，恰看到郭中实兄讨论概念的文章[①]。他说，概念在社会科学研究中有着至高无上、不可替代的地位。它是在一定研究视角内，解释纷杂社会现象的众目之纲，是学派、范式的定位点，也是理论和研究方法的基本单位和出发点。然而，概念以及概念阐释在中国大陆传播学研究和教学中并没有受到应有的重视，所占的时间、比重以及投入的精力远远落后于其他方面，在研究生和教师心目中尚没有完全形成对提炼概念的直觉和探究概念的热情与好奇心。这个批评很中肯，检查一下，我身上或多或少也存在。不过提炼和探究概念的热情与好奇心固然不足，我们使用和凭空创造概念的热情却没有因此受到影响。我们时常能看到，许多研究者既不打算追究一个概念产生的语境，亦不必辨析其使用中的多种变异，而是召之即来挥之即去，就是不见其所形成的意义之网和演变的逻辑关系。恰如郭教授文章中说的，对常见概念的“生态”环境、概念化及操作化定义，以及它们所派生出来的研究、论战、修正和跨学科理

① 见郭中实：《概念及概念阐释在未来中国传播学研究中的意义》，《新闻大学》2008 年第 1 期。

论贡献,缺乏完整的了解。此种剥离语境、割断关联的做法,必然使得概念变成一根光秃的断枝条,可随意插塞但别指望开花结果。就此来看,阅读这套丛书除了可以在知识层面系统了解这些概念的含义外,至少还有两方面的重要教益:一个是对研究思维和视野的启发,在使用一个概念前该如何先去探究其来龙去脉和前后左右关系;另一个则是为我们的实际研究,提供一个基础,不仅可以比较准确地使用这个概念,而且能够确定在此基础上所要解决的问题和突破的方向。

不消说,语言的转译,总是难免存有隔阂。“各种语言都是相通的,而对等词自然而然存在于各种语言之间,这一思想当然是哲学家、语言学家和翻译理论家徒劳无益地试图驱散的一个共同的幻觉。”①以此生发开来,倒是想起了近些年的“传播学本土化”。我们先是把“传播”当成了“communication”的对等词,然后又以“传播”去寻找中国古代的“传播”案例或者观念。遗憾是这套概念丛书中没有“communication”,然而只要翻阅过彼得斯(John Durham Peters)《交流的无奈》(*Speaking into the Air*)中的那个序论即可知道,英语“communication”的意义远非中文的“传播”所能涵盖。不仅如此,据学者考证,“传播”一词虽然早在唐朝文献中就有,但是在日本的影响下,再次在中国流行,属于19世纪来自日语的一个回归汉字借词②。由此看,暂且不谈“传播”与“com-

① 刘禾:《跨语际实践》,宋伟杰等译,三联书店,2002年,第5页。

② 〔意〕马西尼:《现代汉语词汇的形成》,黄河清译,香港中国语文学会审订,汉语大词典出版社,1997年,第195页。

munication"之间的意义对接问题,即就汉语中"传播",是否无需辨析就可直接用来解释或者概括中国古代的"传播",同样值得反省。可见,澄清概念及其使用,对于研究是何等重要。正因如此,我们每本书的标题索性直接用原文而不翻译,同时把英文原著附在后面,以便读者诸君能够对照,并对汉语和英语转译中可能存在的问题有所警觉。

很遗憾,由于主编 Chaffee 先生突然去世,此套书最终未能延展下来,迄今为止只出版了六本。我们翻译了四本,还有"Gatekeeper"和"Explication"二书,出于不同原因没能拿到其版权。在原计划中,考虑到性质类似,还曾有把 Denis McQuail 的 *Audience Analysis* 一并列入该套书的想法,后同样因中文版权问题而作罢①。此外,在 Chaffee 先生生前,潘忠党先生曾向之提议在丛书中添加"Framing"这个概念,并愿意承担写作任务,得到 Chaffee 先生的首肯,后亦因其猝然离世而搁置。我遂请潘教授直接用中文撰写此书,与这四本合为一起出版,也算是完成其先师之遗愿。潘教授欣然应承,并且已经写出了两章,只因事务繁多,尚未全部完成,我们只有再耐心等待一段时间。

这四本书其实两年前就已译完,因各种因素却拖到今天,实在很对不起译者。尽管最终总算如愿,但我还是需要在这里向译者表示歉意,并对他们的辛劳致以深深谢意。

黄旦

2008 年 3 月 30 日于复旦

① 此书现已由刘燕南博士翻译,中国人民大学出版社出版。

英文版序

这套传播概念丛书中的每一册都详尽地探讨了一个对人类传播研究具有持续重要性的概念。通过对学术文献的分析和解释,各个领域的专家探究了每个大概念所被赋予的诸多用法,并且为未来的研究工作指出了大有可为的方向。

《议程设置》就是这样一本杰作。议程设置是一个由大众传播研究领域首创的学术课题。该术语及对其进行经验研究的典型方法,都始于马克斯韦尔·麦库姆斯(Maxwell McCombs)和唐纳德·肖(Donald Shaw)于1972年发表在《公众舆论季刊》上的一篇独创性的文章。这个术语也早已为大众文献广泛使用。今天的新闻分析家们认为,如果将媒介的议程设置权力与政治劝服,以更为直接的形式区分开来的话,我们将明白他们所指称的这一概念究竟意味着什么。更重要的是,正如本卷长长的推荐阅读文献目录展示的那样,议程设置业已成为一个令人饶有兴趣的研究概念。

詹姆斯·迪林(James Dearing)和埃弗雷特·罗杰斯(Everett Rogers)已经将散乱的文献组织成几大类型;尽管它们共用一个名称,但其研究目的以及对象却截然不同。两位作者将关于一系列公共议题的相对优先权的研究和单一问题在议程上的高度优先权的竞争的生活史进行了根本区分。

前一种研究由麦库姆斯和肖这两位对媒介在社会中的作用感兴趣的学者提出。后一种以罗杰斯和迪林自己就公众对艾滋病的关注的研究为代表,它比第一种研究更具问题驱动性,并且在理论上同扩散研究有着相似之处,已经成为更普遍运用的研究方法,从而使议程设置模式适合于研究那些处理公共卫生等问题的职能机构。

这些基本的研究方法又接连衍生出许多方法,包括对媒介效果的田野实验、对新闻评价的机制研究,以及对公众舆论在政策制定中所起作用的研究。迪林和罗杰斯为传播研究中这一生气勃勃的领域提供了一种条理清晰的观点,尤其体现在对主要研究的简略描述上。从他们身上,我们深切地体察到一种对实用性与理论性并重的思想的科学追求。

Steven H. Chaffee

前　言

我们是在1980年代中期开始从事议程设置研究的，当时我们对该课题进行了批判性的评论和综合，并作为论文提交给美国公众舆论研究学会1986年的年会。我们当时提出议程设置过程有三个主要的组成部分，即：(a)媒介议程，(b)公共议程，以及(c)政策议程。我们后来对这个框架进行了扩展，并于1988年写成《议程设置研究：源头与去向》一文，发表在《传播年鉴11》中。这篇评论文章从1988年以来被半数有关议程设置的出版物引用，似乎成为许多学者的一个有用参考。而这篇文章之所以被广泛引用，主要是因为它将议程设置理解为三种议程间的互动过程。

我们后来又对一个单一问题，即美国的艾滋病问题的议程设置过程进行了历时研究（Rogers, Dearing & Chang, 1991），以回应对我们过去议程设置研究的主要批评。

我们其后继续着自己的研究，撰写了数篇有关议程设置的文章以及论著中的章节；后来又应邀在1992年美国政治学学会的周年会议上，以及1992年美国公众舆论研究会庆祝议程设置研究开创20周年的大会上宣读了论文。现在，我们两人都在进行新的议程设置研究，这些研究包括从宏观层面的跨国比较到微观的社区层次的研究。

我们并不像传播学者马克斯韦尔·麦库姆斯和唐纳德·肖或者政治科学者罗杰·科布(Roger Cobb)和查尔斯·埃尔德(Charles Elder)那样,是议程设置研究的奠基人。我们是在议程设置经验研究开始后的第二个十年进入该研究领域的,在当时和其他学者一道帮助拓宽了议程设置的研究方法。我们带头呼吁议程设置研究要有不同的研究方法,诸如建议从对公共议程的等级排列研究转向对一个或几个问题的纵向研究。当学者们试图解释和预测特定的现象时,任何一种学术范式都要对其研究范围进行一系列的筛选。然而,我们认为,议程设置研究更广阔的视野应该循着议程设置研究先驱者们深邃的视角展开,他们是:沃尔特·李普曼(Walter Lippmann),罗伯特·E·帕克(Robert E. Park),哈罗德·D·拉斯韦尔(Harold D. Lasswell),赫伯特·布卢默(Herbert Blummer),加布里埃尔·阿尔蒙德(Gabriel Almond),丹尼尔·布尔斯廷(Daniel Boorstin),詹姆斯·戴维斯(James Davis),E·E·沙特斯奈德(E. E. Schattschneider),以及伯纳德·科恩(Benard Cohen)。

我们在密歇根州立大学以及新墨西哥大学的学生们对将议程设置过程作为一种理解社会变迁的方法充满兴趣。然而,尽管有关议程设置的出版物已有数百本,但对那些需要这个重要课题相对完整导论的学生们而言,尚没有一本清晰的入门教科书。在此,我们提供了一个了解这个令人兴奋的学术课题不断增多的相关文献的途径,这些文献对社会变迁是如何发生的做出了多种解释。

许多学者和学生为我们关于议程设置过程的观点做出了贡献，尤其是匿名评阅人马克思韦尔·麦库姆斯，以及这套丛书的主编史蒂文·H·查菲。我们还要感谢我们的同事 Soonbum Chang, Dorine Bregman, Xiaoxing Fei, Wen-Ying Liu, and Judy Berkowitz，感谢他们在过去十年中对我们的议程设置研究提供的帮助。

第一章 什么是议程设置?

新闻界在多数时间里告诉人们该怎样想时可能并不成功,但它在告诉读者该思考什么时,却是令人惊奇地获得了成功。

Benard Cohen(1963, p.13)

对于备选方案如何定义是权力至高无上的作用。

E. E. Schattschneider(1960, p.68)

每个社会制度如果要确定其面临的问题哪些该优先处理的话,就必须有一个议程,以便它能够决定从何处着手工作。这样确定优先次序(prioritization)对一个社区以及整个社会都是必要的。本书旨在帮助读者理解议程设置的过程,其概念的差别,以及如何进行议程设置的研究。

作为政治过程的议程设置

什么是议程设置? *议程设置过程*是不同议题的倡议者为获取媒体专业人员、公众和政策制定精英的关注而不断展开的竞争。议程设置对下列问题提供解释:为什么在一个民主国家有关某些问题,而不是其他问题的信息可以为公众所知晓?公众舆论是如何形成的?以及为什么某些问题可以通过政策举措来加以解决,而其他问题又不能?研究议程设置主要研究社会变迁以及社会稳定。

什么是议程,议程又是如何形成的?*议程*是在某个时点上按重要性的等级排列加以传播的一批议题。政治学家罗杰 · 科布(Roger Cobb)以及查尔斯 · 埃尔德(Charles Elder)(1972/1983)用政治学的术语将*议程*定义为"一批在任何时点上都会值得政治组织注意的、属于合法关注范畴的政治议题"(p. 14)。虽然我们认定议程存在于某个时点上,但它们显然是一种动态的相互作用的结果。当不同议题的重要性随着时间起伏波动时,议程对这种动态性提供了简洁的概括。

科布和埃尔德(1972/1983)将*议题*定义为"两个或更多的可辨认的团体之间就地位或资源配置相关的程序性或实质性事务展开的一场冲突"(p. 32)。也就是说,议题就是任何处于竞争中的事宜(Lang and Lang,1981)。议题的这种两面性质对于理解议题为何以及如何进入一个议程是至关重要的。当议题的倡议者和反对者在共享的"公共领域"展开斗争时,议题具有的潜在冲突性质有助于使其具有新闻价值,而这种"公共领域"在当代社会就是大众传媒。但是,议程设置学者们实际的研究以及本书所提及的议题只在一定程度上显示了科布以及埃尔德(1972/1983)所指出的两面性。例如,堕胎和枪支控制问题似乎肯定是两面性和冲突性的。而像环境或者吸毒这样的一些问题似乎更多是单方面的,因为没有人会采取公开支持污染或滥用毒品的立场。但是,即使是这些问题,也存在反对者,他们积极地发起运动,倡议对像预防癌症这样的问题投入的关注和资金可以少一些,以便更多的资源能够用于他们正在推动的另一个全国性议题。然而,议题除了具备冲突性以外,还有另一个重要方面。许多社会问题即使存在提倡者和反对者,也永远不会成为议题。问题需要披露——在大众传媒上加以报道,然后才能够被视为"公共"议题。

这样,我们将*议题*定义为一个常常具有冲突性并受到大众传媒报道的社会问题。议题具有价值是因为它们能够服务于政治利益(Ansolabehere & Iyengar, 1994)。虽然冲突经常是堕胎问题这样的社会问题成为一个公共议题之关键所在,而诸如吸毒或者虐待儿童这样*不可告人的问题*(valence issues)只具有一个合法的方面(Baumgartner & Jones, 1993; Nelson, 1984)。没有人会公开赞成虐待儿童。就不可告人的问题而言,议题的倡导者会为如何解决这个一致公认的社会问题而斗争,而不是为这个社会问题是否存在而争论。

科布和埃尔德(1972/1983)与兰和兰(Lang & Lang, 1981)所提出的议题具有两面性和冲突性的观点提醒我们,议程设置本身就是一个政治过程。与此存亡攸关的是媒介、公众以及决策者对某些议题的关注,和对*其他议题的忽视*(Hilgartner & Bosk,1988)。我们可以认为议题就是在议程上

“浮现和隐没”(rising or falling),或为争夺关注而展开“相互竞争”的东西。*议题的倡议者*,无论是个人还是团体,都有助于确定该议题在议程上的位置,这有时是以牺牲另外一个议题或许多议题为代价的。由于媒介议程上的空间和时间是稀有资源,所以议程设置可能是个“零和博弈”(zero-sum game)(Zhu,1992a)。但是,有时一个热点议题并不能排挤其他议题的报道,尤其是相关议题的报道(Hertog, Finnegan, & Kahn, 1994)。

议题的倡议者(issue proponent)可能是一位报道某个非洲国家饥荒的记者,他在一个难民营里拍摄的三分半钟引人注目的新闻报道在美国的晚间电视新闻中播出。由于投入了时间、精力以及亲历现场,这名记者由此成为把这场饥荒作为一个值得新闻报道关注以及公众关心的重要议题的倡议者。媒体专业人员、公众或决策者关注一个议题,表征着一些个人或者组织影响决策过程的权力。由于与某个对自己的国家没有对饥荒做出反应感到沮丧的外国政府官员进行了多次讨论,报道这场饥荒的记者很可能已经受到影响,并从特定的视角拍摄该新闻报道。录像带胶片的视觉效果紧跟着又可能影响一个编辑对该饥荒与其他可能的新闻报道相比的重要性的认定。该新闻播出时以各种不同的方式影响了数百万人。数以千计的电视观众拨打 800 电话号码来捐助金钱和食品。一些观众着手改变美国对这个非洲受灾国进行救济的相关外交政策。参议院的一位工作人员以她上司的名义起草了一份立法草案。数百名报社记者和其他媒介把关人决定，该饥荒问题值得在新闻报道中凸显。几位报纸读者给编辑写信，抗议美国政府在面临美国自身贫困问题的同时还进行对外食品援助。因此，该饥荒问题成为一个两面性的议题。在几周之内，这个早已存在但鲜为人知的饥荒问题被转变成“饥荒议题”，并且跃升为美国媒介议程的头条。那名记者也得到了晋升。

这场饥荒可能会继续引起关注或者相反，这取决于(a)来自其他议题的竞争，因为这些议题每一个都有其倡议者，以及(b)这个饥荒议题的倡议者提供新信息以维持其新闻价值的能力。因此，无论研究是涉及电视制片人、利益集团的积极分子，还是美国参议员的活动，*议题倡议者*所展开的这种影响、竞争和谈判的过程就是一个驱动议程设置过程的原动力。大多数传播学者还没有将议程设置理解为一个与政治过程有关的概念。要更好地理解议程设置过程，就必须有大众传播研究和政治学研究的互动。因为议程设置能够直接影响政策。

吸烟问题就是有关议程设置过程的一个戏剧性案例。1970 年之前，吸烟在美国一度是个主要社会问题，因为有数百万的人因此死于癌症。但是，在当时它并不是一个重要的公共议题。在此后的 25 年中，竟有 3 000 万的美国人戒烟！吸烟这个问题是如何成为一个议题的？反对吸烟的议题进入了公共议程（例如，市民团体游说用立法来强制航空业在所有航班上禁止吸烟），媒介议程（越来越少的人物，无论是英雄还是恶棍在黄金时间的电视节目中吸烟），以及政策议程(洛杉矶市率先在餐馆里严禁吸烟,这个政策后来传到了其他城市)。由于*媒体的倡议*,即通过战略性地使用大众传媒来提出有关一个公共政策的动议,人们广泛接受了反对吸烟的社会规范(Wallack,1990)。而那些先前被视为个人问题的议题("我吃饭时不喜欢他人吸烟")现在被重新界定为一个亟需政府矫正的公共问题("餐馆应该按规定提供非吸烟区")。媒体通过以某种方式对一个特殊问题设定框架进行倡议,成功地让其进入了媒介议程。大众传媒的披露使得一个社会问题转变为一个公共议题。

媒体从业人员以及媒体机构从事议题的倡议。例如,美国香烟制造商(已经在第三世界国家制造了更多年轻的烟民)在海外进攻性的市场拓展将成为美国的一个公共议题吗?媒体从业人员以及机构蓄意进行的议程设置企图常常是不成功的。美国媒介的受众经常拒绝媒介对某些重要议题的议程设置。人们用从自己的生活中汲取的信息来"协同-构建"(co-construct)他们从媒介的所见、所读和所闻(Newman,Just & Crigler,1992),以给某个议题赋予意义。

媒介议程、公共议程和政策议程

议程设置过程由密切相关的媒介议程、公共议程、政策议程所组成(图 1.1)。这三种议程各自都有自己的研究传统。第一种研究传统被称为*媒介议程设置*,因为其主要的因变量是大众媒介议程上议题的重要性。第二种研究传统被称为*公共议程设置*,因为其主要的因变量是公共议程中一系列议题的重要性。第三种研究传统被称为***政策议程设置***,由于其格外关注的是有关一个议题的政策行为,其中有部分是对媒介议程和公共议程所做出的反应。

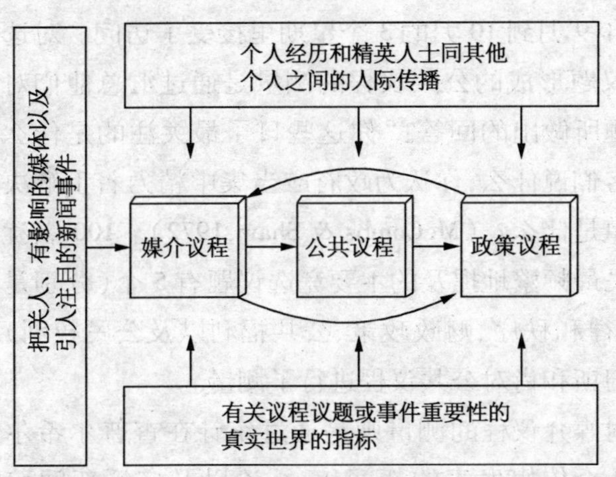

图 1.1　议程设置过程的三个主要组成部分:媒介议程、公共议程和政策议程
来源:罗杰斯和迪林(1988)。

因此,议程设置过程是一批议题的倡议者之间为获取媒体从业人员、公众以及政策精英的关注而不断展开的一场竞争。但是,议程设置概念起初提出时并非如此。

查普尔希尔研究[1]

议程设置这个术语最初出现在由马克斯韦尔·E·麦库姆斯以及唐纳德·L·肖在 1972 年发表的一篇颇有影响的文章里。当时,这两位北卡罗来纳大学的学者研究了大众传媒在 1968 年的总统竞选中在北卡罗来纳州大学城查普尔希尔(Chapel Hill)的作用。为进行这项研究,他们选择了 100 名犹豫不决的选民,因为这些选民“基本上属于非常开放或可能受竞选信息影响的那类人”。这些调查对象在大选前的 1968 年 9 月到 10 月的 3 个星期里接受了访问。对选民们就竞选议题形成的公共议程的测量是通过汇总他们对一个调查问题所做出的回答:“你这些日子最关注的是什么? 即不管政客们说什么,你认为政府应当集中精力着手解决的两三件大事是什么?(McCombs & Shaw,1972)。100 名犹豫不决的选民最频繁地提及的主要竞选议题有 5 个(分别是外交政策、法律和秩序、财政政策、公共福利以及公民权利),由此,麦库姆斯和肖对公共议程进行了测量。

对媒介议程的测量则是通过统计在查普尔希尔运营的九家大众传媒发表的新闻稿、社论以及广播新闻稿的数值(number)。麦库姆斯和肖当时发现,在媒介议程上 5 个议题的排列次序(a)(通过对有关竞选的媒体报道做内容分析加以测量)和公共议程上这 5 个议题的排列次序(b)(通过对他们的 100 名犹豫不决选民的调查进行测量)之间有一种近乎完全的相关性。例如,外交政策被公众列为最重要的议题,而这个议题在接近选举的阶段也最为媒体所关注。

麦库姆斯和肖从分析中得出结论:大众传媒为公众“设置”议程[2]。而公共议程当时在总统选举中也许是重要的,因为它决定了人们最终会投谁的票;不过,麦库姆斯和肖两人当时并没有对公共议程的任何行为后果进行调查研究。

查普尔希尔议程设置研究的特别贡献是什么？测量这两个概念变量并未采取新方法：无论是(a)对大众传媒信息所做的内容分析，还是(b)对关于某个议题的公众舆论的调查，在当时的大众传播研究中都是常见的。而将这两种方法用于检验公共议程设置也不是麦库姆斯和肖做出的新贡献。20年前，詹姆斯·戴维斯(F. James Davis, 1952)就已经将内容分析、民调研究以及“真实世界”的指标相结合来检验有关公共议程设置的假说(尽管戴维斯当时并没有将该过程称为“议程设置”)。*真实世界的指标*(real-world indicator)是对某个社会问题的严重性或危害程度进行较客观测量的一个变量。麦库姆斯和肖的贡献在于清晰地提出了议程设置的假设，将媒介—公共议程的关系称为“议程设置”，还提出了进一步研究的范式，并培养了许多继续从事议程设置研究的优秀学生。

作为议程设置关键的显著性

堕胎在美国是个备受指责、非常情绪化的公共议题。堕胎应该是孕妇合法的选择自由吗，还是非法的？许多学者通过抽样调查来研究公众对堕胎的态度。另一些学者则通过研究电视新闻对堕胎的报道来确定媒体报道对上述观点是赞成还是反对。但是研究美国媒体中有关堕胎问题的一位议程设置的学者将会问，“在电视新闻中堕胎问题的*重要性究竟如何*?”“也就是说，关于堕胎问题的新闻报道在数量上与其他问题相比是怎样的?”“为什么堕胎问题会出现在新闻中?”“为什么是现在?”一位学者也许还会在对公众舆论的调查中询问:“今天美国面临的最重要的问题是什么?堕胎问题是最重要的问题吗?”

显著性(salience)是议程上的一个议题被视为相对重要的程度。议程设置过程的实质就是议题的显著性何时会在媒介议程、公共议程及政策议程上发生变化。研究议程设置的学者的任务就是要测量议题的显著性是如何变化的,并且为什么会发生这种变化。

研究议程设置的学者主要关注议题的显著性,而不是像大多数对公众舆论研究那样去集中探究对某个问题的态度是积极还是消极。媒介议程上的这种显著性告诉观众、读者以及听众“该思考什么问题”。对议程设置过程的研究表明,议题在媒介议程上的相对显著性如何,将决定会形成什么样的公共议程,继而又会影响政策制定者会关注哪些问题。权力就体现在对将会选择采取的行动加以控制。政策制定者只会对那些进入政策议程首位的议题采取行动。

议程设置研究的历史

托马斯·库恩(Thomas Kuhn, 1962/1972)的著作《科学革命的结构》(*The Structure of Scientific Revolutions*)为理解议程设置研究的背景提供了一种方法。我们研究的重点是议程设置研究的范式是如何形成的,以及该范式的主要组成部分作为概念创新被提出的时间顺序(表 1.1)。

表 1.1 议程设置过程研究范式的发展

议程设置过程研究中的理论以及方法论上的创新	最初报告学术创新的出版物
1. 假定大众媒介议程和公共议程之间存在特定关系	Walter Lippmann(1922)
2. 确定媒介的地位赋予功能,给议题赋予显著性。	Paul F. Lazarsfeld and Robert K. Merton (1948/1964)
3. 阐明议程设置的比喻说法	Bernard C. Cohen(1963)
4. 给议程设置过程命名	Maxwell McCombs and Donald Shaw (1972)
5. 研究公共议程设置过程中对诸议题的等级排列	Maxwell McCombs and Donald Shaw (1972)
6. 为政策议程设置过程提供了一个模式	Roger W. Cobb and Charles D. Elder (1972/1983)
7. 开创在宏观分析层面对公共议程设置的历时研究,并研究真实世界的指标同媒介议程的关系	G. Ray Funkhouser(1973a)
8. 在微观分析层面对公共议程设置进行实验研究	Shanto Iyengar and Donald R. Kinder (1987)

库恩认为,当某个领域的学者们被一种新范式所吸引并将其作为研究重点时,一个专门科学领域的发展就开始了。*范式*(paradigm)是科学的概念化,为某一学术共同体提供典范问题及答案(Kuhn, 1962/1970, p. vii; Rogers, 1983, p. 43)。库恩指出,一个专门的科学领域并不是按照假设的提出、检验及其修正从而使知识得以深化这样的步骤循序渐进发展起来的。相反,科学理论呈跳跃式发展,常常突然出现。随着一个变革范式的提出,会出现明显的断裂;提供观察科学

问题的全新方法。著名的例子有哥白尼的太阳中心说、爱因斯坦的相对论、达尔文的进化论以及弗洛伊德的精神分析理论(与这些例子相比,大多数的科学范式并非如此引人瞩目)。

每个新范式起初都会引起一系列激烈的学术争鸣,因为科学家们试图去检验这种新理论,以对它进行推进或反驳。一段时间后,这个领域的科学家们会通过一个逐步证实的过程就该范式达成一致。随着见诸报端的令人兴奋的实质性研究成果越来越少,研究兴趣也开始下降。库恩(1962/1970)将这个阶段称为"科学的常态"(normal science)。研究开始进入扫尾阶段。最终,当那些调查研究该科学问题的"无形学院"(invisible college)[3] 里的学者们认识到现有范式中的异常情况时,就会提出一种更新的范式,从而启动新一轮的科学革命。表 1.2 列举了议程设置研究范式的历史。

表 1.2 议程设置研究范式的盛衰

库恩提出的(1962/1970)科学范式发展的各阶段	议程设置研究范式发展中的大事件
1. 范式前期著作的问世	罗伯特·帕克的(1922)《移民报纸及其控制》,沃尔特·李普曼的(1922)《舆论学》,以及伯纳德·科恩的(1963)《新闻界与外交政策》
2. 议程设置研究范式的出现	马克斯韦尔·麦库姆斯和唐纳德·肖(1972)在他们的查普尔希尔研究中建立了该范式;麦库姆斯在后来的岁月中对此又继续进行进一步研究。

续表

库恩提出的(1962/1970)科学范式发展的各阶段	议程设置研究范式发展中的大事件
3. 科学的常态:围绕该范式的无形学院的形成	约357本关于议程设置的出版物在1972年到1994年间问世,支持了该范式,并且近年来范围更加扩大。
4. 随着主要的研究问题被解决,异常行为的出现,科学论争的发生,学术兴趣开始下降。	对议程设置研究而言,该阶段尚未出现。
5. 随着对该范式的科学兴趣转向更新的范式,详尽无遗的研究出现。	该阶段尚未出现。

罗伯特·E·帕克从1915年到1935年曾是芝加哥大学的社会学家,并且可能是第一个大众传播学者,他当时设想到了媒体把关问题,并且暗示了今天所谓的议程设置过程:

> 在每天所有业已发生并且被采访者和报道者以及新闻机构所记录的事件中,编辑会选择他认为更重要或更有意思的稿件来发表。其余的则被他永远遗忘并被丢进了废纸篓。每天都有很大一批新闻被“枪毙”。(Park,1922,p. 328)

帕克当时正对那些成为公共议题和未成为公共议题的问题加以区分。

学者沃尔特·李普曼当时主要研究宣传和公众舆论,他开创了早期有关议程设置的思想。作为具有影响力的报纸专栏作家、总统的长期顾问,令李普曼在学者们中声名大噪的还是他于 1922 年出版的专著《舆论学》(*Public Opinion*)。他在书中描述了“外部世界和我们头脑中的画面”。他认为,大众传媒是(a)世界上发生的事件和(b)这些事件在我们头脑中的形象之间的主要联系环节。

李普曼并没有在大学里获得学士学位(尽管他的确曾就读于哈佛大学),他从未在大学里给学生讲过课,并且也从未采用过社会科学的研究方法或者理论观点。然而,在论述大众传媒对塑造公众舆论的作用,以及开创议程设置的研究传统方面,他当时却是独一无二的最有影响的作者。但是,李普曼并未采用过议程设置这个术语(见表 1.1),也从未提出过需要研究议程设置过程。

哈罗德 · 拉斯韦尔是芝加哥大学的政治学家,他是美国传播学研究的开山鼻祖之一(Rogers,1994)。拉斯韦尔在 1948 年的一篇有重大影响的文章中,提出了一个已成为传播学研究范式的包含 5 个部分的问题,即:***谁说? 对谁说? 通过什么渠道? 说了什么? 有什么效果?*** 根据拉斯韦尔的观点,大众传媒在社会中具有的两个最重要作用是“监视”(surveillance)和“联系”(correlation)。监视功能发生在媒体从业人员审视不断变化的信息环境(注意到警察的报告、本地事件的通告、媒体报道及诸如美联社电讯稿的其他来源),并决定哪些事件应该受到新闻关注的时候。我们今天则把这种通过监视来对潜在的新闻进行筛选称之为编辑的把关(Shoemaker,1991)。

拉斯韦尔(1948)提出了“社会各部分在对环境做出反应

时的相互依存关系"(p. 38)的见解,即:社会这样一个充满生气的有机体之所以能够协调由其组成部分(如大众传媒、关注的社会团体以及民选官员)所赋予某个议题的重要性,传播在其中发挥了极其重要的作用。拉斯韦尔(1948)当时写道,大众传媒、社会团体以及政策制定者各自都有互无关联的"关注框架"或他们关注某些问题的不同时段。拉斯韦尔认为,媒体在引导我们关注一些议题时发挥了关键作用。他指出,其结果是媒体、公众以及政策制定者同时关注某些议题,从而形成一种依存关系。这种想法被麦库姆斯和肖两人(1972)落实为"大众传媒的议程设置功能"。

在李普曼的《舆论学》出版 40 年后,也就是拉斯韦尔的具有重大影响的篇章发表 15 年后,政治学家伯纳德·科恩被来自沙茨斯奈德(Schattschneider)(1960)著作的灵感所激发,进一步推进了议程设置的概念化。正如我们在本章开头所看到的那样,科恩(1963)当时观察发现,报界

> 在多数时间里在告诉人们该*怎样想*时可能并不成功,但它在告诉读者*该思考什么*时却令人惊奇地获得了成功。
>
> ……世界对不同的人将会呈现不同的面貌,这取决于他们所阅读的报纸的作者、编辑以及出版商为他们描绘的图景。(p. 13, 斜体字为后加的)

他就是通过这样的比喻为议程设置研究开拓了道路(见表 1.1)。

然而,议程设置在当时仍然只是一个理论猜想,还没有

被命名。麦库姆斯和肖两人1972年的研究开创了一种研究范式,它当时主要被大众传播学者所采用,也被一些政治学者、社会学者以及其他领域的学者们所使用。该范式提供了一种思考大众传媒权力的新方法。在1972年之前,大众传播研究的主要学术方法是探索媒介信息对改变受众个人态度的直接效果。但是,这样的定向媒介效果却鲜被发现。许多早期的大众传播学者(他们中的一些人在获得博士学位前曾经是报社记者)认为,大众传媒在许多重要方面影响了公众。但是,当时的经验研究结果并没有支持他们个人的信念,只表明了微弱的媒介效果。这种异常导致了对定向媒介效果范式的失望,并且正如库恩(1962/1970)当时即将预见到(见表1.2)的那样,导致了对一种新范式的探求。

麦库姆斯和肖的文章却提供了与那些学者关于大众传媒权力的信念相吻合的经验证据,因为5个议题在媒介议程上的显著性与它们在公共议程上的相应的显著性存在惊人的相关性,相关系数高达+.98。媒介效果当时是提供认知依据而不是进行劝诱(这对拥有媒体经验的传播学者而言似乎是合理的,因为报纸应当提供信息,报道某个议题的两面,而不是试图去说服许多持某种立场的受众个人)。

麦库姆斯和肖(1972)的文章仍是迄今为止研究议程设置的学者们引用最多的论著。议程设置是大众传播研究中最受欢迎的课题之一,过去几十年中每年都有10多本著作问世。麦库姆斯和肖的范式研究提供了一种对媒介议程与公共议程之间关系进行经验检验的方法,因此也是探讨一种可以替换定向的媒介效果范式的方法。他们的具有重大影响的文章不仅引起了议程设置研究的扩散，而且产生了一系列有关其概念和方法论的研究路径。在1972年后最初15年左右的时间里，无形学院中的议程设置研究者们处于库恩的"科学的常态"阶段，其间的大多数经验研究更多地是建立在先前的研究基础之上。但是，在1970年代，研究议程设置的学者们开始打破他们老套的模式，即对有关媒介议程进行某一个时点上的内容分析，加上对公共议程所进行的受众调查（Shaw & McCombs, 1977; Weaver, Graber, McCombs, & Eyal, 1981）。其后，有些学者开始循着时间顺序过程去历时性地跟踪某个单一的问题（如吸毒或者环境）。其他学者（Iyengar & Kinder, 1987）则从微观的个人层面上对公共议程设置过程进行了实验室实验（见表1.1）。他们让受试者观看改动过的晚间电视新闻节目的录像，其中加入了有关某个特定问题的内容。结果表明，调查对象随后将该问题排列在了他们的议程里更靠前的位置。

探求媒介效果

是什么吸引学者们对议程设置问题进行调查研究？大众传播研究者对其产生兴趣的一个主要原因是，议程设置范式似乎给研究个人态度及其公开的行为变化的定向媒介效果论提供了一个替代方法。早期的大众传播研究已对有限的媒介效果有所发现，这对许多大众传播学者来说似乎是不符合其直观感受的，特别是对那些有过大众传媒工作经验的学者们来说（马克斯韦尔·麦库姆斯以及唐纳德·肖都曾是报社记者）。而且，早期大众传播的博士毕业生们当时感到，媒介的目的主要是提供信息而非说服受众。因此，他们试图寻找像议程设置过程那样的认知效果，因为在该过程中人们事先已被提供了他们要思考的问题的相关信息。大众传播研究者撰写的许多有关议程设置的出版物，给他们提供了试图要推翻过去大众传播研究中关于有限效果的研究结论的正当理由，正如马克斯韦尔·麦库姆斯（1981a）在一篇概述中写道的：

> 它的（议程设置的）最初的经验探讨在时间上纯属偶然。它在大众传播研究史中出现时正值学者们既对作为因变量的态度和舆论不再着迷，又对概括化的有限效果模式不再抱幻想而另寻他途的时候。（p. 121）

许多大众传播学者们最初被吸引到议程设置研究中来，将其作为对寻求针对个人的定向媒介效果的一种替代方法，是因为发现这种效果是微弱的。从根本上来说，公共议程设置研究探讨的是一种*间接的效果*（“该思考什么”）而不是一种直接的媒介效果（“该怎样想”）。因此，议程设置范式的出现正值大众传播学者们对先前的直接媒介效果模式感到失望之时，这正如托马斯·库恩（1962/1970）所预见，是发生在一场科学变革之中。这种新范式推动大众传播研究者们朝着研究媒体新闻报道如何影响议题显著性的方向,而不是朝着追踪定向的媒介效果方向前进。

最近,有人曾对议程设置研究对理解大众传媒效果的贡献进行过如此评价:

> 尽管还存在重大的缺陷,不可否认的是,议程设置是一种更进一步理解媒介在社会中作用的路径……它有助于将大众传播研究的重点从研究短期的态度效果转到对社会效果进行一种较长时间的纵向分析。这是一个不小的贡献。(Carragee, Rosenblatt, & Michaud, 1987, p. 42)

议程设置的效果并不是一个或几个信息作用的结果,而是很大一批信息综合作用的结果;这些信息每一条都有不同的内容,但它们全都与同一个总的议题相关。例如,在最初的艾滋病病例在美国被报道(1981 年)后的 4 年当中,大众传媒有关该流行病的新闻报道很少。艾滋病问题当时尚未进入媒介议程;全国性的民调表明,美国公众对此也没有充分的意识。在此后的 1985 年中,两个新闻事件(即电影演员罗克·赫德森死于艾滋病,以及印第安纳州科科莫市的许多学校拒绝让一个患有艾滋病的小男孩——瑞安·怀特上学)突然导致了媒体对艾滋病问题报道的剧增。例如,美国的六大媒体明显增加了它们对艾滋病的报道,平均每月的新闻报道从 4 篇猛增到 15 篇。艾滋病问题在 1985 年的初秋近乎一跃成为全国媒介议程的头条。几乎紧随而来的是,对该流行病的公共意识也提高了,几个月后已有95%的美国成人当时知道艾滋病并且对其传播途径有所了解(Rogers et al.,1991)。

除了定向的媒介效果传统,公共议程设置研究作为由此发展起来的一种替代方法还同下列研究前沿有关:

1. 跟风效应(O'Gorman,1975),根据该理论,了解有关某个问题的公众舆论会影响其他个人的顺从。

2. 沉默的螺旋(Noelle-Neumann,1984),根据该理论,绝大多数人就某个问题的看法会消除其他相异意见的表达。

3. 社会运动(Blumer,1971;Gamson,1992),根据该理论,人们会采取集体行动来争取社会问题的解决并最终加以贯彻。

4. 宣传分析(例如,Laswell,1927),根据该理论,说服信息会形成公众舆论。

5. 新闻事件的传播(DeFleur,1987;Deutschmann & Danielson,1960),诸如1986年挑战者号航天飞机的灾难,或者"魔术师"约翰逊(Magic Johnson)宣布他已经感染了HIV病毒这样的重要新闻事件传播到公众的过程——一般来说,这样引人注目的新闻事件会迅即传播到公众当中。

6. 娱乐—教育以及好莱坞的游说战略(Montgomery,1989,1993;Shefner & Rogers,1992),根据该理论,诸如酒

后驾车或环境问题这样教育性议题被有意识地当作娱乐信息放在黄金时间电视节目或流行音乐中间进行播放。

7. 媒介倡议(Wallack,1990),根据该理论,媒体对诸如吸烟威胁健康这样一个社会道德问题的报道被有目的地加以提倡。

8. 媒介把关(Shoemaker,1991),个人对传播渠道中的信息流动加以控制的过程(媒介把关人就是报社编辑和电视新闻编导)。

9. 媒介—系统的依附(Ball-Rokeach,1985),根据该理论,周围其他组织和机构所构成的环境影响大众传媒机构,并进而影响媒介传播的信息。

为明了研究课题的意义,学术边界对研究者来说是必要的,同时它也有助于逐步提高对研究对象的理解。但学术边界也会阻止研究不同范式的学者之间的交流。为了更加全面地理解社会变化是如何发生的,应该打破围绕议程设置传统的学术边界。冲突、争论以及协商(政治学者和国际关系学者在理解政策议程设置时所采用的概念)能够深化我们对媒介议程、公共议程和政策议程倡议者的作用的把握。媒介议程研究表明了某个特定的媒介机构与身处其中的更大的社会体系中发生的事件之间的关系。要影响进入媒介机构新闻议程的众多议题,就是要行使*权力*,对其社会影响加以利用。通过研究议题的权力而不是权力的问题可以更好地理解民主是如何运转的。因此,对议程设置的调查研究主要是由大众传播学者以及政治学学者进行的。

三种研究传统

对议程设置过程的学术研究在过去 20 年业已演变为两个截然不同的研究领域。其中一个主要研究*公共*议程设置。马克斯韦尔 · 麦库姆斯和唐纳德 · 肖在 1972 年进行的研究开创了公共议程设置的研究传统,它主要是由大众传播学者进行的。100 多本出版物报告了对媒介议程及其对应的公共议程之间关系的经验调查研究。

与大众传播学对公共议程设置研究这种趋势基本上不相关的是另一种关于*政策*议程设置的研究传统,它主要是由政治学者以及社会学者推进的。对像约翰 · 金登(John Kingdon)(1984)这样的政治学者,关键的问题是,"一个问题是如何进入政策议程的?";而对诸如赫伯特 · 布卢默(1971)这样的社会学者,关键的问题是,"集体行为是如何同社会问题相结合的?"偶尔他们的提问焦点会明确地指向大众传媒,"大众传媒会如何直接影响政策议程的?"(Linsky, 1986)。因为社会学者和政治学者意识到将关心共同问题的人们联系在一起的网络的作用,他们日益把精力集中到动员公共资源来影响政策变化(Gamson, 1975; Lipsky, 1968; McCarthy & Zald, 1977)。

只是在最近几年,*媒介*议程究竟是如何设置的才得到了调查研究。我们的考察显示共有不到 20 本有关于此的专著。“议程设置研究一直认为媒介议程是一种正确的假定,而没有考虑到议程是如何被构建的过程”(Carragee et al.,1987,p. 43)。大量的因素,包括性格特征、新闻价值、组织规范和政治,以及外部资源,影响人们对“什么是新闻”作出决定(Gans,1979)。最近的调查研究则表明,(a)《纽约时报》,(b)白宫,(c)科学杂志,以及(d)公众舆情的民调结果在把一个问题置于美国的媒介议程上发挥着特别重要的作用。这些颇有影响的议程设置者通过对众多议题的忽略而让它们远离了全国性议程。

对三种议程等的测量

这里将公共议程、媒介议程、政策议程,以及真实世界的指标测量的典型过程分述如下。

1. 公共议程一般是用公众舆情的调查来加以测量的,在该调查中,抽样到的许多人会被询问一个最初由乔治·盖洛普(George Gallup)设计的问题:“当今这个国家面临的最重要问题是什么?”对这样一个 MIP(most important problem 最重要的问题)问题的总体回答表明了某个议题在公共议程上的相对地位。例如,在 1989 年,在美国全国抽样调查中有 54% 的人认为,毒品是当时美国面临的最重要的问题;两年之后,该数字下降到只有 4%,因为“禁毒战”已被其他议题排挤出公共议程。

2. 媒介议程一般是通过对新闻媒体的内容分析加以指数化,来确定有关所研究的某个议题或某些议题的新闻报道的统计数值(例如,禁毒战)。新闻报道的*统计数值*(number)可以测量某个议题在媒介议程上的相对显著性,许多受众个人可能会根据他们所接触到的媒体上有关议题的信息数量来判断该议题的相对重要性。从历史上看,公共议程是最先得到测量的(MIP 问题首先由乔治·盖洛普于 1935 年提出)。对媒介议程的内容分析测量是由麦库姆斯和肖(1972)以及芬克豪泽(Funkhouser)(1973a)所导出的,作为一种与公共议程的 MIP 测量相似的方法,同样也集中对多个议题进行研究。

3. 对某个或某些议题的政策议程是通过如提出关于某个议题的相关法律这样的政策行为,以及预算拨款,美国国会就某个议题进行辩论所花费的时间来加以测量的。对政策议程的测量方法随着研究对象的不同而有所区别;比较而言,对媒介议程和公共议程的测量方法更加标准。

4. 真实世界的指标常常被议程设置学者们概念化为一个单一变量指标,诸如每年与吸毒相关的死亡人数或失业率。这些真实世界的指标一般被视为某个社会问题严重性的指标。某些学者构建了一个真实世界的综合指标,它由对某个议题严重性的数个分变量的测量所组成。其中一个例子就是阿德(Ader,1993)提出的有关美国环境问题的真实世界的指标,它包括空气污染的变量、石油泄漏的变量以及固体垃圾的变量(该研究将在第二章中予以考察)。

某些议程设置研究试图通过纵向而不是横切地(在一个

时点上）分析媒介议程、公共议程、政策议程以及真实世界指标之间的关系，从而理解议程设置过程在时间上的动态。在这样的纵向研究中，可能会采用像参与观察这样的纵向定性方法，或时间序列分析这样的纵向定量方法。也可能会同时采用几个不同的数据搜集方法以确保测量是（a）有效的（即，该学者是真正在测量他或她计划要测量的）和（b）可靠的（其他方法或其他学者可以得出同样的结论）。这种对概念进行多种衡量的方法被称为*三角测量法*（triangulation），我们将在讨论多种方法并用的研究时再次论及（详见第六章）。

禁毒战的盛衰[4]

吸毒议题是在1980年代中期逐渐在美国的媒介议程以及公共议程当中显现的，当时由于篮球明星莱恩·比亚斯（Len Bias）在1986年因吸毒而致死，以及第一夫人南希·里根积极倡导的“坚决说不”（Just Say No）运动的推动，毒品问题进入了全国性议程（Danielian & Reese，1989）。有关预防吸毒的教育成为一个每年涉及20亿美元的巨大“产业”，其大部分资金来自联邦政府。但是，每年由于吸毒导致死亡的人数这个“真实世界的指标”，在80年代实际上却下降了（Kerr，1986）！尽管如此，毒品问题在1989年9月的公共议程上还是位居前列；当时的《纽约时报》和哥伦比亚广播公司的新闻民调发现，54%的美国公众认为吸毒是国家正面临的最重要的问题（如图1.2）。而到了28个月之后的1992年1月，却只有 4% 的美国公众认为毒品是美国面临的头号问题了。是什么导致了毒品问题在公共议程上的迅速起落呢?

媒体当时正在对一种特定的"真实世界的指标"局部地做出反应:危险地使用可卡因如"快克"(Crack)(Shoemaker, 1989, p.4)。"快克"是吸食的而非用来嗅的,它能够对吸毒者产生更快速更强烈的刺激。"快克"可卡因更容易吸毒成瘾。在 1986 年之前,虽然美国的一些个人吸食"快克"已达数年之久,但它在 1986 年才被更加广泛地使用。

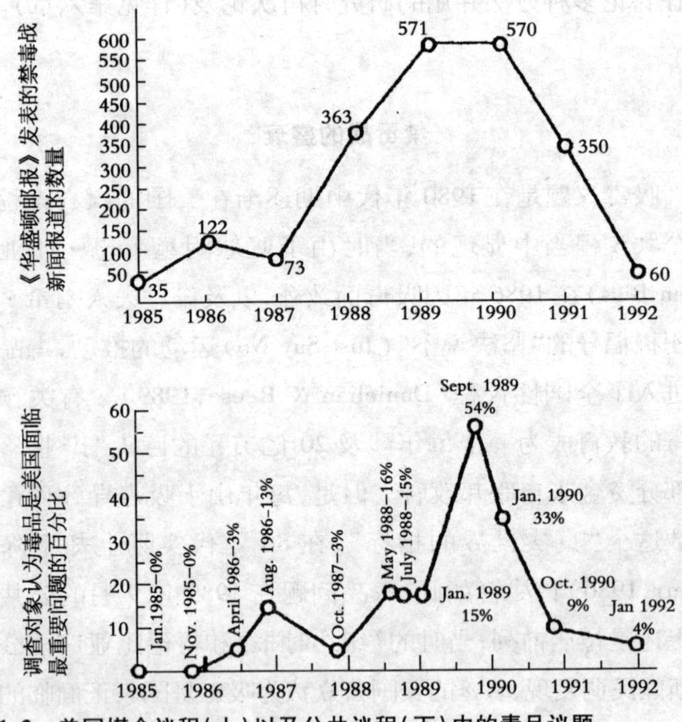

图 1.2 美国媒介议程(上)以及公共议程(下)中的毒品议题

来源:根据各种资料。

亚当·韦斯曼(Adam Weisman, 1986)是华盛顿特区的一名记者,他在《新共和》上的一篇题为“我曾经是个注射毒品的吸毒者”的文章中写道:“在1986年,对一名全国性新闻机构中的记者来说,美国的毒品危机不仅仅是个新闻报道,它是一种瘾症——一种危险的瘾症”(p. 14)。毒品问题在1986年究竟为什么并且是如何突然获得媒体如此密集的关注的呢?《纽约时报》和白宫都帮助参与了设置毒品问题的媒介议程。就在雷维伦德·杰西·杰克逊(Reverend Jesse Jackson)会见了当时该报的执行主编阿贝·罗森塔尔(Abe Rosenthal),并强调了毒品问题的重要性后不久,《纽约时报》在1985年11月便指派了一名记者负责专职报道非法毒品问题。《纽约时报》在1985年11月29日刊登了第一篇关于“快克”可卡因的头版头条新闻(Kerr,1986)。当《纽约时报》觉得某个问题具有新闻价值时,其他的美国媒体也会受其影响来跟进报道的。

全美篮球明星莱恩·比亚斯在1986年6月19日的病逝对全国性议程产生了强烈的影响,因为他曾经代表马里兰大学参加比赛:“这位年轻的篮球运动员的病逝对美国首都产生了惊人的影响;在首都,马里兰实际上就是他们的主队”(Kerr,1986,p. 1)。在比亚斯病逝的当天,他已与波士顿的凯尔特人队签署了一份600万美元的职业合同。这样一位前途无量的年轻篮球运动员的病逝使毒品问题人性化了。媒体以一场“‘快克’的进攻”来回应莱恩·比亚斯的病逝及来自白宫的影响:大量的媒体报道都涉及这种新型的、危害更大的吸食可卡因的方法。

媒体对“快克”可卡因的报道在1986年急剧增加。《时代》杂志将“快克”危机作为1986年第5期的封面故事来报道。哥伦比亚广播公司的《与丹·拉瑟谈新闻》播放了一部充满戏剧性的两小时长的纪录片,“在‘快克’大街的48个小时”。媒体采用危机、瘟疫以及时疫这样的词语来描述美国的毒品问题,美联社对编辑的年度调查结果则将毒品问题列为1986年的第九大最重要新闻报道。

媒体对毒品问题广泛且耸人听闻的报道对公众舆论产生了影响吗?休梅克、万塔及莱格特(Shoemaker, Wanta, and Leggett, 1989)的研究发现,在从1972年到1986年的43次盖洛普民意调查中,认为毒品是“当今美国面临的最重要问题”的美国公众的百分比,与每次民调前数月里媒体对毒品问题的报道数量呈正相关关系。1986年4月由《纽约时报》和哥伦比亚广播公司新闻节目联合主办的一次全国性民调发现,3%的美国成人认为毒品问题是美国最重要的问题。在5个月后的1986年8月,随着媒体对莱恩·比亚斯病逝的大量报道,以及由全国反吸毒协会组织的公共运动的展开(包括由第一夫人南茜·里根领导的“对毒品坚决说不”运动),这一比例增加到13%(Kerr,1986)。3年之后的1989年9月,则有54%的公众将毒品列为美国面临的头号问题(见图1.2)。

媒体对毒品问题的密集报道既影响了公众舆论又影响了政策决策。从1981年到1987年,联邦政府用于禁毒执法的专款从10亿美元增加到30亿美元。1987年,各州和地方执法机构又为此花费了 50 亿美元，约占它们总预算的 1/5。联邦政府用于防止吸毒计划的专款也增加了，主要用于全国反吸毒协会（NIDA），防止滥用药物局（OSAP），美国教育部以及美国司法部（用于地方警察部门开展减少吸毒教育培训——到 1990 年，有 500 万小学生接受了此类防止吸毒的培训）。

因此，1980 年代中后期关于毒品问题的议程设置过程可以归纳出如下特征：它是一个问题先跃上媒介议程的优先位置，然后又迅速提升到公共议程，并最终进入到政策议程的过程，而在该过程中，美国整个毒品问题的真实世界的指标却没有任何的增加。尽管服用可卡因的衍生物“快克”的人数增加了，但服用具有同样危害的其他类型毒品的人数却下降了。

为什么毒品问题在 1989 年之后会从公共议程上跌落下来？媒体的过度报道可能是一个原因；媒体对毒品问题的大量报道可能已经致使公众认为，该问题正在由政府加以解决。并且，由于其他问题的出现，毒品问题在全国性议程上受到排挤，特别是美国在 1980 年代的经济困难以及 1991 年的海湾战争。

1980 年代后期的毒品问题在全国性议程上的沉浮表明，对毒品问题的议程设置过程当时是个社会建构的产物，它从根本上同美国由毒品导致的死亡人数的客观指标并不具有相关性。这种对毒品问题的社会建构主要是由大众传媒驱使的。

小结

*议程设置过程*是议题倡议者之间为获取媒介专业人员、公众以及政策精英的关注而不断展开的竞争。*议题*是一个往往具有冲突性并被媒体报道的社会问题。议程设置可能是个零和博弈,因为议程上的空间是稀有资源;一个新议题必须从议程上排挤另一个议题才能受到关注。我们将议程设置视为一个政治过程;在这个过程中,大众传媒在使许多社会问题成为公认的公共问题上发挥了关键作用。

我们的议程设置过程模式由三大部分所组成:(a)媒介议程,它影响(b)公共议程,公共议程继而又可能影响(c)政策议程。显著性是议程上的某个议题被视为相对重要的程度。议程设置学者们要解决的关键问题是,媒介议程、公共议程,以及政策议程上某个议题的显著性为什么会凸显或减弱。公共议程经常是通过公众舆论调查来加以测量的,在调查中许多个人会被询问国家所面临的最重要的问题是什么;对公共议程的测量并不常是通过研究社会运动、草根组织以及消费者团体的历时活动来进行。媒介议程一般是通过对媒体有关某个或某些问题的新闻报道的内容分析来加以测量的。对政策议程的测量则是通过对考察有关某个问题的诸多新法律的提出,预算拨款以及其他的立法决议这样的政策行为来进行。

议程设置调查研究中经常被研究的第四个变量是*真实*

世界的指标，它被定义为用来较客观地测量某个社会问题的严重程度或者危害程度的一个变量。通常的研究发现，像每年因交通死亡的人数或者通货膨胀率这样的客观指标，在将某个议题放上媒介议程时的作用相对并不重要。而媒介议程上的显著性常常推动公共议程上的某个议题，因为人们是从媒体报道的数量中获得关于某个议题的显著性（公共议程）的暗示并做出判断的。

注释

1. 本案例说明根据的是马克斯韦尔·E·麦库姆斯和唐纳德·L·肖的研究（1972）。
2. 但是，采用不同于麦库姆斯和肖的研究方法，对媒介议程—公共议程假设的两个紧连着的重新实验只发现了有限的支持（麦克利奥德、贝克尔，以及伯恩斯，1947；蒂普顿、黑尼，以及贝斯哈特，1975）。我们对媒介议程与公共议程关系的92次经验研究的次研究发现，对麦库姆斯与肖的假设支持的有59次，约占整个调查研究的2/3。
3. 无形学院是学者们非正式的网络，他们在空间上经常是疏散的但却调查研究同一个范式（克兰，1972；普赖斯，1961）。
4. 本案例说明是根据大量的资料来源改编的，特别是根据帕梅拉·J·休梅克的著作（1989）。

第二章　媒介议程研究

大众传媒赋予公共问题、个人、机构以及社会运动以地位。

Paul F. Lazarsfeld and
Robert K. Merton(1948/1964, p. 101)

正如拉扎斯菲尔德(Lazarsfeld)和默顿(Merton)在上述论断中所指出的那样,媒体对人和问题都相当关注。自从1948年以来,传播学者关注的主要是媒体赋予人们的地位。例如,大众传播学的许多入门性教科书经常提供的例证是,成为《时代》周刊封面人物将赋予此人以明星地位。但是,媒体的另外一个地位赋予功能,即引起人们对某个*议题*的关注,对于理解美国民主如何运作则更为重要。媒体对议题的地位赋予功能可能会以各种间接的方式发生。例如在1995年11月,哥伦比亚广播公司的律师们禁止《60分钟》节目播出主持人迈克·华莱士(Mike Wallace)对一位支持烟草业者的访谈。广播公司的做法导致了其他大众传媒机构密集的新闻报道,所有这些报道都将该问题(在广播公司律师们的影响下，大众传媒机构为避免风险做出的决策）提升到“议题地位”。

议程设置过程首先以某个议题攀升到媒介议程为开端。是什么将一个问题放置到媒介议程上来的？在议程设置研究最初的10年左右时间里，传播学者们对这个问题相对来说并不关注。学者们在调查研究媒介议程与公共议程的关系时，往往将媒介议程视为一种正确的假定。随后，在1980年的国际传播学会年会上，史蒂文·查菲（Steven Chaffee）提出了媒介议程是如何设置的这个重要问题。其后不久，传播学研究开始关注该课题，特别是出现于1980年代的关注议程设置中许多单一议题的研究（见第四章）。

对学者们颇有吸引力的是将对大众传媒决策者的广泛影响理解为媒介议程设置，因为是议程设置把这条理论原理带给了其他那些业已演变为影响研究的范式，诸如显著性暗示的作用以及媒介把关人对它们的反应，新闻机构工作的社会学，以及新闻和娱乐资源为获取关注是如何试图诉诸大众传媒人员的价值观和惯例的。新闻的来源是（如我们在第一章所提出）议题的倡议者，他们的目的是要推动某项事业，推销某个观点或价值体系，或是要为某个机构做宣传。进入大众媒介议程也使许多个人由于得到认同和盈利而获益。

研究还表明，美国总统和《纽约时报》在为全国性问题设置媒介议程时具有重要作用；美国国会也能在稍次要的程度上参与媒介议程设置（Goodman，1994）；而真实世界的指标并不重要。这些研究成果是否意味着媒介倡议是无效的，或者媒介倡议只能够通过影响总裁就某个问题发表演讲,或将关于某个问题的新闻报道放在《纽约时报》的头版,从而将某个议题推入媒介议程?以下是有关哈佛大学酗酒研究项目的案例所说明的问题,它的结论应该不仅仅限于酒后驾车问题。

媒体对严禁醉酒驾车的倡议[1]

杰伊·A·温斯滕(Jay A. Winsten)是哈佛大学公共卫生学院卫生传播中心的公共卫生学教授。在 1980 年代中期,温斯滕曾经出访斯德哥尔摩,研究瑞典有关醉酒驾车的政策。当时他特别对"指定驾驶员"(designated driver)的主意产生了兴趣:几个瑞典人一起外出喝酒时,会挑选其中一个,让其不喝酒并作为驾驶员。

此后不久,波士顿一位著名的电视新闻节目主持人被一个醉酒的司机开车撞死,留下了车祸中幸存的妻子和一个孩子。波士顿地区的许多记者参加了葬礼,悲伤的气氛促使温斯滕在波士顿地区发起了一场提倡指定驾驶员观念的媒介运动。在几年后的 1987 年,温斯滕请求哥伦比亚广播公司前总裁、哈佛大学卫生传播中心顾问弗兰克·斯坦顿(Frank Stanton)打电话给他的朋友、全国广播公司电视网的前总裁、当时执掌着一家好莱坞电视台的格兰特·廷克(Grant Tinker),请他俩商讨发起一场全国性的指定驾驶员运动。廷克继而又打电话并写信给洛杉矶各家电视制作室的负责人,敦促他们与温斯滕晤面。

1988 年，温斯滕多次出访洛杉矶，他在那里亲自会晤黄金时间电视节目的撰稿人以及制片人，敦促他们将指定驾驶员的观念融进节目的片段中，或者至少是在节目中提及这个概念。温斯滕在好莱坞花了 25 个工作周推销哈佛大学的禁止酗酒项目。首次年度性的指定驾驶员运动开始于 1988 年 11 月，该电视片段还在感恩节到圣诞节、元旦这一在美国特别容易出现酗酒情况的时期播出。

温斯滕的媒介倡议风格根据的是寓教于乐的战略，将细微的教育信息放进娱乐节目中，而不是就一个教育性问题进行讲演或说教。通过黄金时间电视连续剧中典型角色的行为来显示指定驾驶员观念的益处。这样做的一个好处是使大批观众接触到了这个由娱乐性节目中的人物表演出来的教育性的信息。例如，在 1989 年 4 月 12 日，美国广播公司在其非常流行的情景喜剧《成长的烦恼》(*Growing Pains*)中播出了一个令人震惊的情节：一个 10 多岁的男孩在喝了几杯酒后于一场撞车事故中受重伤。这个男孩在他的病床上保证，绝不再醉酒驾车，并感谢有一个“重来一次的机会”(a second chance)。在该段情节充满戏剧性的结尾中，这个小男孩却死去了(没有得到这个重来机会)。电视剧中人物的年龄很重要：因为由醉酒驾驶引起的交通事故死亡是 15 岁到 24 岁年轻人死亡的主要原因。

电视节目撰稿人将严禁醉酒驾车的信息融进了像《干杯》(*Cheer*)、《城法网》(*L. A. Law*)和《科斯比秀》(*The Cosby Show*)这样顶级的电视节目里。在此后的 4 年中，哈佛大学禁止酗酒项目促使 140 个黄金时间的电视节目加进了有关指定驾驶员的副情节、场景和对话。有 30 个完整的情节是围绕指定驾驶员展开的。三大电视网还在黄金时间播放经常性的公益广告(PSAs),鼓励人们接受指定驾驶员的观念。哈佛大学禁止酗酒项目每年都有价值 1 亿美元的电视网播放时间,而只须支付 30 万美元(这些资金是由私人基金会捐助的)。

从首次指定驾驶员运动以来所进行的多次公众舆论民调显示,人们已广泛接受了这个观念。罗珀民调(Roper polls)发现,37% 的美国人在 1991 年报告说他们实际上已经做过指定驾驶员了。约 28% 的酗酒驾车者是由指定驾驶员开车送回家的。在年度性的指定驾驶员运动开展的最初 4 年里,因醉酒驾驶引起的交通死亡事故,由 1988 年首次指定驾驶员运动开展之前 3 年里的零下降变为下降了大约 20%。这个下降的数字可能部分要归功于哈佛大学的禁止酗酒项目。

为什么由杰伊·温斯滕发起的媒体倡议能够成功倡导指定驾驶员的观念呢?

1. 年度性的指定驾驶员运动是建立在美国业已肇始的重要社会变化之上。联邦政府以及一个强有力的民间组织"母亲们反对醉酒驾车"(MADD, Mothers Against Drunk Driving)在 1980 年代初期就已经发动了一场声势浩大的反对醉酒驾车运动(Reinarman, 1988)。那些按人们正在思考的社会问题加以报道或设置框架的社会问题更有可能受到人们的关注或被认为是与自身有关联的。人的观念的这种选择性意味着，议题倡议者对开展信息运动的时间选择是很重要的。

2. 指定驾驶员运动是由哈佛大学这样有社会威望的机构领衔发起的。温斯滕以各种说服方法弘扬了哈佛的公信力；当指定驾驶员观念出现在好莱坞的电视节目里时，他便以哈佛有分量的文凭和其他勋章来回报好莱坞的行政人员及撰稿人。

3. 哈佛大学禁止酗酒项目是个自上而下的运动，得到了德高望重的传媒业领导人的强有力支持。弗兰克·斯坦顿和格兰特·廷克都曾是电视界的重量级人物。如果必须要同个人以及基层组织合作来开展一场运动的话，自上而下的集中运动常常是无效的。而在这里，要发起运动的话，绝没有必要进行由下而上的“说服”。

4. 哈佛大学禁止酗酒项目鞭挞了醉酒驾车行为，但它并没有反对饮酒主义或销售含酒精的饮料，因为它们的广告是电视业一个非常重要的收入来源。

哈佛大学禁止酗酒项目对议程设置研究有许多深刻的启示。娱乐媒介以及广告（诸如宣传指定驾驶员观念的公益广告）能够和新闻媒体一起在议程设置中发挥作用，而过去的传播研究仅仅对某个议题的新闻报道的数量进行观察。而且，杰伊·温斯滕的指定驾驶员运动表明，作为某个议题提议者的媒介提倡者能够推动一个问题进入媒介议程，特别是如果这个提倡者拥有一个可以营销的“产品”（在这个案例里，是指定驾驶员的观念），能够认识很有影响的人士，并且拥有数百万美元可以支配的话。

真实世界指标和媒介议程

正如前面业已界定的那样，*真实世界的指标*是较客观地测量某个社会问题的严重性或危害程度的一个变量。真实世界指标的典型例子就是由于酗酒引起的交通事故死亡的人数以及失业率和通货膨胀率。大多数问题都有其作为一个社会问题的客观严重性或危害程度的潜在指标。指标常常是个单一的变量，而对于某些具有多层次的问题而言，如环境问题，就必须采取多变量的测量标准。

克里斯廷 · 阿德(Christine Ader, 1993)通过将以下变量组合在一起，为美国总体的环境恶化问题构建了一个真实世界的指标：(a)按照氧化硫、氧化氮、一氧化碳的数量，以及每年百万立方吨测量的悬离子的总数量测算的空气污染，(b)测量每百万立方吨发生的原油泄漏，以及(c)测量每年处理的百万立方吨固体废料。她得出的污染总指标是将这三部分的变量相加，总数以百万立方吨表示。这个真实世界的指标显示了从 1970 年到 1990 年的一种连续下降趋势。然而，这同媒介议程(按被研究的这 20 年间每年媒体对环境问题报道的数量加以测量)却呈现*负相关*(r = -.796)。换言之，虽然污染问题在逐步减少，媒体对该问题的报道却增加了！

其他研究人员也没有发现真实世界指标和媒介议程之间有任何联系，甚至是一种负对应关系。以第一章提及的 1980 年代末的“禁毒战”为例，尽管由于毒品引起的死亡率长期呈现下降趋势，“禁毒战”还是展开了。在 1985 年毒品问题的议程设置过程中发生了一个关键性的事件。当时，彩虹联合的总裁雷维伦德·杰西·杰克逊，正是一位雄心勃勃的总统候选人，他与《纽约时报》的总编讨论了黑人生活区青年吸食毒品问题的严重性（见第一章）。此后不久，《纽约时报》“发现”了毒品问题，许多有关毒品的新闻报道便出现在该报上。与此同时，在美国由毒品引起的死亡的人数实际上在 1980 年代正呈下降趋势。但是由于 NBA 篮球运动员莱恩·比亚斯因吸毒过量死亡，美国媒体没有将毒品问题框架为与死亡率相关的问题，而是把它看作是一个人类的悲剧。与母亲在儿子墓地啜泣的悲伤画面相比，统计数值所显示的趋势显然不足以使自身成为一个戏剧性的新闻报道。

1980 年代的毒品问题是考察议程设置过程如何能够独立于真实世界指标而展开的突出范例，也是社会如何对某个问题进行建构的一种自然实验。正如客观的指标所测量的那样，毒品曾经是，并且一直是个严重的问题。否则它也不可能在 1980 年代进入到全国性议程中来。因此，对于准备进入议程的问题来说，一个真实世界的指标既不是个必要的，也不是个充分的根据。类似美国每年由酒后驾车或毒品引起死亡数字的增加本身并不足以将一个问题推上议程。议程设置经常来自于诸如某个名人的死亡这样的人类悲剧，或令人关注的新闻事件像是美国政府由于预算危机而关闭数日（如 1996 年所发生的）。某个问题进入议程经常缘于像杰伊·温斯滕那样的议题倡议者所做出的辛勤努力，无论我们了解其艰辛与否。而真实世界的指标本身很少能让一个问题进入到媒介议程中。

艾滋病与旧金山的媒介议程[2]

在艾滋病这场时疫于1981年5月爆发之后的第一个十年期间，旧金山的媒体刊登的有关这种获得性免疫缺陷综合征（艾滋病）的新闻报道，比美国其他任何一个大都市的媒体都多。为什么艾滋病问题能够登上旧金山媒介议程的头条？地方性的议程设置过程与全国性的议程设置过程有何不同？

旧金山的市民比美国其他城市的市民更具开放性和进步性，体现了一种“顺其自然生活”的哲学，并能够包容各种不同的生活方式。这些品质使得旧金山在1970年代中期成为男同性恋者的聚集地。市政府于1974年结束了警察对同性恋者的攻击（Fitzgerald，1986）。同性恋“权利的来临”（coming of rights）对这座旧金山湾城市人数庞大的男、女同性恋者来说具有重要意义。旧金山因此成为男同性恋者能够公开张扬他们的性取向而无须担心受到攻击的地方。全美各地同性恋者的报纸不断传播消息，将旧金山描绘成他们的乐土。在1974年到1982年间，每年大约有5 000名男同性恋者移居到该市。新移民大多在面积为1.5平方英里的“卡斯特罗”生活区里安家，从而使该区成为美国男同性恋生活的主要中心。据估计，旧金山1982年的同性恋人口达10万人，在旧金山所有的男性中，40%是同性恋者。而他们同时又是该市令人生畏的选举团体。

1981 年初,旧金山医疗界发现,在其他方面称得上健康的男同性恋者身上出现了一种奇怪的免疫性问题。对此,对男同性恋进行治疗的医生们迅速做出了反应:他们与旧金山市公共卫生署一同追踪了艾滋病这场时疫的初发症。围绕着公共卫生署拟关闭当地浴室以限制艾滋病传播的计划,掀起了一场激烈的论战。旧金山卫生当局试图阻止这种人类免疫缺陷病毒(HIV)的传播,而许多男同性恋者将此视为对其人权的侵犯。反对关闭浴室的愤怒抗议得到当地同性恋者报纸的支持,因为浴室是其重要的广告商。这场论战使得艾滋病在 1980 年代初成为旧金山的头号政治问题;几年以后,艾滋病议题才在全国性的议程上显得重要起来。

为什么艾滋病问题能够进入旧金山的媒介议程?当时主要的影响因素是(a)在所有北美城市中该市的 HIV 感染率最高;(b)几名当地记者对该问题的强烈责任心;(c)由男同性恋者以及组织其进行自救的医务人员组成的网络,如建立防止 HIV/AIDS 的非营利机构;(d)男同性恋者在该市的政治影响和经济财富举足轻重;以及(e)为艾滋病的防治、研究、试验和治疗提供主要经费的市长和市政议会。在旧金山保守的男同性恋和开明的男同性恋之间出现了一场政治论战,前者将防止艾滋病的措施视为对他们个人权利的侵犯;后者认为艾滋病的确是一场公共健康危机。论战使这场医疗领域的迷局带有政治性冲突的色彩,因而成为该市新闻记者不能回避的新闻视角。

结果，旧金山是当时世界上 HIV 传播以及艾滋病问题进入其媒介议程并且成为其公共问题的第一座城市。在这里，艾滋病病例的真实世界的指标和媒介议程同时呈现，它们由一系列旧金山所独具的特质为中介取得了相关性（这些特质与政治、人口统计以及媒介相关）。在这个地方性案例中具有关键性意义的是公民组织起来以及由基层发出的倡议；是他们的关注和不懈的工作有力推动了他们积极倡导的议题。一旦这些富有进取精神的人们构建成“议题倡议的网络”（Heclo，1978），尤其是在地方性层次上，被组织起来的公众就能够对政策议程产生比大众传媒更大的影响力（Schweitzer & Smith，1991）。

影响媒介议程

研究人员已经就包括广告商、公共关系人员、信息技术的支援者如科学家以及其他媒介对大众传媒的诸多影响进行了调查研究。正如第一章中图 1.1 所示，某些声名显赫的媒体以及特定的新闻事件在推动一个议题进入媒介议程方面发挥了特别重要的作用。关于这一点，有许多案例可以佐证。

《纽约时报》被公认为最受尊重的美国新闻媒体。如果该报暗示某个问题具有新闻价值，其他的美国新闻机构就会对此特别地关注。当电视台、电台、报纸以及杂志的制作人和编辑坐下来，决定哪些新闻应给予当天最多的时间、最佳的放置,以及最大的大字标题时,他们常常会先去查看《纽约时报》的编辑们对该问题是如何处理的。因为在每天晚上,《纽约时报》的新闻服务部门都会向数千家报纸、广播电台,以及其他媒体机构传送第二天的头版新闻,以此来影响第二天早晨的头条新闻以及新闻优先程度的排序。各种各样的调查研究已经充分佐证了《纽约时报》在议程设置上拥有的权力。纽约州布法罗市以及尼亚加拉瀑布城(Buffalo and Niagara Falls,New York)的日报曾经对发生在拉夫运河地区(Love Canal area)的有毒物质的灾难进行了一年多的跟踪报道,但是在该地区之外,地下的化学废物对居住在拉夫运河地区的许多家庭造成的健康危害却没有引起多少人的多少关注。这一问题后来以新闻报道的形式出现在《纽约时报》的头版,纽约州以及联邦政府的卫生和环境部门随即迅速采取行动,实施了援助拉夫运河区居民的计划。拉夫运河的问题也在其后的接连数月里受到了美国媒体的密切关注(Ploughman,1984)。

同拉夫运河灾难类似的过程出现在媒体对氡这样一种能够危害家庭地下室的放射性气体进行的报道上。氡问题原先主要集中在新泽西州以及宾夕法尼亚州东部,曾不断受到《费城问讯报》(*Philadelphia Inquirer*)以及其他当地媒体头版报道的关注。但是该问题一直没有进入全国性的媒介议程。大约一年之后,一篇关于氡问题的新闻报道出现在《纽约时报》上,使得这一问题突然受到全国性媒体的关注并且进入了公共议程;州和联邦政府也发起了援助项目(Mazur,

1987)。

正如第一章所描述的那样,禁毒战进入媒介议程始于雷维伦德·杰西·杰克逊向《纽约时报》的一位高级编辑指出该社会问题。就在《纽约时报》发现毒品问题一年之内,一名著名的篮球明星死于吸食毒品过量;而禁毒战当时正要成为头号全国性议程。相反,直到首例艾滋病在 1981 年被确诊的几年之后(见第四章),《纽约时报》才对艾滋病问题给予了大量的报道。《纽约时报》这种报道的缺席使得艾滋病问题在当时没有立即进入到美国的媒介议程(Roger et al., 1991)。

为什么《纽约时报》对美国的议程设置过程的影响力如此显著呢? 一个原因是许多报人是在一种特殊的环境中工作的,与他们的读者并没有太多的联系。因此,他们只有从其他媒体获得判断某个问题优先程度的线索。“记者们是在与一个他们看不见或听不到的读者进行交流,进行单向的对话。他们工作在一个主要为新闻来源、公共关系专家以及其他记者所占据的专业世界里”(Neuman et al.,1992,p. 3)。

《纽约时报》是某个问题进入全国性媒介议程的一种途径。对大多数议题的倡议者来说,这是个难以企及的艰难途径。白宫则是另一个非常挑剔的途径。美国总统通过就某个问题发表重要的政策演说,能够助其进入全国性议程。在 1980 年代的艾滋病案例中,里根总统仅是通过对艾滋病问题的忽略,就延缓了这场疫情进入媒介议程的进程。如本章随后将要表明的那样,联邦政府用于与艾滋病相关的研究、预防和治疗的支出威胁到了里根总统削减国内预算的计划。白宫尽可能拖延并忽略这场疫情,许多人则可能由于它的拖延而失去了生命。

媒介对一个问题设定框架(frame an issue)的方式也会决定该问题是进入媒介议程还是遭到淘汰。例如,媒介最初曾经将艾滋病框架为一个同性恋问题,因为最早感染上艾滋病的个人多是男同性恋者。最早艾滋病也被称为“GRID”,即“与男同性恋有关的免疫缺陷综合征”(Gay-Related Immunodeficiency Syndrome)的缩写。但是,人们很快就认识到,这种病毒除了同性恋者的性接触外,还可以通过输血、杂乱的性接触以及共用毒品注射针头传播。后来,媒体将艾滋病问题框架为主要感染美国人口中的某些特殊人群,而并未将其视为对所有人的一种威胁。媒体对该问题的这种框架影响了1980年代初的这场疫情所具有的新闻价值。

媒体报道某个问题的相似性

假定不同媒体机构的编辑们每天相互检查的话,就会以为传播学者们早已在一家大众传媒与其他媒体对同一个问题报道的数量之间发现了一个高度的相似性;而传播学者们发现的确如此。三家全国性报纸以及三家美国电视网对埃塞俄比亚饥荒报道的方式就可以说明这一点(对此将在第四章中加以阐述)。这六家媒体有关这场灾难的新闻报道统计数值的分布自始至终都是惊人的相似(图2.1)。晚间电视节目播出的报道大约有报纸的一半，但是电视报道的历时分布几乎同报纸的报道一致。图 2.1 显示，在全国广播公司于 1984 年 10 月 23 日播放了一个有关埃塞俄比亚饥荒的难民的三分半钟的新闻片后，埃塞俄比亚饥荒问题随即跃入媒介议程。在此后的一两年中，该议题一直停留在媒介议程上；不过，对该问题的新闻报道渐显颓势。直到 1989 年，埃塞俄比亚饥荒问题从媒介议程上完全消失。

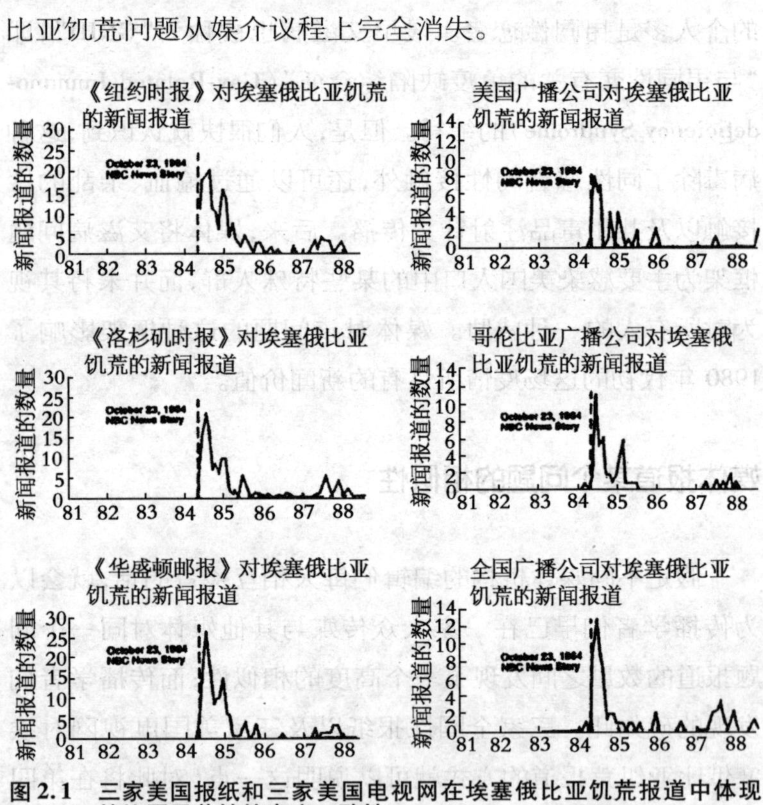

图 2.1　三家美国报纸和三家美国电视网在埃塞俄比亚饥荒报道中体现的议题显著性的高度一致性

来源：罗杰斯和张（1991）。引自《危险的使命》，得到格林伍德出版集团的复制许可。

请注意，这六家全国性的媒体并没有必要对该饥荒问题进行完全相同的报道（不过，这些媒体常常在如何框架某个特定的问题上保持基本的一致）。但是，媒体对埃塞俄比亚饥荒所具有的新闻价值的看法却是一致的，这体现在它们每天对该问题报道的相对统计数值上。

这就是媒体相互间的议程设置在起作用。除了每天相互检查各自的新闻优先程度外，在全国性媒体的新闻记者之间还存在对专业价值判断的高度相似性。几乎所有记者都是从大学的新闻和传播学院毕业的，他们在那里修完了相似的课程，阅读了相似的教科书，并且在传媒机构中有相似的实习经历。由于新闻工作有高度的流动性，这些全国性媒体的新闻记者在他们的记者生涯中或先或后共过事。因此，他们会对某个特定问题的新闻价值具有一致的看法，也就不足为怪了。

测量媒介议程

内容分析（content analysis）是对文献的内容加以量化。内容既可以是明示的（即，明显的）也可以是潜在的（含蓄的或暗示的）。内容分析者根据要测量的内容类型来确定不同的测量步骤。对议程设置研究来说，媒体内容通常是被操作化为某个可数单位的统计数值，例如一批报纸中新闻专栏尺寸的统计数值，某个问题得到头版报道的统计数值，或在一年的电视新闻节目中某个问题报道时间的统计数值。通常

被研究的某个议题的新闻报道的统计数值是按一个时段来计量的,一般是在测量公共议程数月之前,采取民意测验或调查的方法。之所以需要数月是因为,艾亚勒(Eyal,1979)、艾亚勒、温特和德乔治(Eyal, Winter, and DeGeorge, 1981),以及斯通和麦库姆斯(Stone and McCombs, 1981)发现,在媒体报道和对公众舆论产生影响之间会出现一个迟滞因素。要对一个单一问题的议程设置过程进行历时性研究(over-time study),媒体对该问题的报道通常会按月份来制表统计。在有关艾滋病问题的议程设置过程(在第四章)的案例说明中,罗杰斯等(1991)对三家全国性报纸和三家电视网在1980年代的91个月里有关艾滋病的新闻报道的统计数值进行了内容分析。后来,他们将该媒介议程的指标与公共议程的民调数据、联邦政府用于防治艾滋病计划的支出,以及其他变量逐月进行了比较。

请注意,在典型的议程设置研究中,只是对关于某个问题的新闻报道的统计数值进行计算,而不是对这些新闻报道的确切*内容*进行分析。因此,媒介议程是关于某个议题报道的比较粗糙的指标。媒体通过对一个问题的辛苦挖掘、不断提及使其登上公共议程。当然,关于被研究问题的每篇新闻报道都是关于同一主题的变异,因为每篇报道都是对这个宽泛的问题的某个特定方面的描述。

研究报道的内容使得我们能够更好地理解议程设置过程。例如,罗杰斯等(1991)计算了有关艾滋病问题的13个主题的新闻报道的统计数值(诸如科学发现,对HIV/AIDS

的强制性验血，身患艾滋病的名人，以及罹患艾滋病的儿童）。他们发现，这些主题在不同的时间会出现波动。无论如何，这意味着正是这些不同的报道主题，才使得艾滋病这一完整问题连续5年在媒介议程上保持居高不下的位置。

从典型意义上说，问题并不会很长时间在媒介议程上保持重要的位置。对数以千计的报道进行调查，计算和代码，乃至分析每篇报道的内容，是个非常冗长乏味的任务。许多议程设置学者采用某个被研究的媒介可获得的索引来对付这种信息超载。例如，《洛杉矶时报索引》（*Los Angeles Times Index*）将《洛杉矶时报》每年发表的所有新闻报道以及社论进行分类，并提供该新闻稿所出现的当天报纸的出版日期以及页数。起先，这个索引是为帮助时报自己的记者找到过去有关某个问题的报道而建立的。假如，一位时报记者正在撰写一篇有关网球明星阿瑟·阿什（Arthur Ashe）病逝于艾滋病的新闻报道。如果他想知道《洛杉矶时报》是如何报道早些时候罗克·赫德森死亡事件的，就会通过查询《洛杉矶时报索引》来寻找，然后再阅读储存在缩微胶片上的新闻稿。对研究议程设置的学者们来说，这个索引以及由其他大报提供的类似的索引服务，是个了不起的省时省力的工具。

美国广播公司、全国广播公司以及哥伦比亚广播公司（ABC, NBC, and CBS）的晚间电视新闻节目，与有线电视网的新闻节目一起也有一个索引。这个索引是由纳什维尔（Nashville）的范德比尔特大学（Vanderbilt University）的范德比尔特电视新闻档案馆提供的，它显示每个电视新闻报道的标题,及其在某个特定节目中出现的次序,以及精确到分秒的时长。这个档案馆还存有所有新闻节目的录像带,并出售列在索引中新闻节目的录像带,明尼苏达的大学缩微胶片馆为美国的许多家报纸提供索引。

作为媒介议程测量工具的媒体索引对研究议程设置过程的学者们用处何在,取决于该媒体的索引编制者如何对该媒体的新闻报道加以独创性地分类。那些《洛杉矶时报索引》的编制者会按照与议程设置学者同样的方法对问题加以概念化吗?况且,如果采用索引的话,议程设置学者的数据也必须像那些索引本身一样的精确。

在日本,竹下(Takeshita, 1993)通过对一个小城市的4家主要报纸上的新闻报道逐行进行内容分析,测量了该市的媒介议程。这些报纸当时的发行量大不相同,从占所有住户的44%到只有2%不等。因而,各家报纸对被测的7个问题的相关报道,是按照发行量来加以权衡的。对媒介议程的这种权衡是有道理的,但是否被看重的媒介议程完全不同于一个不被看好的媒介议程仍然并不明确。媒介议程的有些因素并未被考虑,其中一个原因就是,它使议程设置过程学者所面临的信息超载加重。

在最近几年,对媒介议程进行内容分析这种令人疲劳的使用"眼球"法,正在被计算机软件的使用所取代。这些软件能够对报道进行统计,识别文章中同时出现的单词(这被称作"共-字词分析"),甚至能够帮助研究人员对文章进行定性分析。当代媒介议程的学者们用不着再去埋头阅读数千页的陈旧报纸，而是更倾向于设计一套可以仔细限定计算机研究范围的指令。

爱克森瓦尔笛兹号油轮与环境[3]

环保运动在1960年代末兴起20年之后，环境问题于1989年再次进入全国性议程。相对其他的全国性问题而言，1990年代环境问题的独特性在于，它是个多方面的问题，包括如臭氧层的破坏、热带雨林的毁损、空气污染和水污染、一些物种的濒临灭绝，以及促进再循环这样的次一级问题。而且，有关环境的根本信息来源主要是科学家，这意味着有关的科学知识必须要传送到公众那里。环境危机，如果要加以解决的话，就必须通过人民大众的日常行动来加以解决。

在1989年的爱克森公司的瓦尔笛兹号(Exxon Valdez)油轮原油泄漏事件之前，几个真实世界的指标表明，全球环境正在日渐恶化。科学家们发现，保护地球的臭氧层上有一个漏洞正在不断地变大，地球表面也在逐渐变暖。诸如此类的环境问题真实世界的指标当时被新闻传媒进行了报道；召开了科学大会；各国首脑就本国的环境问题进行了讨论。但是由于有关环境恶化的真实世界的指标是长期循序渐进的，因而不足以将环境问题纳入全国性的议程上。

1989年3月24日，爱克森公司的瓦尔笛兹号油轮在阿拉斯加(Alaska)的威廉王子湾(Prince William Sound)搁浅，将1 100万加仑的原油泄漏到生态环境十分脆弱的海岸线区域。

这艘987英尺长的油轮当时正驶往加利福尼亚州的长滩(Long Beach, California),船上装载的是阿拉斯加北斯洛普(North Slope)生产的原油。这场发生在美国海域的最大的原油泄漏迅速扩散到比罗得岛(Rhode Island)还大的区域。当时指挥爱克森瓦尔笛兹号油轮的是约瑟夫 · 黑兹尔伍德(Joseph Hazelwood)船长;油轮搁浅时,他正在甲板下面休息,据称是饮酒所致。

爱克森瓦尔笛兹号的这场巨大灾难在发生后的连续几周里成为报纸头版的重要新闻。电视和印刷媒体传播了大量被原油染黑的海洋,死亡的海鸟,以及在死亡线上挣扎、呜咽的海獭的照片。这场灾难的新闻视觉效果特别强,非常适合电视报道。根据原油泄漏事故发生2年之后的估计,野生动物和环境的损失包括58万只海鸟(其中有144只秃鹫)、22条鲸、5 500条海獭的死亡,以及被一层原油覆盖的1 200英里的阿拉斯加海岸线。这场事故受到了媒体的密切关注。

环境组织、社区团体以及政治家们通过媒体向公众呼吁抵制爱克森公司的所有产品,敦促爱克森信用卡的持有者将他们的信用卡减半并退回到该公司。18 000张信用卡被退回到爱克森总部。除了*新闻*报道对爱克森瓦尔笛兹号事件以及这场环境危机给予严重关切外,环境问题也引起了*娱乐性*媒体的更多关注,部分是由于两个好莱坞游说组织活动的结果。环境传媒协会(EMA)试图将环境危机搬上美国的电视荧屏以及大银幕。另一个环境游说组织,地球传播办公室(ECO)也于1989年成立。该组织在演员约翰 · 里特(John

Ritter)和汤姆·克鲁斯(Tom Cruise)的带领下,组织了一次到亚马逊雨林(Amazon rain forest)的考察之旅。同环境传媒协会一样,地球传播办公室也开展了募捐以及其他活动,以影响好莱坞对有意识的环保行为的描绘,并希望他们对环境问题进行持续的影像反映。

媒体对爱克森瓦尔笛兹号事件以及这场环境危机的其他方面的巨大关注使得美国公众确信,环境问题是美国当时面临的一个重要问题。这场灾难在此后数月里对爱克森公司造成了非常不利的影响,对美国媒介议程以及公共议程上的环境问题起到了推动作用,帮助将环保运动推向了高潮,并引起了美国大众自身行为的广泛变化。1989 年 3 月的原油泄漏事故是一起触发性事件(a trigger event)[4],它将环境问题推上了媒介议程、公共议程以及政策议程。这起引人注目的事件给环境这个经科学论证并且多年来一直在不断恶化的社会问题,赋予了突然的象征性意义。

小结

在本章我们提出了一个中心问题:是什么将某个问题推上媒介议程的?我们的结论是,真实世界的指标对媒介议程设置有时只是一个必要,但并不充分的解释。对美国许多全国性的问题来说,有两个机构已被证实在媒介议程设置中发挥了特别关键的作用,那就是《纽约时报》和白宫。此外,各种大众传媒在一段时间内对某个问题的新闻报道数量是非常相似的。对某个问题的媒介议程设置过程通常是由一起触发性事件所激发,正如在上述环保问题案例中的1989年爱克森瓦尔笛兹号原油泄漏事件。

注释

1. 本案例说明根据的是凯瑟琳·蒙哥马利(1993, pp. 178-202)和克雷格·赖纳曼(1988)以及与杰伊·A·温斯滕的几次个人讨论。
2. 本案例说明汲取了自1986年以来在旧金山进行研究的数位作者的研究成果,特别参见詹姆斯·W·迪林和埃弗里特·M·罗杰斯(1992)。
3. 本案例说明根据康拉德·史密斯(1993)以及各种其他来源。
4. 一个触发性事件是个线索-行动,它发生在某个时点上并能够将对某个议题的显著性的关注和行动具体化。

第三章　公共议程研究:等级排列方法

普通人显然将媒体上的消息当作了问题的真相,无论他本人是否与之有关或对它们感兴趣。

G. Ray Funkhouser(1973b, p.538)

要说是大众传媒设置了议程的话,那就是高估或者低估了它们。

Gladys Engel Lang and Kurt Lang(1981, p.465)

*公共议程*就是公众对在某个时点上的许多问题进行的等级排列。对公共议程已经进行的议程设置研究有两种:(a)等级排列研究,即对某个时点上公共议程中的所有主要问题加以调查研究;以及(b)纵向研究,即对一个或几个问题的兴衰过程进行历时地调查研究。这两种研究截然不同,我们将在不同的章节分别加以论述。本章将考察多个问题的等级排列研究,对一个或几个问题的纵向研究将在下一章进行分析。

议程设置研究是从等级排列研究开始的。马克斯韦尔·麦库姆斯和唐纳德·肖(1972)在他们的查普尔希尔研究中搜集了 5 个主要问题的数据。1968 年总统选举中的许多问题确切为何,两位学者并不感兴趣。当时他们希望探讨的是,在他们所选定的 100 名优柔寡断的选民的公共议程上 5 个问题的等级排列,同媒体对这些问题报道的相对数量之间的一致程度。与之截然不同的是,对议程设置的纵向研究通常是由于某个学者对议程设置的历时过程产生兴趣所致。那些集中研究某个单一问题的学者们常常忽略了一些重要信息,如其他问题兴衰的方式可能已经影响了他们正在研究的公共议程上某个问题的优先程度。

因此,在公共议程设置的研究方法中,无论是等级排列还是纵向的方法都有自己的优势和不足。

1960 年代的诸议题[1]

就在麦库姆斯和肖(1972)在查普尔希尔进行他们经典的议程设置研究的同时,雷 · 芬克豪泽(G. Ray Funkhouser)发表了一篇关于一种全新的议程设置研究方法的报告。这位宾夕法尼亚州立大学的传播学助理教授当时刚刚从斯坦福大学取得博士学位。在向公众舆论研究者的专业学会——美国公众舆论研究学会(AAPOR)提交论文之前,无论是芬克豪泽,还是麦库姆斯和肖,对对方的调查研究都缺乏了解,而两篇论文后来都发表在美国公众舆论研究学会的学术杂志《公众舆论季刊》(*Public Opinion Quarterly*)上。

芬克豪泽(1973a)的议程设置研究的问题等级排列方法

与麦库姆斯和肖(1972)的查普尔希尔研究究竟有何不同?同北卡罗来纳州的学者们一样,芬克豪泽测量了媒介议程和公共议程上的多种议题,然后将这两个议程上议题的优先性排序进行对比。但是,与北卡罗来纳州的研究是以一个社区的媒介议程和公共议程为对象不同的是,芬克豪泽当时就这两个议程进行的是全国范围的调查。他发现媒介议程和公共议程具有高度的相关性,从而印证了麦库姆斯和肖的研究结果。这种范围上的可推广性在当时是个非常重要的发现。同麦库姆斯和肖的数据相比,芬克豪泽当时的数据总量自然从根本上远远大于前者。

芬克豪泽(1973a)当时注意到,在1960年代,许多新议题出现在全国性的议程上,这也许是由于社会动乱和各种抗议活动所致。芬克豪泽研究了媒介议程上的14个议题,并按照3家新闻周刊刊登的新闻报道统计数值来编制索引、排列顺序。这3家周刊(《时代》、《新闻周刊》和《美国新闻》)由《期刊文献读者指南》(*Readers Guide to Periodical Literature*)进行分类。公共议程上的14个问题根据盖洛普民意测验进行排序,该民意测验要求被调查的美国人列出美国正面临的最重要的问题(表3.1)。

表3.1显示,在媒介议程和公共议程上,这些议题的排列顺序在当时具有高度的相关性。这种结果印证了麦库姆斯和肖(1972)的研究成果,将其(a)从一个单一社区的结论推广到适用于全国,并(b)从有关1968年总统选举前后的数月时间延长到10年。

表 3.1 雷 · 芬克豪泽研究中媒介议程和公共议程的排列顺序

议题	媒介议程（新闻报道的数量）	公共议程（最重要的问题）
1. 越南战争	第一	第一
2. 种族关系与城市骚乱	第二	第二
3. 校园动乱	第三	第四
4. 通货膨胀	第四	第五
5. 电视和大众传媒（包括对暴力的描绘，以及其他批评）	第五	第十二（并列）
6. 犯罪	第六	第三
7. 毒品	第七	第九
8. 环境与污染	第八	第六
9. 吸烟与健康	第九	第十二（并列）
10. 贫困	第十	第七
11. 性革命	第十一	第八
12. 妇女权利	第十二	第十二（并列）
13. 科学与社会	第十三	第十二（并列）
14. 人口增长	第十四	第十二（并列）

来源：芬克豪泽（1973a）。

接着，芬克豪泽（1973a）逐年分析了从1964年到1970年期间8个议题的媒介议程和公共议程的关系（因为这一期间获得的关于最重要问题的数据最为充分）。“在某一特定年份，媒体对某个问题报道的数量同它是否被作为一个重要问题出现在盖洛普民意测验中是明显相关的”（Funkhouser, 1973a, p. 67）。请注意，时间在当时被芬克豪泽当作研究议程设置过程的一个分析变量。

最后，芬克豪泽以一种在议程设置研究中非常重要的、堪称首开先河的方法，将1960年代14个问题逐年的媒介议程与各个问题的真实世界的指标进行比照。他是第一个对议程设置中真实世界指标的作用进行调查研究的学者。芬克豪泽(1973a)当时发现了大多数学者后来才意识到的问题:"新闻媒体并没有对1960年代美国发生的种种事件提供一幅非常贴切的画面"(p. 73)。之所以未能出现媒体报道与真实世界的指标之间一对一的关系,(a)是由于"虚假的新闻",布尔斯廷(Boorstin, 1961)称之为"假的事件"。在这些事件中,举办争取民权游行和地球日这样的活动,是为了引起对某个问题的新闻报道。(b)是由于在广泛的媒体报道之后,一个问题最终不再会被视为"新闻"。例如,媒体对越南战争的报道在1966年达到了高潮,而它出现在有关驻越美军的真实世界指标的统计数值达到高峰的2年之前(图3.1)。新闻记者以及美国公众可能最终会对报称的越共战士的死亡人数,以及越南村庄被摧毁的电视画面变得熟视无睹。但是,芬克豪泽(1973a)指出,"这些问题都在现实中具有某种基础——也就是说,曾经发生过一场战争,犯罪率的确上升了,(美元的)价值的确下降了等等"(p. 73)。

我们在第二章讨论了(a)媒介议程和真实世界指标之间的对应关系的基本丧失以及(b)一个问题是如何通过新闻记者以及公众对其的社会构建在议程设置过程中显现的。根据我们对芬克豪泽的有关越战问题的数据的分析表明,他可能已对公共议程和真实世界指标间的关系进行了研究(在图3.1中)。

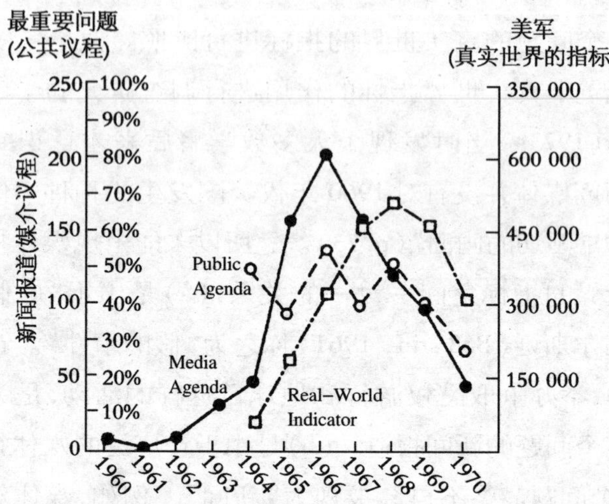

图 3.1 有关 1960 年代的越战问题的媒介议程、公共议程以及真实世界的指标

来源:这里的数据取自芬克豪泽(1973a, 1973b)。获得芝加哥大学出版社的使用许可。

注:媒介议程的起伏先于真实世界的指标,而这两者同公共议程每年都没有表现出很高的相关性。

假定芬克豪泽的研究在方法上是极具开拓性和创造性的话,那么,为什么不是他而是马克斯韦尔 · 麦库姆斯以及唐纳德 · 肖被视为议程设置研究的奠基人?他们关于同一课题的两篇论文发表在同一本学术杂志上,且几乎出现在同一个年份!但其他议程设置研究者们对这两篇学术论文的引用率却截然不同(表 3.2)。

为什么芬克豪泽的学术贡献会被如此低估?

1. 芬克豪泽并没有将他的研究称为“议程设置”过程研

表3.2　其他议程设置学者引用两篇经典文章的数量以及百分率

两篇关于议程设置的开先河的文章	引用的数量
1. 芬克豪泽(1973a)	49(24%)
2. 麦库姆斯和肖(1972)	115(56%)

来源：罗杰，迪林，以及布雷格曼(1993)。获得牛津大学出版社的使用许可。

究，也没有引用这方面的传统文献，例如像科恩(1963)那样的比喻说法(“报界告诉我们应该思考什么”)[2]。

2. 芬克豪泽采用二手资料的统计方法不太适合于进行个人采访的调查方法，而后者当时被许多大众传播学者在进行定向的媒介效果研究时所偏爱。因而他的研究并没有像麦库姆斯和肖的研究成果那样，立即引起反响或带来其他类型的后续研究。

3. 芬克豪泽本人没有像马克斯韦尔·麦库姆斯和唐纳德·肖那样，继续从事议程设置研究，或影响他的学生这样去做。而麦库姆斯和肖分别撰写、由两人合写或与其他学者合写的有关议程设置的论著总数达32本之多(约占关于该课题的总文献数的9%)。

测量公共议程

对公共议程的测量通常通过民意测验中的特定问题来进行。通常的民意测验会询问调查对象对某个特定问题的态度。例如，民意测验的问题可能是，“你如何看待堕胎?”或者"你对卫生医疗改革有什么意见?"询问这样的特定问题是为了将公共议程指数化:"你认为本国当前面临的最重要的问题是什么?"(Smith,1980)。自从第二次世界大战以来,这个问题(及该问题的各种小的变体)已经被盖洛普民意测验使用了大约200次,首次运用是在1935年的一次盖洛普民意测验中。

这些最重要问题(MIP)的数据表明,5种领域广泛的全国性议题在美国的公共议程上占首要地位。

1. 外交事务问题,包括战争恐惧、军事准备,以及太空等问题,基本上在美国公共议程上占首要地位。在1946年至1976年,公众认为它是最重要问题的平均占40%到50%(Smith,1980)。

2. 经济问题,包括通货膨胀、失业、劳工问题等。

3. 社会控制问题,如犯罪、暴力以及道德沦丧等,在1960年代末到1970年代初,由于种族暴乱和校园动乱而上升到重要位置。后来关注程度有所保留,主要集中在对犯罪问题的恐惧(Smith,1980)。

4. 公民权利问题,在1960年代中期变得十分重要,但后来被越战问题挤下了公共议程。

5. 政府问题,如腐败、领导不力及效率低下,在全国性的议程上始终位置靠后。例如1974年发生水门事件丑闻时,当时认为"政府问题最重要"的回答占到23%(Neuman,1990;Smith,1980;Zhu,1992a)。

除了这主要的5类问题外,像卫生医疗以及防务支出这样特殊的问题,也可能在某一短时期内上升到公共议程的重要位置。但是,就史密斯(1980)所分析的20年时间段中的大部分时间而言,外交事务、经济问题、社会控制及公民权利这4种广泛性议题都位居于公共议程之首,其中外交事务的位置更加显赫。通过对长达40年的公共议程进行时间序列的研究发现,尽管组成美国公众议程的问题的统计数值并未发生变化,但这些问题的实质已经变得多样化了,从而导致了任何一个问题在公共议程上平均持续时间日趋变短(McCombs & Zhu,1995)。学者们由此得出结论,认为公共议程上种种议题更加迅速的转换可能表明了美国社会构成的日益多样化。

盖洛普民意测验的数据允许按照调查对象的特征来观察其议题优先程度的选择上存在的差异性。但是,如果对议题优先程度作历时的比较,因为它们大部分已为历史事件所证明(如越战、水门事件以及民权运动),对最重要问题的回答的差异是微不足道的。各类调查对象存在的许多差异,如果它们的确出现的话,也正是人们所预期的。例如,美国黑人以及生活在南部的人们会将民权视为美国1960年代中期一个特别重要的问题。

最重要的问题(MIP)多年来已经成为全国层次的公共议程研究中采用最广泛的指标。学者们在对议题优先程度进行研究时,会对受众进行亲自采访调查来测量公共议程;即使此时,他们不是采用盖洛普民意测验的数据,而是经常询问一个最重要问题类型的问题。作为公共议程的一个测量标准，盖洛普最重要问题的优点是什么？一是由于这个问题的开放性，不会向调查对象暗示问题的答案。相比来说，设想如果是一套封闭性的问题；如“失业问题作为本国当今面临的一个问题的重要性如何？环境问题、犯罪问题又怎样？”显然，人们将不得不考虑这样一些问题，而不是仅指向一个问题；因为总会存在漏掉公共议程上可能出现的某个问题的危险性。而且，封闭性的问题会不可避免地向调查对象传达高度的暗示性。

最重要问题类型的提问还有一个优点是，它已经被盖洛普民意测验一直询问了这么多年，因而其今后作为公共议程指标的首要地位似乎是可以保证的。为什么要改变该问题的遣词并丢掉与先前几十年的最重要问题数据的可比性呢？

但是，最重要问题这样的测量标准还存在几个缺点。例如，盖洛普民意测验中*美国所面临*这样的关键词。正如芬克豪泽(1973a)所指出的：

> 人们对*美国所面临的*最重要问题进行估计的近乎唯一的途径总是从媒体中获得暗示。新闻报道和公众舆论之间的一致性……可能只不过是公众在民意调查者那里刻板地重复着目前新闻中正在报道的内容，而同调查对象本人真正认为的重要问题几乎没有或根本就没有任何关系。(p. 69)

这样，媒介议程和公共议程之间的正关系可能就会被事先嵌入最重要问题这样的测量标准里。

“什么是*你*现在面临的最重要问题?”或者，换一个问题,“你认为政府应该着力解决的最重要问题是什么?”如果公共议程是按询问调查对象这些问题来加以指数化,结果又会如何呢?回答与那些用最重要问题进行提问所获的答案并不相同。例如,查普尔希尔研究就是这样问的:“你这些日子*非常*关心的事是什么?换句话说,不管政客们说了什么,你认为政府*应该*集中精力来办好的两或三件*大*事是什么?”(McCombs & Shaw,1972)。*公共议程在很大程度上取决于它被加以概念化和测量的方式*(Funkhouser,1973b)。当然,这番告诫同样可以适用于公众舆论研究的其他各个层面。

特朗博(Trumbo, 1995)认为,如果人们把一位积极的媒体阅听人加以概念化的话,那么,具有显著性的问题和“应该思考的”问题是同一件事这种典型的议程设置观点就会令人误解,因为对一个问题的重要性的判断本来就是评价性的。特朗博在对全球变暖问题的纵向研究(1995)中,将一个受到极端关注的指标(Extreme Concern Index, ECI)加以概念化和操作化,以测量公共议程。虽然公众对最重要问题类型的问题的答案可以随时用于横向的等级排列研究,却难以对纵向研究加以操作化,因为这样的答案只会存在于长期居于重要地位的问题中。特朗博对极端关注的指标的编制是通过收集两个公众舆论档案中的诸多问题来进行的:(a)是有关全球变暖的,(b)是有关全国性的抽样的,(c)对关注的测量,以及(d)采用了标准答案来将调查对象的回答加以分类。因此,与最重要问题不同的是,极端关注的指数是许多不同却又近似的问题的混合。特朗博(1995)发现,极端关注的指标同媒介议程具有对应关系;这表明,这个指标对公众舆论是一个有效的测量标准。

大多数议程设置研究都被贴上了"美国制造"的标签(Chaffee & Izcaray,1975)。但是,议程研究者们的一个无形学院正在日本形成。根据竹下的论著(1993),自从 1980 年以来,议程设置在日本已经成为大众传播和政治传播教科书中一个不可或缺的内容。一批积极的调查研究者们在日本从事着议程设置研究。幸运的是,由于该领域的发展,日本对公共议程的测量方法多少是有其特色的。除了在受众调查中以他们的文本询问人们熟悉的最重要问题类型的问题[3],日本学者还测量*意识到的议题显著性*(perceived issue salience)(像韦弗等人所测量的那样,1981),将其定义为调查对象对其他人群议题显著性认知的判断[4]。1993 年在日本进行的一次对 1968 年查普尔希尔研究的重复实验中,调查对象被询问道,"你认为在这次选举中本市人最感兴趣的是什么?"此外,对*人际间议题的显著性*(interpersonal issue salience)也进行测量,即在与其他人对话中最常讨论的问题,询问"你和你的家庭成员或朋友们在过去一周讨论过这次选举的问题吗? 如果是的话,你讨论了什么样的话题,是和谁讨论的?"(Takeshita,1993)[5]。

对公共议程上各个议题的重要性进行的最重要问题的测量,与媒介议程上各议题的排列顺序在当时并不具有非常高的对应关系（Spearman rho = 0.39），不像意识到的议题显著性的测量标准和媒介议程所具有的那种对应关系（rho = 0.68）。竹下（1993）得出结论："大众传媒在对人们关于舆论环境的看法上，比对他们对自己关注问题的思考上，施加了更多的影响。"这个结论支持了德国传播学者伊丽莎白·诺埃勒-诺伊曼（Elisabeth Noelle-Neumann）的研究。诺伊曼曾经指出，大众传媒的报道对许多个人判断其他人正在思考的问题具有强烈的影响。大概，媒体作为人们了解其他人所关注的问题的途径，几乎是唯一的选择。意识到的议题显著性之所以会在日本具有优越性，一个解释就是，日本人强烈地需要了解周围其他人关于问题优先程度的舆论环境。议程设置行为中这样的文化差异需要进行进一步的探讨。

媒介议程影响公共议程的证据

麦库姆斯和肖（1972）颇有影响的研究的主要成果是，媒介议程上的议题等级排列设置了公共议程上的议题等级排列。后来的研究（我们在 1992 年考察的 92 个经验研究中有 59 个）中大约有三分之二证实了媒介议程与公共议程之间的这种关系。图 3.2 描述了这种定向关系及其总的研究成果：真实世界的指标无论是同媒介议程还是与公共议程都没有强烈的对应关系。

种种研究根据支持这种媒介与公共议程之间的关系：

1. 芬克豪泽（1973a）对 1960 年代诸议题的调查研究得

出的结论是：在美国，公共议程是由媒介议程驱动的；正如本章此前所考察的那样。

2. 麦克库恩（MacKuen，1981）对 8 个问题的议程设置过程的历时研究也支持这种归纳。

3. 这种归纳被实验室实验所支持：媒介议程被实验者进行更改以检验其对众人公共议程的影响（Iyenger & Kinder，1987）。

4. 布罗秀斯以及凯普林格（Brosius and Keppliner，1990）对德国 16 个问题的议程设置过程的历时分析结果支持这种媒介议程—公共议程间的关系，尽管使用了格兰杰因果关系移除之前公共议程对当下公共议程的影响[6]。

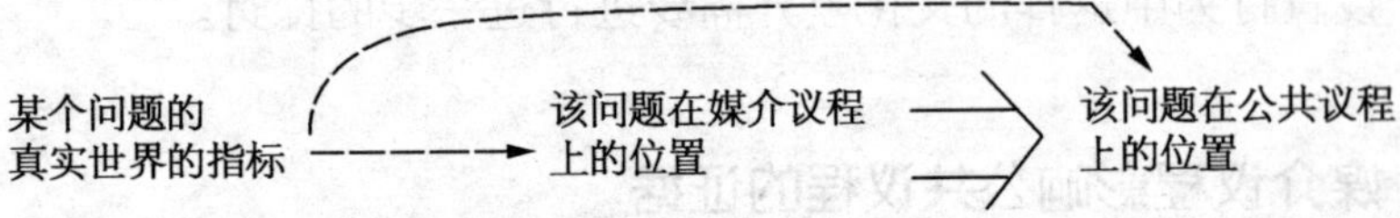

图 3.2 问题的真实世界的指标同议题在媒介议程以及公共议程上的位置之间的关系

注：一个问题的媒介议程—公共议程间的关系并非是因这两个变量同该问题的真实世界的指标间的高度相关性而产生。

因此，即使考虑到各种不同的方法和数据分析过程中的种种控制，议程设置研究总的结论仍然是；*媒介议程设置了公共议程*。这几乎是不足为奇的，但它显示了对我们的议程设置过程模式的部分支持（描述在图 1.1 中）。公共议程设置研究的结果存在变异性，很大部分上是由于一系列偶然条件极大地影响着媒介议程与公共议程之间的关系。詹姆斯 · 温特（James Winter，1981）曾经对这些条件所作的概述和修正忠实地体现出这一关系。

预测公共议程时的介入变量

麦库姆斯和肖(1972)的查普尔希尔研究将他们的100名调查对象对公共议程的回答汇总成一个相关议题的等级排列(关于5个大问题)。由于只采用了100名调查对象,除了总计外没有采取任何其他方法。但是,在对查普尔希尔研究中的主要假设进行重新检验的几个研究结果中,如麦克劳德等人(McLeod et al., 1974)在威斯康星州麦迪逊的调查研究,和蒂普顿等人(Tipton et al., 1975)在肯塔基州莱克星顿的调查,数据却是采集自更大范围的抽样,从而使这些传播学者根据社会经济特征、个人经历,以及接触媒体的程度将他们的调查对象划分成各种次一级受众[7]。基本上来说,这种研究战略是一种分解方法,旨在确定麦库姆斯和肖(1972)所发现的媒介议程—公共议程之间的关系是否同样也适用于特定的次一级受众。总的来说,它确实吻合,不过还缺乏强大和普遍的支持。

媒介议程—公共议程间关系的介入变量是信息源或者传播渠道的*公信力*,即认为某个信息源或者传播渠道是值得信任的和能够胜任的。例如,一名华尔街的律师可能会觉得《国家问讯报》(*National Enquirer*)在国际问题方面没有《国际先驱论坛报》(*International Herald-Tribune*)值得信任;当他在《国际先驱论坛报》上读到有关一项巴勒斯坦和平的新计划的报道标题时,该报对该新闻的突出强调就更有可能被接受(Rogers & Dearing,1988)。几项调查研究(例如,McCombs,1977;Palmgreen & Clarke,1977;Winter,1981)试图判断报纸或电视在设置个人议程方面是否更加重要。万塔以及胡(Wanta and Hu,1994)发现,那些认为媒体更值得信任的个人往往会依靠媒体来获得诸如有关伊利诺伊州选举问题的信息,并且会更倾向于受到对他们个人议程产生影响的传媒的左右。

而且,通过对许多个人抽样获得的媒体接触程度,同这些人将媒介议程视为个人议程的程度具有正相关关系。支持这个结论的包括:韦弗、麦库姆斯及斯佩尔曼(Spellman)(1975),肖以及克莱默(Clemmer)(1977),马林斯(Mullins)(1977),艾因西迪尔、萨洛蒙及施奈德(Einsiedel,Salomone,and Schneider)(1984),和万塔及胡(1994)等人的研究。

用以说明媒介议程—公共议程间关系、被研究最多的介入变量,就是就新闻中某个问题进行的人际间讨论的总次数。这种人际间的传播对大众传媒的议程设置效果是有所加强还是起到了抑制?"议程设置中几乎没有什么偶然条件吸引过研究者如此多的关注,也很少取得如此一致的研究结果"(Wanta & Wu,1992)。万塔以及吴分析了在对伊利诺伊州居民进行随机拨号的电话调查之前连续4周的电视和报纸的报道议题,他们得出的结论是:如果讨论涉及媒体此前业已强调的议题,人际传播就能够强化公共议程设置;如果讨论涉及其他议题,人际传播则会妨碍媒介的议程设置产生影响。

印第安纳大学的大卫·H·韦弗(David H. Weaver)还率先阐述受众理解和控制其信息环境的*适应性*需要(need for orientation)。许多具有高度不确定性的个人总会对掌握某个议题的情况抱有同样高的需要。高度的*适应性需要*将会导致人们从大众传媒中寻找更多的信息,以减少自身的不确定性。对大众传媒的这种接触度越高,就会导致更大的议程设置效果。支持这个归纳的包括韦弗(1977,1984)、韦弗等人(1975)和蒂普顿等人(1975)的调查研究。

个人经历对诸议题的作用

如果一个人对某个问题非常熟悉,有像被解雇或者亲密朋友死于癌症这样的经历,这种个人经历在决定什么事情是重要的时能超越大众传媒的影响。但是,对大多数调查对象来说,媒介议程可以作为对他们视为有最高显著性的问题的一种预测。有些问题按照性质来说,个人是难以或根本不可能去亲身经历的。具体的例子有,1984 年的埃塞俄比亚饥荒问题,以及 1992 年—1993 年间美国在索马里的军事行动。人们掌握的几乎所有相关信息都或是通过大众传媒,特别是电视中获得,或是通过跟同样也是从媒体获得线索的其他人之间的人际传播获得(除非人们在美国武装部队中有一个朋友或亲戚被派到摩加迪沙)。

朱克(Zucker, 1978)具有独创性地发现,“人们对某个问题所具有的经历越是不直接……新闻传媒对有关该问题的公众舆论的影响就越大”(p. 245)。对这种结论提供支持的还有:曼海姆(Manheim)(1986)以及祝、瓦特、斯奈德、阎和江(Zhu, Watt, Snyder, Yan, and Jiang)(1993)等人的研究。也许由于那些对某个问题缺乏个人经历的个人必须更多地依靠大众传媒来设置他们的公共议程,媒介议程在设置国际问题的公共议程时显得比在国内事务上更为重要。

另一方面,个人对某个问题的经历能够使一个人对该问题变得更敏感,并且试图从媒体中寻找更进一步的信息。因此,有关某个问题的个人经历可能会增强媒介议程对公共议程的影响。如果按照被某个问题影响的可能性来对个人经历加以指数化的话,这样的个人经历与媒介议程设置之间就存在着一种正相关关系(Erbring, Goldenburg, & Miller, 1980; Iyengar & Kinder, 1987)。

小结

在本章中我们对议题的等级排列研究进行了探讨——该研究是对某个时点公共议程上所有重要问题进行的调查研究。其他类型的公共议程设置研究(见下一章)则是对公共议程上某个单一议题(例如,卫生医疗改革或国际贸易)的兴衰进行历时的调查研究,或者通过对许多个人的实验研究来进行。

本章引用的研究证据表明,媒介议程经常设置了公共议程,不过对这种关系的经验性支持并不绝对。许多公共议程设置研究支持媒介议程与公共议程之间的这种关系:如“麦库姆斯-肖”式的横切调查研究(cross-sectional investigations)、历时研究,以及通过对某个问题的电视新闻报道拼接附加的报道来加以更改的实验室实验(laboratory experiments)。研究发现,即使考虑到各种介入变量(intervening variables)(诸如信息源/传播渠道的公信力以及人际间对议题的讨论),媒介议程与公共议程之间的这种关系依然存在。

注释

1. 本案例说明主要根据G·雷·芬克豪泽(1973a,1973b)的研究。

2. 但是,芬克豪泽在他的第二篇文章(芬克豪泽,1973b)中的确引用了麦库姆斯和肖(1972)的论文,此文发表在《新闻学季刊》上。

3. 只有47%的日本被调查者在回答中认定某个问题是最重要的问题。

4. 与这个概念类似的表述是,被麦克劳德等人(1974)测量的个人与社区其他成员讨论某个问题所达到的程度,或者其他成员向被调查者提出该问题的程度。

5. 几乎没有调查对象在回答中辨认出某个问题是最重要的问题,因而无法用以测量公共议程。

6. 格兰杰因果关系在议程设置过程中控制着人们已经

过去的公共议程对其当前公共议程的影响,因而先前媒介议程对目前公共议程的影响可以被独立于过去的公共议程来加以评估(布罗秀斯以及凯普林格,1990)。

7. 肯塔基研究还测量了三个时点上的媒介议程和公共议程,因而,媒介议程与公共议程之间的时间序列可以用交叉时滞的对应技巧来加以确定。

第四章　公共议程研究:纵向的方法

议程设置尚未完全发展成熟为一种媒介效果理论,然而这也正预示着它的生命力所在。议程设置仍然在探索和发现的征程中,它才刚刚进入一个研究者们试图对其自然史进行描述的阶段。

Craig Trumbo(1995,p.2)

在第三章的开头,我们对公共议程设置研究中对(通常是)6 到 8 个议题的等级排列研究,以及对 1 个或 2 个问题的纵向调查研究进行了区分。这里,我们要论述的就是近年来流行的议程设置过程研究的纵向方法。纵向研究非常适合于对一个历时发生的过程进行调查研究,这种研究的数据搜集自一个以上的时点。纵向研究方法实际上是一种议程设置研究的分解方法,它使人们对某个问题获得公众关注所经历的过程有了新的认识,并对许多个人辨认议题显著性的心理过程有了新的见解。

议程设置研究的等级排列方法有一个关键假设,即公众会对大众传媒做出反应,这里的公众就是那些观看电视,收听广播以及阅读报纸的人们。对任何一个人来说,这种反应有时是被动的,有时则是主动的。等级排列方法的研究假设是,媒体对某些问题而不是其他问题的强调,决定着公众认为哪些问题是重要的。这种假设认为美国公众是比较顺从和被动的。大卫 · 韦弗提出了人们具有适应性需要的概念(Weaver,1977)。这是将人们积极寻求信息或娱乐的理念带进议程设置研究中的一种方法。其他研究也明显地表明,除了积极参与旨在影响公共议题结果的社会活动外(Blumer, 1971; Dearing & Rogers, 1992; Downs, 1972; Kingdon, 1984; Mead, 1994),许多个人对公共议题还有主动的心理觉察(Gamson, 1992; Liebes & Katz, 1990; Neuman et al., 1992)。对大多数议题,绝大多数人是不关注的并且是被动的而不是主动的。但是对某些议题来说,人们因为有自己的选择性关注,会变得非常主动并且不受信息环境的控制,并不时地去组织行动。如果出现这种情况,对议程设置的等级排列研究就不会呈现出必然性的媒介议程—公共议程关系(Neuman et al., 1992, pp. 110-112)。在这些情况下,对议程设置*过程*的纵向研究能够比等级排列研究提供更多的信息,能够使研究者更好地对主动的公众加以研究。有人认为,这种主动的公众正是公众舆论对政策制定者施加影响的表现所在(Blumer, 1948)。

许多个人是主动的信息处理者这一概念的提出能够外推到整个社会,弗兰克 · 鲍姆加特纳以及布赖恩 · 琼斯(Frank Baumgartner and Bryan Jones)在他们有关政策议程设置的重要论著《议程与美国政治的不稳定性》(*Agendas and Instability in American Politics*)(1993)中就是这样认为的。他们对核电力问题进行了纵向研究,并且将研究结果与杀虫剂、烟草、运输安全、城市事务、吸毒、虐待儿童以及酗酒问题加以比较。对纵向数据的收集和分析使得鲍姆加特纳和琼斯能够将社会视为一个"问题处理器"(issue processor),它具有思考、辩论,以及在有的时候将人们对社会问题的反应加以机制化的功能。

美国的艾滋病问题[1]

我们对议程设置研究(Rogers & Dearing,1988)的评论为今后的研究提出了一种分解战略,目的是揭开它所涉及的人类行为变化过程的面纱。纵向议程研究就提供了一种分解方法。我们选择了艾滋病(获得性免疫缺陷综合征)作为一个单一问题进行调查研究。艾滋病从议程设置角度看是一个令人困惑的问题。虽然最初的艾滋病病例于1981年在美国被确诊,但这个问题当时并没有引起媒体足够的关注,直到4年之后的1985年年中。那时,1万多名患者已经被诊断患有艾滋病,其中的一半已经病逝。为什么媒体在发现艾滋病这个问题时显得如此的迟钝?是什么最终将艾滋病放进了议程之中?

我们对媒介议程的测量采用了《纽约时报》、《华盛顿邮报》、《洛杉矶时报》以及美国广播公司、全国广播公司和哥伦比亚广播公司电视网晚间节目中关于艾滋病的新闻报道的统计数值。从1981年6月到1988年12月历时91个月的时段中,我们所研究的这6家媒体播发了6 694篇有关艾滋病问题的新闻报道。由于这6家媒体中每一家关于艾滋病的报道在此时间段上都是高度交叉相关的,我们便将它们的所有报道合并成一个变量,作为大众传媒有关艾滋病总体报道情况的指数,并用它来测量媒介议程。

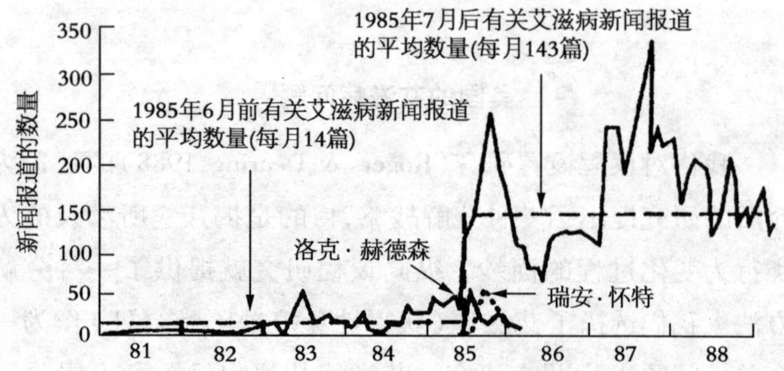

图4.1 6家全国性媒体在1980年代的91个月里发表的有关艾滋病新闻报道的数量

来源:罗杰斯等(1991)。获得AEJMC的使用许可。

在这场疫情的最初4年中,有9 944人患上了艾滋病;但艾滋病问题当时在大众传媒议程上处于非常低的位置(图4.1)。美国全国性的大众传媒当时对艾滋病问题反应迟缓,是由于对议程设置有影响的两个传统机构:白宫和《纽约时报》的参与缺乏。正如在前面几章中所论及的,美国总统可以就任何一个特定的问题来调动媒体。里根总统当时迟迟不就艾滋病问题发表演讲,直到1987年5月该疫情爆发达72个月的时候才这么做了,此时被疾病控制中心报告的艾滋病病例已达35 121个。由于白宫此前将艾滋病视为对预算的威胁,因而决定故意忽略它。

《纽约时报》在1983年5月25日才发表了第一篇有关艾滋病的头版报道——比《洛杉矶时报》晚了12个月,比《华盛顿邮报》晚了10个月。《纽约时报》的管理层在1981年到1985年期间并不认为艾滋病问题具有新闻价值。并且由于该报采访医疗问题的主要记者当时腿部受伤,使得他无力在其间采写重大消息。直到1985年年底,该报任命了一位新的执行编辑,对艾滋病的报道才急遽地增长。

艾滋病的新闻报道从1985年7月以前的平均每月14篇猛增到其后的平均每月143篇(见图4.1)。一般人会把新闻报道的这种10倍的增长归因于7月份公布的电影演员罗克·赫德森患上艾滋病的消息。我们的分析则表明,这种报道量的猛增实际上是由于与此同时发表的另一篇关于一名叫瑞安·怀特的年轻人患有艾滋病的新闻报道;是怀特而不是赫德森的消息将艾滋病问题推上了媒介议程。怀特当时成为117篇新闻报道的主角,而赫德森只是74篇新闻报道的主角。披露有关怀特以及赫德森情况的消息总共只占我们所研究的6 694篇新闻报道中的3%。身患艾滋病的怀特和赫德森作为该疾病的象征改变了该问题对新闻记者的意义,他们做出的反应是更加关注艾滋病问题。以下是几篇早些时候披露艾滋病问题的重要新闻报道,但它们当时并没有将艾滋病推上媒介议程:

• 1982 年 12 月公布的新闻事件:在输血过程中发现了引起艾滋病的病毒。

• 1983 年 1 月疾病控制中心宣布,杂乱的性接触是 HIV 传播的一种途径。

• 1984 年 3 月公布,验明了引起艾滋病的病毒(HIV)。

• 1985 年 1 月首度报道了对 HIV 抗体的血液试验。

即使是在 1985 年 7 月之前,美国媒体对艾滋病有限的报道还是在 1983 年和 1984 年间急剧提高了公众对该疾病的意识,并且已经开始修正当时盛传的坐便器以及蚊子叮咬为 HIV 传播途径的错误观念。

大众传媒是如何对艾滋病问题设置框架的?我们认为媒体对艾滋病报道可分为 4 个发展阶段,即起始阶段、科学阶段、人文阶段,以及政治阶段。艾滋病报道的第一阶段以只有 59 篇新闻报道为标志(图 4.2)。

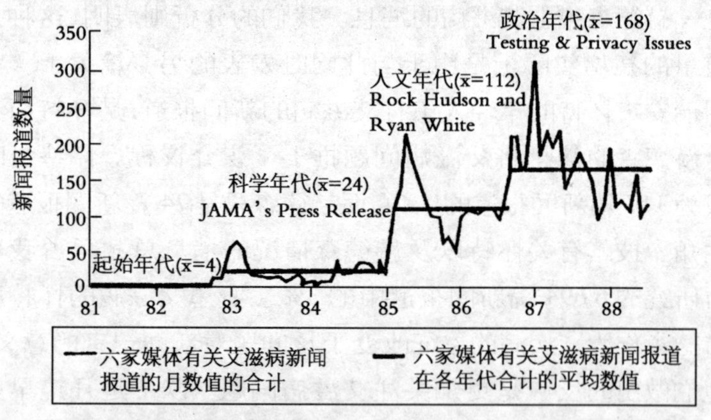

图 4.2 媒体报道艾滋病问题的四个不同年代里对艾滋病问题设置的不同框架

来源:罗杰斯(1991)。获得 AEJMC 的使用许可。

第二阶段的媒体报道为期26个月,直到1985年6月,依靠的主要是科学来源。在科学阶段的606篇新闻报道中,40%依据的是科学来源。

第三阶段为期19个月,直到1987年1月,人文阶段的特点是将艾滋病问题加以象征化。罗克·赫德森和瑞安·怀特的新闻事件在当时有助于使美国公众确信,艾滋病不仅仅是在一个特殊人群中流行的疾病。这两起事件引起了美国媒介议程上关于艾滋病问题的重大转折。

第四个阶段为期23个月,从1987年2月到1988年12月,是艾滋病问题的政治阶段。有关这场流行病的公共论战出现了,特别是针对涉及强制性验血以及个人隐私的公共政策。政府因而被深深卷入论战,艾滋病问题变成了一个政治问题。

艾滋病问题在1985年年中进入到美国大众传媒议程之后,又是如何在来自其他重要问题的竞争面前保持显著的位置的?6 694篇有关艾滋病的新闻报道被分类成13个新闻主题,如儿童艾滋病患者、患有艾滋病的公众人物、生物医药的研究成果、对艾滋病人的歧视等。对13个艾滋病主题的分析表明,随着任何一个特定的主题在全国性议程上的逐渐消失,另一个主题就会取而代之。媒介议程、公共议程和政策议程究竟是如何相互作用的?对有关艾滋病问题的公共议程的测量是通过110次全国性的民意测验进行的,这些民意测验对总共15万名调查对象询问了1 084个艾滋病的相关问题。这些民意测验有三分之二是由大众传媒委托实施的。

在这种情况下,“民意测验的议程”等于是按全国性的媒介议程来设置的(Dearing,1989)。

我们还通过对《科学》、《死亡率和发病率每周报告》(*Mortality & Morbidity Weekly Report*)(美国疾病控制和预防中心的官方杂志)、《新英格兰医学杂志》(*New England Journal of Medicine*)以及《美国医学学会杂志》(*Journal of American Medical Association*)发表的有关艾滋病文章的统计数据加以操作化,提出了“科学议程”(science agenda)的概念。从1981 年到 1985 年,艾滋病迅速地进入科学议程,后来达到每个月发表 20 篇科学文章的水平。

我们的分析表明,有关艾滋病严重性的真实世界的指标对其他 4 个议程的影响微乎其微。媒介议程曾经受到科学议程的影响,并且在不太确定的程度上,受到民调议程以及艾滋病病例统计数值的真实世界指标的影响。民调议程曾经既受到媒介议程又受到政策议程的影响。

对这 4 个阶段中各时间序列的数据间相互作用进行的分析,支持了议程设置过程的总的模式(图 1.1)。在起始阶段,科学议程以及真实世界的指标曾经影响了媒介议程。这些新闻报道有许多是根据科学以及医学杂志发布的新闻加工编写而成。在科学阶段,当有关疾病传播的科学信息主导了新闻报道的内容时,媒介议程就影响了民调议程(民意测验人员询问的问题就是对媒体艾滋病报道的反应)。在人文阶段,媒介议程和民意测验议程相互影响。这种关系的出现是由于媒介机构主办了民意测验,询问有关艾滋病的问题,再根据民意测验结果写成新闻报道。

在政治阶段,科学议程和媒介议程都对政策议程产生了影响。这一阶段的媒介议程—政策议程之间的关系,与我们对整整 91 个月的时间序列的分析结果相抵触。

如果政策议程是按拨款来加以指数化的话,联邦政府在 1993 年拨款 13 亿美元用于艾滋病研究,20 亿美元用于癌症研究,7.7 亿美元用于心脏病研究。1993 年只有 34 000 人死于艾滋病,而形成对比的是,当时有 50 万人死于癌症,70 万人死于心脏病。因此,正是有关健康疾病的观念影响了决策,而不是真实世界的死亡率指标。

我们的结论是,历时地而不是横切地研究议程设置,能够使人们对往往是错综复杂的议程设置过程有深入、可释性的理解[2]。

议题关注的周期

1970 年代初的两篇文章将历时研究,或者说"自然史"的研究方法,推广到对社会问题以及公共问题性质的理解上。1971 年,社会学家赫伯特·布卢默发表了一篇文章,强烈反对许多社会学者依赖横切的以及合计使用定量数据的方法。布卢默强调了下述方法的重要性:研究公认问题的时间顺序阶段,然后取得问题作为真正问题的合法性,这些问题的倡议者和反对者会组织起来推动决议,以及可能的政策决策结果。

一年后,在另外一篇被广泛引用的文章里,政治学家安东尼·唐斯(Anthony Downs, 1972)描述了他称之为"议题关注周期"的现象,即一个议题在公共议程上的盛衰。当时他指出,"这些问题(议题)中的任何一个突然跃入显著位置,在那里保持了短暂的时间,然后——在基本上没有得到解决的情况下——逐渐从公众关注的中心消失。"唐斯(1972)假定一个问题的关注周期有一系列阶段:

(1) 前问题阶段(pre-problem stage)。虽然存在某种不理想的情形(即有一个社会问题),但是尚未获得公众的关注。"通常,有关该问题的客观条件(即真实世界的指标)在前问题阶段要远比公众对其发生兴趣的时候糟糕得多。"(Downs,1972)

(2) 警觉的发现阶段(alarmed discovery stage)。某个戏剧性事件突然引起公众对该问题的警觉,伴随着对社会解决该问题的能力的热切关注。

(3) 认识到解决问题所需成本的阶段(realizing the cost of problem solution)。在该阶段,公众逐渐认识到解决该社会问题的成本昂贵,并望而却步。

(4) 公众兴趣的衰退阶段(decline of public interest state)。在这一阶段,该问题随着公众兴趣的消退开始从公共议程上消失,这是由于解决该问题的成本高昂,并且媒体对该问题的广泛报道也引起了公众对该问题的厌烦。

(5) 后问题阶段(post-problem stage)。该问题从公共议

程上逐渐离开,不过为解决该社会问题而形成的政策、计划,以及各种组织仍然存在。例如,建立于1960年代后期第一次环境危机期间的环境保护署(EPA),到今天依然存在。但它在解决1990年代初的环境问题时,并没有处于十分核心的位置。

一个问题的生命周期在时间过程上可能具有能够加以分辨的发展阶段。除非学者们开始对单一问题进行议程设置过程的研究,否则,这种纵向的特性是无法确认的。这些阶段是否可以非常清晰地划分,或者说这些阶段是否由于问题的不同而表现出差异性,还要通过研究来加以确定。

议题如何进入公共议程

大众传媒是如何将一个问题的优先程度传递给公众的?主要还是通过不断重复来向公众暗示某个问题的相对重要性。一个重复的信息主题持续不断的、日积月累的影响形成了媒体对这一问题信息的累积效应,从而影响公共议程。我们先前就提出过,全国性的媒体对多个问题逐月给予了非常相似的报道。媒体有关某个问题的报道数量的这种相似性,体现了对公共议程上某个议题的优先程度形成了一致的看法。即使是一个人只看《芝加哥论坛报》(*Chicago Tribune*),而另一个人只阅读《圣乔斯信使新闻》(*San Jose Mercury-News*)也没有关系,因为这两家报纸通过它们的新闻报道,最终传递了有关全国性问题相似的优先程度的信息。

由此,媒介议程通过一种渐进的以及递增的过程影响了某个问题的公共议程。随着媒体对某个问题报道的累积数额与时俱增,公众会被说服去接受该问题的重要性。关于这个问题的公共议程也开始逐渐形成。在其后的某个时间,它也将慢慢消失。

实验研究

对许多个人的议题显著性的实验性调查研究是一种重要的议程设置研究,它始于 1980 年代。这些实验室实验通过人为地更改媒介议程(即进行实验性的处理),从而检验其对单个实验对象报告的各种问题的公共议程的影响。议程设置研究的这种实验方法当时是由加利福尼亚大学洛杉矶分校的传播学及政治学教授尚托 · 艾延格(Shanto Iyengar)提出的。他与密歇根大学社会心理学教授唐纳德 · 金德(Donald Kinder)的学术联系始于 1979 年。这些实验的第一批成果发表于 1982 年(Iyengar, Peters, & Kinder, 1982),当时是作为学术杂志的文章,后来又作为著作《至关重要的新闻:电视和美国舆论》(*News That Matters: Television and American Opinion*)出版(Iyengar & Kinder,1987)。这本著名的学术经典显示,这个与众不同的学术成果得益于创造性地使用一种可供选择的方法,即实验法,来探讨议程设置过程中的心理学。此前这一问题只是通过调查及内容分析方法研究过。实验法的引进标志着议程设置研究的分解法方面的另一个方法论上的进展,也标志着研究开始聚焦于议题显著性的结果所涉及的微观层次上的行为。

在这些实验中,研究者通过更改关于议题显著性的暗示来主动干预个人的议程设置过程。电视网播出的晚间新闻节目的录像带被修改并插入了对某个特定问题,如公民权利、军备控制、失业等的附加的新闻报道。然后,这些个人在接连一周时间里每天被带到大学的实验室来观看这些修改过的新闻节目(为了吸引参与者会支付给他们一笔小费)。其他的个人被随意地分配去观看同一套未被修改过的新闻节目(以此作为一个控制小组)。这两组调查对象被询问的问题都是有关被控制议题的显著性的(Iyengar & Kinder, 1985, p. 124)。观看了处理过的含有对某个问题的附加新闻报道录像带的调查对象便将该问题列在了更加重要的位置上。艾延格以及金德(1987)根据上述的基本方法进行了14次不同的实验。

这样控制个人议题等级排列的实验结果就是铺垫效果理论(priming),即预设的背景对理解以及检索信息的影响(Fisk & Taylor, 1984, p. 231)。大众传媒通过对某个问题给予大量报道并忽略其他问题,即以其他者为代价将关注吸引到政治生活的某些方面(Iyengar & Kinder, 1987, p. 114)。例如,当人们通过有关国防问题的电视新闻报道获得铺垫效果时,就会根据他们认为的总统为他们提供的国防情况来评价他。在美国,一些问题为共和党关注(如犯罪问题),而另一些像贫困这样的问题则为民主党所关注。当媒体将这个或那个问题的显著性提得更高时,实际上会在有意无意间帮助"掌握"(owns)该问题的那个政党。例如,艾延格以及金德(1987)曾经发现,观看了模仿强调军备竞赛的电视新闻节目的调查对象,会将其列入国家面临的重中之重的问题。他们有可能会更加看重里根总统在军备控制方面的政绩,并且更有可能在总统选举中投票支持里根。但这些受实验者是否真的采取了上述行动,并未被加以测量。

设置框架(framing)是媒体为了使一个问题的某些方面变得更加重要而对它们进行的精细的选择,并强调某种现象的某个特定的原因(Iyengar,1991,p. 11)。框架是赋予某个问题以特定含义的一种手段。议程设置的实验室实验使人们能够更好地理解框架设置的过程及其后果。这些有关显著性、铺垫效果以及框架设置的研究结果表明,媒介议程的作用不仅仅是设置公共议程,它还能够对个人如何评估问题起到引导作用(Entman,1989;Iyengar,1991;Salwen & Matera,1992)。

其他几位学者延续了艾延格对公共议程设置进行的实验。例如,在德国,由沃尔夫冈·艾科恩(Wolfgang Eichhorn,1993)进行了一个艾延格式的实验;但是,实验中不是电视节目而是当地一家报纸的头版新闻,被更改加进了附加的材料:(a)慕尼黑日益增长的犯罪问题,或(b)该市是如何处理交通问题的。这些被调查对象当时住在慕尼黑,他们认为那些被附加了报道的问题更加突出,这种反应支持了艾延格以及金德有关电视新闻节目的实验结果。舍恩巴赫以及塞梅特克(Schoenbach and Semetko, 1992)调查研究了大众传媒有关德国全国选举的报道对选民们造成的积极和消极的状态;他们得出的结论是,媒体将某个问题框架为积极还是消极的,会影响公众对问题显著性的看法。

公众关注的门槛[3]

媒介议程与公共议程间的时间序列并非必然就是线性的。想象一种“临界数量”(critical mass)这样的模式:媒体对一个问题报道的某个特定的数量出现之后,该问题在公共议程上的显著性就一定会受到影响。

拉塞尔·纽曼(Russell Neuman, 1990)调查研究了从1945年到1980年间盖洛普民意测验对有关10个问题的议题显著性的“最重要问题”测量标准。这些问题的媒介议程的研究是通过三家媒体索引来完成的,即《纽约时报索引》、《期刊文献读者指南》和《范德比尔特电视新闻档案索引》(*Vanderbilt Television News Archive Index*)。

纽曼不是像先前许多学者已经做的那样简单地将媒介议程与公共议程进行并列对比,他还同时观察了将这两个变量相互对应地放在一个时间序列上所形成的关系。图4.3显示了对1962年到1975年间的越战问题所进行的这种分析。媒体关于越南战争报道的与日俱增最终影响了它的公共议程。当每月大约发表15篇新闻报道时,《纽约时报》的媒体报道就呈现出一个门槛。此时就形成了媒体显著性的下限;随后就出现了有关越南战争公共议程的显著性的增加,直至最终公共议程反应稳定下来(此时,每月大约有 50 篇新闻报道发表)。此后,S-曲线就演变成了一条直线。

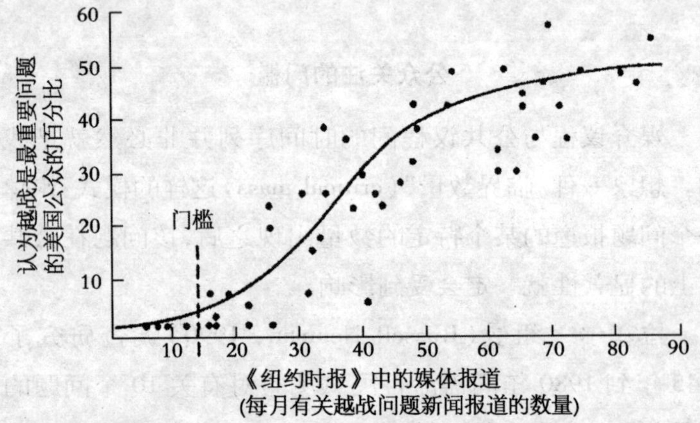

图 4.3 1962 年至 1975 年间有关越战问题的公共议程与媒介议程间的 S 型关系

来源:纽曼(1990)。获得芝加哥大学出版社的使用许可。

注:越战问题在公共议程上的位置是从《纽约时报》每月发表约 15 篇新闻报道作为起点的。公共议程的 S 型反应曲线在该报每月发表 50 篇有关越战的新闻报道后变平。

在被研究的 10 个问题中出现了 7 个类似的 S-曲线,不过每个问题的起始门槛却处于不大相同的点上。其中 2 个问题的媒介议程与公共议程之间的关系是直线形的。也就是说,是一种直接的一对一关系,然而却没有起点(这表明,媒体报道的最低数量并没有影响公共议程)。

作为零和博弈的议题置换

“美国公众舆论鲜少对任何一个国内问题保持很长时间的高度关注——即使是涉及一个对社会至关重要的长远问题,”安东尼·唐斯这样认为(1972,p. 38)。公共议程是重大问题的一批数量较少的倡议者之间不断展开的竞争过程。如果在全国性的调查中要求调查对象任意列举问题,他们一般也只列举4 到5 个问题(Brosius & Kepplinger, 1992b)。如果公共议程在任一时点上只包含有限的一些议题,那么议程设置过程从理论上来说就一定是个零和博弈。换句话说,如果一个议题想要进入到公共议程中,就必须排挤其他议题,并将其中的一个早期问题最终从议程上挤掉。

相对来说,很少有通过历时地考察各种议题的盛衰来调查研究这种演变过程的。一个例外是祝(1992a)对联邦预算赤字、海湾战争,以及美国经济衰退这 3 个问题的研究。从1990 年6 月到1991 年4 月的11 个月间进行的多次全国性民意测验中,当调查对象被要求列举美国面临的最重要问题(MIP)时,回答是上述3 个问题的占所有回答的40%。这三个问题在这部分的公共议程上相互“争斗”:当伊拉克在1990年8 月初入侵科威特时,海湾战争问题挤走了联邦政府的赤字问题。但是当1990 年10 月联邦政府因预算问题导致关门几天时,关于预算赤字的新闻报道又占据了主导地位。在其后的1990 年12 月,在海湾地区的军事集结成为主要的新闻,对即将临近的海湾战争的关注再次将联邦政府的赤字问题从公共议程上挤了出去。显然,一个问题的兴起是以牺牲另一个议题为代价的。媒介议程设置将受众的关注从其他竞争性议题中吸引过来(Zhu,1992a)。

盖洛普最重要问题的民意测验也提供了公共议程是个零和博弈的证据。在这些民意测验中,对美国民众进行提问的全国性样本是,“你认为美国当今面临的最重要的问题是什么?”如前面的章节所描述的那样,这些关于最重要问题的民意测验表明,大约有 5 个问题在任何时点上都处于全国性议程当中,至少,当要求 10% 的最低限度的调查对象回答某个问题是美国面临的最重要问题时,情况会如此。不足为奇的是,自从盖洛普几十年前开始就最重要问题进行提问以来,同样 5 个范围广泛的问题就一直是处在全国性的议程中(Smith,1980)。这些被密切关注的问题是:外交事务、国家的经济形势(包括通货膨胀以及失业)、社会控制问题(如法律和秩序)、公民权利,以及政府事务。在大多数情况下,如果某个特定问题不属于这些议题范围中的一个,就不能进入到公共议程当中。

为了研究一个媒介议程上的新问题是否必然会取代另一个问题,詹姆斯·赫特希、约翰·芬尼根及艾米莉·卡恩(James Hertog, John Finnegan, and Emily Kahn, 1994)把祝有关零和观点的实验,和斯蒂芬·希尔加特纳与查尔斯·博斯克(Stephen Hilgartner and Charles Bosk, 1988)创造的一种理论模式相结合;该理论模式建立在布卢默的(1971)社会问题发展的阶段模式之上。根据希尔加特纳以及博斯克关于许多社会问题之间会“相互竞争”,特别是会与*类似*问题进行竞争的观点,赫特希等人(1994)研究了有关艾滋病、癌症、以及HIV(艾滋病病毒)之外的多种性传播疾病的报道的盛衰过程。他们对不同类型大众传媒的研究结果,几乎没有提出关于这些议题在媒介议程上体现了一种零和关系的证据。这说明至少对某些相关问题来说,置换并没有出现。

议程设置研究中的时间

许多有独创性的经验研究结果,如麦库姆斯和肖(1972)在查普尔希尔的调查研究,当时都是"无时间限制的"(timeless),因为调查主要是由对某一个时点上搜集的数据的横切分析组成的。但是,无论科恩(1963)的比喻说法,还是麦库姆斯和肖的范式,当时都在清楚地暗示议程设置是个历时的过程。最终,时间层面被引进了议程设置研究中。对议程设置过程诸方面的研究方法包括从问题的等级排列研究到对单一问题的调查研究。

要对真实世界的指标、媒介议程以及其他的议程变量加以历时测量的话,可以采用以逐月这样的时间序列的数据分析方法来理解其时间顺序。图 4.4 显示的是,对议程设置过程中四个主要变量时间顺序的预期。

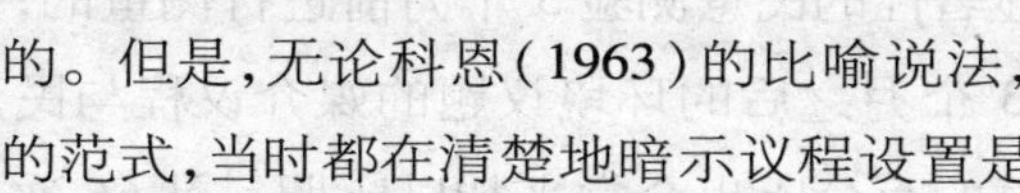

真实世界的指标 ---→ 媒介议程 ——→ 公共议程 ——→ 政策议程

t_1　　t_2　　t_3　　t_4

图 4.4　对真实世界的指标、媒介议程、公共议程和政策议程所期待的时间顺序,以及各种所期待关系的证据的程度

注:议程设置过程中对这四个变量所期待的时间顺序的最强证据是媒介议程—公共议程间的关系。要确定其他关系实际的时间顺序,需要进行进一步的研究。

图中所示的时间顺序通常会出现在议程设置过程中。例如,麦克库恩(1981)曾经发现,在被研究的 8 个问题中,有 6 个问题可以说是媒介议程导致了公共议程,而平均时滞为几个月。其他调查研究也发现了媒介议程和公共议程之间存在的时滞,从几周到几个月不等(Rogers et al,1991;Shoemaker et al.,1981)。时滞的长度取决于这样一些因素:如议题的性质、媒体的报道数量等等(Eyal,1979;Eyal et al.,1981;Mazur,1981,1987)。

克里斯廷 · 阿德(1993)将关于环境议题的媒介议程与民意测验中最重要问题的百分比加以对照;媒介议程是在关于该问题显著性的民意测验 3 个月前进行测量的;并且每次民意测验 3 个月之后的环境议题的媒介议程与民意测验的最重要问题的百分比也会拿来加以比照。就 66 次盖洛普最重要问题的民意测验而言,民意测验前的媒介议程与公共议程的相关系数是 r = . 224,而民意测验后这一系数为 r = . 165。前者要大得多,并且与后者相比有两倍的方差。这使得阿德(1993)得出结论:媒介议程在时间上先于公共议程。这个结论支持了我们关于议程设置过程的模式(见第一章中的图 1. 1)。

除了预期媒介议程会导致公共议程外,我们认为还应该得到的结论有:(a)真实世界的指标会导致媒介议程,以及(b)公共议程会导致政策议程,但这些时间顺序上的关系在许多研究中尚未给予探讨。

对许多变量间的这些关系历时地进行数据的定量分析,这并不是确定议程设置过程中时间顺序的唯一方法。通过将一个议题中发生的许多关键事件按其时间顺序来排列，一个学者也许就能够理解议程设置过程中的某些进展[4]。这种对过程进展的阐释能够为研究补充统计学上的时间序列分析。

埃塞俄比亚饥荒是如何进入议程的[5]

对各种议题是如何进入全国性议程的历史梳理为我们提供了一幅关于事故、突发事件，以及偶发事件的总的图景，不过其中却鲜有媒体主动倡议的例子。当然，对在任一个特定年份进入全国性议程的 10 多个重大议题来说，每有一个议题进入议程，就意味着数以百计、甚至数以千计的其他议题无法进入议程。议程设置过程就像一个巨大的漏斗，许许多多的候选议题等待进入这个宽大的进口，但是只有极少数议题能够幸运地进入议程。在这个流经漏斗的过程中究竟发生了什么？

以下案例为我们提供了某些解答：埃塞俄比亚饥荒问题在 1984 年 10 月是如何进入美国议程（以及国际议程）的，而无论用哪一种客观标准来测量，比其严重程度都高得多的巴西旱灾问题却没有进入议程。早在 1984 年初，这两个旱灾肆虐的国家就遭受了严酷的饥荒。在埃塞俄比亚，有 600 多万人为维持生命要艰难跋涉到政府的食品供应站。在巴西的东北部，有 2 400 万人也面临着 200 年以来最严重的旱灾。设在英国的慈善组织 Oxfam 这样的国际食品救济机构当时发现,埃塞俄比亚和巴西两国的问题十分相似(Boot,1985)。然而为什么是埃塞俄比亚饥荒问题而不是巴西的灾难进入了当时的美国议程呢?

埃塞俄比亚之所以成为 1984 年的重大新闻报道之一,是因为它吸引了电视记者的关注,他们播出的节目带动美国公众对该国的食品救济提供了数额巨大的捐赠。与此同时,在巴西,饥饿却在默默无闻地持续着。在这种情况下,媒介的议程设置过程可以说是生死攸关。"命运就掌握在编辑的手中"(Boot,1985)。巴西饥荒问题并不适合于提供"好的电视节目":因为政府的食品供应站遍布在广袤的土地上,而不是像埃塞俄比亚那样拥挤在一起,有许多濒临死亡的儿童就集中在电视摄影记者眼皮底下。"只有好画面,才会出新闻"(Boot, 1985)。

实际上,在埃塞俄比亚饥荒问题的新闻"爆发"的 1984 年 10 月前的好几个月,就已经有不少相关的电视画面了。但是,媒体起初并未做出反应。关键的把关人物们当时说道:"嗬—哼姆,非洲的饥饿儿童? 那有什么新闻价值啊?"当年的仲夏,埃塞俄比亚每月的死亡人数估计有 7 000 人。媒体的防线终于在 10 月下旬决堤;当时,视觉新闻台(Visnews)的摄影师穆罕默德 · 阿明(Mohammed Amin)与英国广播公司的记者迈克尔 · 伯克(Michael Buerk)一起,从埃塞俄比亚北部发回了一篇主要讲述克仑(Korem)一个难民营发生的故事的报道。"当观众们看到一个 3 岁的儿童在镜头前死去,一群成年人就好像奥斯威辛集中营的囚犯一样时，伯克旁白道,‘死亡笼罩在四周,每隔20分钟就有一名儿童或成人死去’”(Boot,1985,p.47)。英国广播公司在1984年10月23日播放了这一报道。英国观众的反应异常迅速。电话潮水般地涌进英国广播公司,同时有许多人主动提供捐款。

全国广播公司驻伦敦的机构将阿明和伯克关于埃塞俄比亚的报道通过卫星传递到了纽约,并敦促其于当晚在美国播出。10月23日距离11月的总统大选只有几周的时间,全国广播公司的晚间新闻节目已经挤满了政治话题的报道。但是当该公司节目主持人汤姆·布罗考(Tom Brokaw)看到那些发自埃塞俄比亚的令人震惊的镜头时,他当即决定应当将其放进当晚的新闻节目中。一个三分半钟的片段就这样播出了。布罗考在播报时提到的“救救孩子中心”的电话一时间应接不暇。《纽约时报》、《华盛顿邮报》以及其他的全国性媒体马上跟进,刊载了大量有关埃塞俄比亚饥荒问题的新闻报道;全国广播公司,哥伦比亚广播公司以及美国广播公司也火速派遣摄影师到埃塞俄比亚。此后不久,摇滚音乐人组织了义演活动,募集了数千万美元的食品援助,美国政府和许多国际机构也迅速加入了救援工作。而与此同时,在巴西,饥荒仍在持续,却没有得到国际声援。

10个月以后,即1985年过半之后,埃塞俄比亚饥荒问题悄然退出了美国媒介议程(见第二章中的图2.1)。饥饿仍在持续,但媒体的关注却转向了别处;此后几年中,仅有一些零星的有关于此的新闻报道。

小结

本章探讨了用单一问题方法进行的公共议程设置研究；作为一种重要的分解方法，它是近几年才出现的分析视角。这种研究范式假定公众是积极的参与者；与之对立的是等级排列方法，它假定受众成员是一种被动的适应议题的媒介显著性的角色。单一问题方法的一个主要优点是，可以纵向地跟踪议程设置过程，以便更好地理解媒介议程、公共议程及政策议程出现的时间顺序。

这种预期的时间顺序由布卢默（1971）和唐斯（1972）所假设，基本上只发生在为数不多的经验研究当中。因此，我们从几个研究结果中看到的证据是，媒介议程的设置是一个社会建构的过程。许多关键的个人通过相互间的互动逐渐赋予一个议题以意义。观念而不是真实世界的指标，才具有更重要的价值。

铺垫效果（priming）是先期背景对理解及检索信息的影响。因此，如果有关一个问题的新闻报道向公众提供了该问题的显著性，人们就更有可能去支持一个认同该问题的政治领导人。*设置框架*（framing）是媒体为了使一个问题的某些方面更加重要，并以此来强调某一现象的某种特殊原因而对其进行的精心选择。

注释

1. 本案例说明主要是根据埃弗里特・M・罗杰斯,詹姆斯・W・迪林,以及 Soonbum Chang 的研究(1991)。
2. 特朗博(1995)在 1980 年代和 1990 年代初期间研究了全球变暖这一问题,采用了类似这里介绍的研究的时间序列分析。
3. 本案例说明主要是根据 W・拉塞尔・纽曼的研究(1990)。
4. 对单一问题的议程设置过程中的关键因素进行这种时间排序的还有沃克(1977)以及罗杰斯等人(1991)的研究。
5. 本案例说明是根据威廉・布特的研究(1985)以及其他来源。

第五章 政策议程研究

美国政治的一个大问题是:是什么导致事件发生的?

E. E. Schattschneider(1960,p. vii)

并非是先设置了议题,然后它才细化衍生开来,相反,必须长期倡导在多类似的问题,才会有其中一个抓住稍纵即逝的机会出现在议程上。

John W. Kingdon(1984,p. 215)

本章的中心话题是一个议题是如何进入政策议程并可能导致政府通过制定政策来处理或解决这一社会问题的。公共政策的表现形式可能是一项新法律、一个行政命令、一项拨款,或者其他某种政府行为。政策议程至关重要,因为它是媒介议程以及公共议程活动和作用的结果。对漫不经心的广大公众来说,公共政策代表着对曾经成为公共议程上诸议题的问题的解决。但事实上,公共政策所起的作用常常不是解决社会难题,而是将对那些问题的反应机制化。将对公共议题的反应进行政策机制化就是政府发展的方式(Baumgartner & Jones, 1993)。

政策议程设置在一般意义上并不是传播学者所关注的中心问题,但是许多研究人员已经认识到了传播的重要社会作用,因而把政策议程设置作为主要关注对象。沃尔特·李普曼,罗伯特·帕克,加布里埃尔·阿尔蒙德,詹姆斯·戴维斯,詹姆斯·罗西瑙(James Rosenau),伯纳德·科恩,这些议程设置研究的先行者,除了关注大众传媒的特殊作用外,还将他们的目光投向了政策议程设置。当代的大众传播学者如马克思韦尔·麦库姆斯、唐纳德·肖以及尚特·艾延格,都对政治活动的结果抱有浓厚兴趣,这体现在他们对投票的可能性、选民投票的倾向性,以及政治候选人对广告的操纵等的研究上。

传播学者对政策议程设置的兴趣一直不像对媒介议程设置以及公共议程设置更具体的过程那样浓厚,因为政策议程设置除了涉及传播行为外,还涉及集体政治行为。研究社会运动的社会学家和研究政策制定的政治学家将政策议程设置加以概念化和操作化,使它比媒介议程设置或是公共议程设置更显复杂性。公众以及大众传媒只是对政策议程产生影响的两种因素,但是它们的影响却是十分重要的。例如,为了检验 50 个州中公众舆论和政策制定之间的关系,有些学者对 12 年间的 142 000 份电话调查的问答进行了广泛深入地分析;他们得出的结论是,"在美国各州中,公众舆论对政策制定具有决定性的影响"(Erikson, Wright, & McIver, 1993, p. 244)。然而,这种影响在现实中又是如何发生的呢?

研究政策议程的学者们将重点放在一个政治议题是如

何进入一个城市、州或联邦政府的议程上。他们经常采用案例研究法以重新建构决策过程中的重大事件和决定。巴巴拉 · 纳尔森的(Barbara Nelson, 1984)著作,《虐待儿童议题的形成:社会问题的政治议程设置》(*Making an Issue of Child Abuse: Political Agenda Setting for Social Problems*)就重构了促进州和全国性议题产生的各种力量。在地方层次上,蒂莫西 · 米德(Timothy Mead, 1994)对《夏洛特观察家报》(*Charlotte Observer*)编辑将都市改革问题放到当地政策议程上的种种努力进行了案例研究。根据档案资料、个人访谈,以及他本人的经验,米德向我们讲述了这样一个错综复杂的故事:虽然《夏洛特观察家报》没有实现其督促市以及县政府的目标,它还是成功地不断将政府工作效率低下的问题促成为一个政策议程上的议题。米德(1994)采用金登(1984)的模式来说明报纸在将自己所关注的问题推上政策议程时,对反对者以及决策者产生影响使之“变得温和”并且重新框架都市改革问题,使之逐步与像信誉和领导水平这样的理想目标之间建立关系。在这种情况中,大众传媒机构显然就是一个议题的倡导者:“我们一有机会就将它(行政改革)提出来,只要任何时间任何人提及它,我们就会加以报道。如果人们没有提及它的话,我们就会指出应该要提及它”(Williams,1993, quoted in Mead,1984,p. 35)。

媒体—政策关系

政策制定者们应该心系那些体现我们面对的顽固社会问题的议题。对美国传媒来说,仔细分析各种问题,运用各种干预(诸如联邦政府的提前教育计划),对其进行评估以及可能的重新认可,都无助于其成为好新闻。美国传媒动作太迟缓,并且过分地渐进和以问题为中心。美国的新闻主义把具有新意凌驾于一切之上,因此往往会更偏爱事件,而不是那些经常议论的问题(Jamieson,1992;Patterson,1993)。这就是媒介议程对政策议程的影响不能以一贯之的一个原因(Kingdon,1984,p. 62)。因此,政策制定者虽然密切关注媒体的报道并且经常被迫做出反应,记者们也津津乐道与民选官员的接触是他们的新闻来源;但是,媒体和政策间的关系却可界定为:在记者们(需立即做出报道)和政策制定者(需三思后决策)之间存在一种间断性的脱节。记者们和政策制定者之间的关系是共生的,因为记者们需要新闻源,而政策制定者们需要记者报道他们的提议和活动。然而,记者们和政策制定者们的需求又时常是不相容的,因为他们对时间的定位大不相同。

大众传媒除了通过公共议程的设置过程来对政策议程的设置过程施加间接影响外,还经常对政策议程产生直接的影响(见图 1.1)。例如,金登(Kingdon, 1984)曾经发现,(a)当一个问题(b)和一种正在搜寻问题的解决方法汇合

(c)且政治氛围有利时,提出或解决一个社会问题的机遇之窗即被开启。金登(1984)将组织过程中的决策模式(Cohen, March, & Olsen,1972)应用到公共政策的制定中。他当时得出的结论是,决策过程中的问题、政策和政治活动之间的关系并不是随意的,它是应运而生的。发人深省的是,金登将议程设置过程同具体议题的取舍过程区别开来。他把议程设置视为对一系列议题范围的缩小,以便能够将政策关注放在注意力真正应该聚焦的清单上。*具体议题的取舍(alternative specification)*则是对任何一个问题可能占据的位置范围的缩小过程。公共议程设置的研究者们把这个过程称之为*媒介的框架设置(media framing)*。

政策制定者通常利用媒体来实现他们的目标。毫无疑问,同线性的以及定向的媒介—公共政策模式相比而言,循环性模式能够更好地定义议程设置的全过程(图1.1)。金登(1984)、林斯基(1986)、罗杰斯和迪林(1988)、鲍姆加特纳和琼斯(1993),以及特朗博(1995)等学者都曾经提出,议程设置过程的循环模式应该包括某些总体的定向关系(诸如媒体对公众的)。即使是那些提出了阶段模式主张的学者,如布卢默(1971)、唐斯(1972)及内尔森(1984),在他们的模式中也包含循环的反馈环形圈(feedback loops)。

循环性(recursivity)是指政策议程对公共议程以及公众行为具有影响。在研究加拿大的回收利用行为的社会环境时,德克森和加特雷尔(Derksen and Gartrell, 1993)论证了对循环性加以概念化和操作化的重要性。那些曾经在社区(执行公共政策的地方)进行过路边回收利用的人们,以及那些崇尚环保的人士,与回收利用的行为有着紧密联系。而那些不曾在社区(没有发布过相关政策)进行过路边回收利用的人们,甚至是那些曾经主张爱护环境的人们,往往不会进行回收利用。

例如,我们此前曾经指出,美国总统只要发表一个有关该议题的讲话,就能够将它放进全国性的议程;如果他不这样做的话,该议题进入议程的可能性就会受阻。美国总统"就是政治制度的恒温器,能够对任何一个议题或者所有议题的政治行为进行加热或冷却"(Bosso,1987,p. 261)。恒温器会在一个制度里产生强烈的影响:"在政治制度中,没有哪个行为者能够像总统那样拥有如此大的权力,在特定的政策领域为所有制定政策的人设置议程"(Kingdon,1984,p. 17)。然而,美国总统当然可以忽略某一个议题,但它仍然可能进入媒介议程以及公共议程。无论是对像总统这样的民选官员,还是对政府机构的官僚来说,这在政治上是个危险的情况;因为他们会面临对这两个议程上的议题如何界定和如何设置框架失去控制的风险。例如,在许多情况下,美国环保署和美国能源部试图掩盖有关垃圾处理设施的选址或水源、土壤污染问题的信息。从事后的教训来看,那些牵涉到的官员如果能够在新闻记者以及像消费者利益集团和环保组织等倡议者对该议题进行界定和框架之前,就主动地发布信息,并试图对他们的问题以及活动进行对自己有利的描述的话,就不会在媒体的众目睽睽之下显得如此狼狈了。如何报道一个议题和该议题是否能被报道同样重要。

鉴于美国总统在设置全国性议程中是一个主导力量,那么,总统的议程又是如何设置的呢?某些议题随着总统的当选进入白宫,也许因为它们曾经是竞选活动时的一个承诺(过去的一个例子是比尔·克林顿总统的卫生医疗问题)。其他议题通过媒介议程以及公共议程不断涌现出来之后由总统提倡,它们也许开始是由总统无法控制但又必须做出反应的触发性事件煽动起来的。最终,无论总统是否情愿,由于像某个外国大国的军事行动或者一场国际灾难这样的国际事件的影响,这些议题被放入了全国性的议程。大众传媒无所不在,并且在政策制定领域处于中心的地位(Linsky, 1986)。科恩(1965)曾经描述了媒体在外交政策制定中的中心作用:

> 新闻界就像人体内的血液循环那样在政治过程中发挥着作用,使得我们今天熟悉的(外交政策)过程得以继续发展,使分布广泛的各部分相互联系,并且为它们提供政治以及学术的营养(p. 196)。

华盛顿的媒体报道和决策[1]

华府里所发生的一切对大多数美国人来说是神秘的,但他们基本一致的看法是,大众传媒是影响联邦政府决策的重要势力。马丁·林斯基(Martin Linsky)提供了媒体影响程度的证据。林斯基是哈佛大学约翰·肯尼迪政府学院的一名讲师，由于此前他曾连任过三届马萨诸塞州众议院议员并担任过马萨诸塞州助理司法部长，还是《波士顿环球报》(*Boston Globe*)的社论撰稿人兼记者，因此具有相当的资格来领导大众传媒对联邦政府政策制定的影响研究。林斯基的研究团队通过对 6 个案例进行调查研究大众传媒的作用。当时的研究主题有 1969 年对邮政部的重组，美国副总统斯皮罗·T·阿格纽(Spiro T. Agnew)的辞职，吉米·卡特(Jimmy Carter)总统关于不部署中子弹的决定，纽约州拉夫运河地区 700 户家庭的重新安置，里根政府对鲍伯·琼斯大学提供免税政策的支持，以及 1984 年对社会保险无资格评估的中止。

这 6 个案例的研究表明，华盛顿的政策制定者经常从媒介议程来推断公共议程(Linsky, 1986; Linsky, Moore, O'Donnell, & Whitman, 1986)。也就是说，政府官员以及政客们将媒体对某个问题的关注程度视为公众对该问题兴趣的一种间接表达。这种推断并非真有那么奇特，因为我们知道，媒介议程本来就与公共议程是有关系的。华盛顿特区的那些官员以及民选领导人可以通过查阅民意测验数据(诸如最重要问题)来跟踪公共议程上的某个议题，但是他们并不经常这样做。

其次，林斯基的案例(1986)表明，许多政治因素，如政党的分歧、游说组织的作用及许多政客的个人权力，卷入了政策议程的形成过程。但是林斯基却为大众传媒保留了一种特别关键的角色。在林斯基的(1986)案例中,媒体报道影响了政策制定者们将其政策加以成功采纳和贯彻的能力。许多政客们以及强势的官僚通过大众传媒来了解相互的组织活动。因此,政策制定者们在试图让他们的问题得到正面报道的同时,还会向记者们透露有关其他竞争性议题的负面消息。总之,政策制定者们会主动地利用媒体来推进自己的政策目标。林斯基采访过的许多高级官员说,媒体对政策制定*过程*(如在做出决定前进行咨询的时间以及范围)而不是对政策*内容*本身具有更大的影响力。这些官员同时也对媒体影响自己议题的优先程度的能力感到无奈。科恩等人(1972)曾经提出了"组织选择的垃圾箱模式",将联邦政府的政策制定过程视为一种由许多问题、政策以及政治活动组成的有组织的无政府状态。与金登(1984)对此模式的改造不谋而合的是,林斯基(1986)也发现政策议程的设置:

> 并不取决于僵硬的规章或程式。它是各种决策倾向互动的结果,其中包括记者和官员的意图,但并不局限于此。记者们用不着尝试,只要通过他们的工作就能够进行议程设置。(p. 89)

从权力的问题到问题的权力

权力是许多政治学家以及国际关系学者的一个关键性

的研究概念,它可以追溯到汉斯·摩根索(Hans Morgenthau)的经典著作《国家间的政治》(*Politics Among Nations*)(1948)。因为政策议程的设置涉及个人以及组织权力的运用,于是吸引了那些关注实际或可能的权力运用问题的当代政治学家、历史学家以及社会学家们的注意。

政策议程研究传统中一个最有影响的研究成果是由罗杰·W·科布(Roger W. Cobb)以及查尔斯·埃尔德(Charles. D. Elder)(1972/1983)撰写的著作,《参与美国政治:议程建立的动力机制》(*Participation in American Politics: The Dynamics of Agenda-Building*)。该书同麦库姆斯和肖(1972)的查普尔希尔研究发表的时间基本相同,同样也为政策议程设置研究的追随者们提出了许多基本的概念。例如,科布和埃尔德(1972/1983, p. 85)强调了在议题建立过程中触发性事件的作用。一个触发性事件往往是行动的信号,它出现在某个时点上并有助于将关注和行动加以具体化。在前几章里,我们遇到了许多触发性的事例:1986 年莱恩·比亚斯的死亡与禁毒战;1989 年的爱克森瓦尔笛兹号石油泄漏与环境问题;以及 1984 年 10 月 23 日全国广播公司三分半钟的关于埃塞俄比亚饥荒问题的电视新闻节目。这样的触发事件有助于大众传媒对一个议题设置框架,也有助于该问题引起公众的关注。从根本上来说,一件触发性事件能够将一个复杂的问题简化成公众更容易理解的形式。由于时间和注意力的局限,公众会在任何时间面临许多远非他们所能完全理解的问题。因此,一个触发事件就是帮助议题进入议程的一种推动力。

政策议程设置研究与政治学家们进行的其他研究究竟有何不同？虽然两类学者都将关注的焦点集中在权力研究上，但政策议程学者们聚焦的是各种问题的权力，它是一个远比权力问题更加具体的研究主题(Mansbach & Vasquez, 1981)。而且，政策议程设置的研究者们采用的研究方法使他们能够历时地跟踪问题，其中还包含了对许多难以量化的变量的分析，如领导人的个性，以及对议题设置框架的控制。

由于国际关系学者们试图说明国家行为方面的目标与议程设置学者不同，他们对问题进行分类的方法与公共议程设置学者使用的方法也不同。他们已经提出了一系列演绎式的问题分类方法。例如，洛伊(1964)区分了以下几种问题：即*分配的问题*(distributive issues)，它不涉及公共资金的大量支出，并且不会在公共团体中引起利益纷争；*调节性问题*(regulatory issues)，它涉及对竞争性的公共资金的分配、相互争夺的公共利益集团及由此导致的赢家和输家；以及*再分配问题*(redistributive issues)，它鼓励政治领导人将公共资金进行分配，用多种方式来解决问题，安抚涉及的所有竞争性公共团体。罗西瑙(1971)提出了一种将问题分类的方法，该方法根据的是每个问题的状况、所需的人力以及非人力资源的多少、受影响的领土，以及解决问题的手段和目的可感知的程度等。齐默尔曼(Zimmerman)(1973)将洛伊(Lowi)的(1964)分类方法扩大到对外政策问题上。布雷彻、斯坦伯格以及斯坦(Brecher, Steinberg, and Stein, 1969)提出了一个重要的分类方法，它更类似于大众传播学者们的研究方法，认为问题无外乎关于军事和安全、政治和外交、经济和文化。对这些分类方法支持率最高的经验测试是罗西瑙的分类方法(Mansbach & Vasquez,1981,pp. 36-47)。曼斯巴赫和瓦斯克斯(1981)根据科布以及埃尔德的研究(1972/1983)，通过聚焦于问题倡议者、问题的显著性、危在旦夕的问题、重大利害关系的实质，以及与切身利益相关联的价值观，提出了一种各个问题为何要进入，并且如何进入全球性政策议程的模式。保姆加特纳和琼斯(1993)根据上述多种观点提出了另一种方法，将横切和纵向方法相结合来进行政策议程设置研究。

调查性报道和芝加哥的政策制定[2]

由两名《华盛顿邮报》的记者，即伍德沃德和伯恩施坦(Woodward and Bernstein)采写的有关水门事件的调查性报道，导致了一位美国总统在1974年的辞职。调查性报道的目的是要带来政策的变化，因此它与议程设置过程有着密切的关系。可以说，如果调查性报道的结果出现在大众传媒上的话，就应该导致一种政策的变化。结果是否真的如此？这是传播学者们以及政策制定的研究者的一个重要课题。

10年前，西北大学城市事务中心的一些学者策划了一个关于调查性报道在政策议程设置过程中的作用的研究项目。这个跨学科的研究团队的领导人是西北大学梅迪尔新闻学院

的教授大卫 · 普罗特斯(David Protess),成员包括几位曾经当过调查性报道记者的学者。尽管调查性报道在美国新闻事业中具有重要的作用,但是对调查性新闻是否真正导致了政策变化,此前却几乎没有进行过相关的学术研究。

西北大学的研究团队设计了6个有关调查性报道效果的田野实验系列,这些报道涉及的问题包括政府的欺骗行为和卫生医疗计划的弊端、强奸、有毒垃圾的处理、国际性诱拐儿童活动、警察的野蛮行为,以及许多由联邦政府资助的肾透析中心的不卫生的状况及其欺骗行为。这些学者们事先已深知,媒体上将会出现一场由调查性报道引起的揭丑运动。大约在这个新闻事件发生前两个星期,西北大学的学者们搜集到了调查数据,这些数据包括(a)来自受众成员的抽样,以及(b)来自对政策制定者的较小的抽样。在这次调查性报道的结果公布数周之后,学者们再次访问了同一批问卷调查的被访者,以确定调查性报道对公共议程和政策议程的影响。为了用有限的资源进行这些田野实验,普罗特斯和他的同事们对调查性报道在芝加哥以及费城地区的影响进行了研究。大多数其他研究议程设置的学者们还没有采用过田野实验方案,因为他们无法提前预知媒体何时会出现对一个新问题的报道。采用这种研究方案是普罗特斯团队在当时取得的一个重大进展。以学术研究的目的性来说,调查性报道的一个重要特征是,计划性决定了它能够被田野实验所预期。

这6个田野实验的其中一个是有关芝加哥发生的强奸问

题的调查性报道,该实验清晰地展现了普罗特斯和他的西北大学的同事们(Protess, Leff, Brooks, & Gordon, 1985)所采用的研究方法。这种田野实验(a)通过对347名芝加哥居民的随机抽样,以及(b)对39名政策制定者的有目的抽样,采用区分测量前和测量后的设计,来确定一家报纸有关强奸问题的系列调查性报道的影响。这个调查性报道当时登载在《芝加哥太阳时报》(*Chicago Sun-Times*)上,其中涉及政府在处理强奸案过程中的不当行为。当地的警察部门,特别是郊区的警署,故意少报强奸案,州和地方的官员也没有采取充分的措施来惩罚犯罪分子。

这个为期一周的题为"强奸:每个妇女的噩梦"的系列新闻报道对芝加哥的媒介议程、公共议程以及政策议程究竟有什么影响? 普罗特斯以及其他学者(1985)发现,报道对公共议程的影响微乎其微,对政策制定者的影响也不大。政策制定者虽然注意到了强奸案并对报纸的系列报道做出了反应,但采取的却是几乎没有实际内容的象征性行动。例如,芝加哥市长当时宣布建立了"强奸举报热线",实际上这条热线在几个月前就已经有了。关于强奸问题的调查性报道的主要效果还是体现在媒介议程本身。在有关芝加哥强奸案的调查性系列报道发表后的几个月中,《太阳时报》对强奸问题表现出了极大的关注。

总之,普罗特斯和他的同事们(1991)研究的6个案例表明,公共议程对政策议程可能会出现直接的影响,但是,这种关系是"脆弱和不可靠的"(p. 19)。他们用文献证明了许多政策决策是在没有公众反应的情况下做出的。一个议题出现在当地的政策议程上常常是调查性报道的记者和城市官员幕后合作的结果。如果这些学者确实发现了公共议程在起作用,证据并不是来自对民意测验的随机选择,而是来自有组织的特殊利益集团。

研究政策议程

与对媒介议程与公共议程的关系的研究相比较,对政策议程设置的调查研究在数量上要少得多,而且这个研究领域一直缺乏统一性。不过,虽然对政策议程设置的经验研究为数并不多,但是业已尝试过的研究方法却是五花八门。

西北大学研究调查性报道的田野实验能够使我们深入理解议程设置过程中所涉及的因果关系。大卫 · 普罗特斯以及他在西北大学的研究团队研究了一种特殊的大众传媒内容——调查性报道与政策议程的因果关系。他们提出了一个"调查性议程"的概念,并将其与当地的公众舆论以及政策议程一起进行相关性研究。

另一个典范是马丁 · 林斯基和他的同事们对多项政策进行的 6 个案例研究,它是一种非常不同且更具典型性的研究方法,是从已经实施的公共政策开始去追溯其议程设置的过程。杰克 · 沃克(Jack Walker, 1977)对 1966 年《交通安全法》通过过程的研究也是这种反向追溯方法的一个例证。

政策议程设置的过程真的会导致行为的变化，导致原有社会问题的解决吗？或者说，随着时间的流逝，该问题会消失吗？在某些问题的情况下，虽然任命了政府的行动委员会，开展了调查研究，也发表了调查报告并在新闻发布会上进行发布，但是并没有发生实际的行为变化（Downs，1972）。这里的根本问题是某项政策是否会导致行为变化，导致构成议题基础的社会问题的解决。处于政策议程的最前面的某个议题所出现的结果继而导致了多项新政策，不过，人们总是期待真实世界的指标会随之变化；而议程研究学者们对此却鲜有研究。

图 5.1　名人披露身患 HIV/AIDS 的新闻报道导致 HIV 验血人数的增加

来源：盖勒特等（1992）。获得马萨诸塞州医学会 1992 年版权的《新英格兰医学杂志》的复制许可。

议程设置对行为变化的影响体现在媒体对一个身患艾滋病的名人进行报道之后匿名的血液 HIV 检验者的数量上

(图 5.1)。在加利福尼亚州靠近洛杉矶郊区的奥兰治县,每当公开披露一位知名人士身患 HIV/AIDS 后,进行血检的人数就会迅速上升:这些名人有 1985 年的洛克 · 赫德森,1987 年的保罗 · 甘恩(Paul Gann)(在加利福尼亚他因为领导抵抗财产税而闻名),1991 年的"魔术师"约翰逊,以及 1992 年的网球明星阿瑟 · 阿什。血检人数的最高峰出现在魔术师约翰逊的消息公布后,它特别激发了年轻人以及有色人种(这两种人是 HIV 感染的高危人群)来验血(Gellert, Weismuller, Higgins, & Maxwell, 1992)。但是,这种由于名人消息的披露而出现的血检人数的增长并没有引起更多人对该病毒的识别(见图 5.1 底部的横线)。换言之,名人消息的公布主要驱动了"错误的"人们前来进行 HIV 的血液检验。

请注意,人们对媒体关于名人患 HIV/AIDS 的报道的反应是进行 HIV 血液检验,将此作为某项政策影响行为变化的一个指标有一个缺点。这里评估带来结果的并不真正是一项*新*政策(联邦政府有关提供 HIV 血液检验的政策早在 1980 年代中期就执行了),而是媒体对名人身患 HIV/AIDS 的报道。这样,血液检验的人数提供的证据是媒介议程的效果,而不是政策议程的效果。因此,目前的证据表明,可以用一种方法来探讨公开的行为变化,这种变化体现在由于贯彻新政策而产生的真实世界的各项指标上。

我们需要完善的政策议程测量标准,也许需要在议程研究者们之间就什么是最合适的测量标准达成更大程度的一致看法。与此形成对比的是,学者们一致高度认为,对某个问题的新闻报道数量是媒介议程最好的测量标准。而且,研究等级排列的议程学者们也近乎一致地认为:像 MIP 那样的民意测验问题是测量公共议程的最佳方法。但是,采用单一问题研究方法(如我们在第四章中所详述的那样)的学者,以及政策议程的学者们,却在以各种不同的方法为公共议程以及政策议程制定指标。可以按照是哪一个特殊的利益集团能够促进和控制某个问题,来对单一问题研究中的公共议程加以概念化。这种方法集中研究积极的、关注问题的公众,他们典型的意义就是率先接触到大众传媒有关问题的报道内容,然后起到影响其他公众成员的观点并组织其行动的舆论领袖的作用(Weimann,1994,pp. 281-286)。对政策议程指标的设定是按照各种变量:如联邦政府经费的拨款数目(用于处理某个问题),一个新的政府机构的建立,如 1970 年代建立环保署,以及新的立法的通过,如 1996 年的《汽车安全法》(Walker, 1977)等进行。

美国参议院设置议程[3]

杰克·L·沃克(Jack L. Walker)对美国参议院 1966 年通过《汽车安全法》的政策议程设置过程进行了调查研究,当时他还是密歇根大学的一名政治学者。此前,沃克已经研究过各参议员以及参议员间的小集团和联盟在他们日常政治生活中的作用。沃克当时追踪了相当重要的《汽车安全法》通过的政治过程,并赋予了他先前业已证明过的政治结构以新的活力。

沃克集中研究了立法倡议者在新法律推出中的作用。参议院的大部分工作由占去参议员们大部分时间的日常事务所组成;因此,提议一项新法律是个难得的活动。1962 年,亚伯拉罕·里比科夫(Abraham Ribicoff)被选进美国参议院;此前他曾经是康涅狄格州的州长,在该州业已建立起了严格执法公路安全的声望。里比科夫获得了参议院一个小组委员会主席的职位,主要调查研究联邦政府在交通安全中的作用。拉尔夫·纳德(Ralph Nader)当时是该小组委员会的一名顾问。

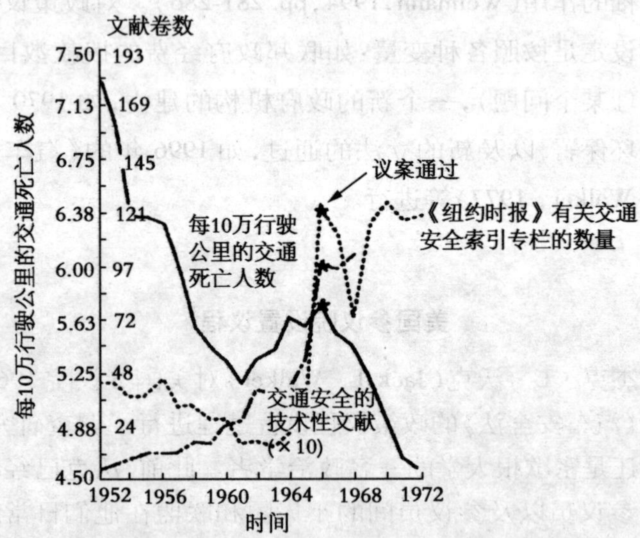

图 5.2 1966 年的公路安全法案通过的议程设置过程

来源:沃克(1977)。获得剑桥大学出版社使用许可。

当时，每10万行车公里的交通死亡人数已经连续下降了15年，但是在1960年，真实世界的指标却呈急剧上升态势，并且在此后数年持续增长（图5.2）。交通死亡的人数从每年的38 000跃升到1966年的53 000。对交通安全的研究当时已经进行了10年，但是政策制定者对研究成果并没有给予足够的关注，直到各方面的专家应邀到里比科夫的小组委员会作证。一些专家更多为与过去相同的计划而据理力争：例如，中学驾驶员培训课程，以及以单个驾驶员为目标的其他计划。这种观点当时认定了在社会问题中追究个人责任的概念，即交通死亡是由于“傻瓜在开车”。

但是，一些技术专家提倡更加激进的变革，包括对汽车重新安装座位安全带、设置仪表板以及其他各种撞车保护装置。这些追究系统责任的倡议者还呼吁对公路进行更加安全的设计，如在高架桥栏杆旁放置碰撞减弱器（即装满沙砾的黄色圆筒）。拉尔夫·纳德1965年的专著《任何速度都是不安全的》（*Unsafe at Any Speed*），宣传了这种追究系统责任的汽车安全观点，它认为除了麻痹大意的驾驶员外，不安全的轿车以及公路也应该对交通死亡负责任。

《纽约时报》有关交通安全的新闻报道在1964年呈上升势头，并且在1965年，也就是里比科夫小组委员会举行听证会的那一年急剧增加。《纽约时报》后来的报道高峰是在1966年，那一年也是交通死亡率的高峰年，同时也是新法律通过的一年（见图5.1）。沃克（1977）根据他的分析得出结论，“报纸当时只是对事件做出反应，而不是刺激争论或成为领导”(p. 435)。当该交通安全立法进入形成和辩论阶段时，参议院商业委员会拥有权力的主席、参议员沃伦·马格纳森接替了里比科夫成为这项新法律的主要领导人。《公路安全法》的通过遭到行业利益集团尤其是美国汽车业的强烈反对。但是,“参议院当时有一个基础庞大的联盟,足以支持联邦政府做出空前的努力来确保其公民的安全”(Walker, 1977, p. 435)。紧随1969年通过的《煤矿健康和安全法》以及1970年通过的《职业安全和健康法》的几年里,该联盟还通过了其他安全立法。

为什么1966年的《交通安全法》能够在参议院通过?

> 一个容易理解的、广受重视的社会指标(交通死亡)表明了主要的公共政策根本无法解决的、严重的全国性问题的发展。已经出现的大量具有明确政策含义的研究为新立法提供了合法性的依据……加上有熟练的政治倡议者,他们能够在一个要求变革的戏剧性提议中把所有的因素都联系在一起(Walker, 1977, p. 435)。

本案例说明显示了政策议程设置研究如何能够阐明权力的行使:“换句话说,那些试图塑造立法议程的人,通过确定整个政治制度中的关注及力量的焦点,能够将自身的影响增强许多倍”(Walker, 1977, p. 445)。在这里,我们看到了政策议程设置过程的研究是如何阐明政治过程中权力的本质的。

小结

本章概述了一个问题进入政策议程的过程的相关内容。影响的循环性(circularity of influence)是政策议程研究中一个连贯性的发现。议程设置学者们几乎很难就测量政策议程的最佳方法达成一致,已经采用了许多测量标准(联邦政府的拨款,一项新法律的产生,立法听证会的召开,政府新机构的建立等等)。

在某些情况下,媒介议程在政策议程设置过程中具有直接的影响;不过,在更多情况下,媒介议程通过公共议程或者通过预先公布信息的共享产生间接的影响。美国总统是全国性的政策议程上的一个主导力量,然而,几乎没有人对总统的议程是如何设置的加以调查研究。*具体议题的取舍*(alternative specification)是对政策议程上任何一个问题可能所处位置的范围的缩小过程。而且,在媒介议程设置以及公共议程设置过程中,问题常常是被*触发性事件*推上政策议程的。这个触发性事件被定义为发生在某个时点上的行动暗示,它起到了将关注和行动具体化的作用。

注释

1. 本案例说明是根据马丁·林斯基(1986)的研究以及其他来源。
2. 本案例说明是根据大卫·L·普罗特斯、费伊·洛马克

思 · 库克、杰克 · 多佩尔特、詹姆斯 · S 埃特玛、马格雷特 · T · 戈登、唐娜 · R · 莱夫，以及彼德 · 米勒（1991），哈维 · L · 莫洛琦、D · L · 普罗特斯，以及 M · T · 戈登的研究（1987），以及其他来源。

3. 以下案例说明是根据杰克 · L · 沃克的研究（1977）。

第六章　研究议程设置过程

严重妨碍(公众意识向社会问题的解决)转变的最大障碍,与人们称之为“议程设置”的新闻界功能有关。

Daniel Yankelovich(1991,p.86)

机构常常是议题进入议程的产物,它们也是数十年来短期内高度关注对问题的结果以及政府政策产生影响的途径。

Frank R. Baumgartner and Bryan D. Jones(1993,p.84)

本书的主旨是除了等级排列的研究外拓宽最近几年关于议程设置过程的学术研究,它包括采用社会学研究中的历时方法或心理学研究中的实验方法来对单一议题(或是一小批相互作用的议题)进行调查研究。这种范式的变化包含在向议程设置研究的分解法发展的大趋势当中。这种向分解法发展的趋势产生的原因将在本章中加以讨论。

在本书中,我们考察了媒介议程、公共议程以及政策议程设置的本质。我们在不同的章节里讨论了公共议程设置的横切的等级排列方法与纵向的研究方法。这些不同类型的议程设置的确需要不同的研究方法。在公共议程设置研究的等级排列方法中占主导地位的一直是,将媒介内容与对关于议题显著性调查的公众反应的增强进行某个具体时点上的对照。但是,在最近几年,纵向研究方法开始替代这种主导性的等级排列方法。对媒介如何设置议程的调查研究如今包括了对媒介机构中参与者的历时观察以及对定量变量的分析(如真实世界的指标)。对政策议程设置的研究则表现出方法上的多变性,从对精英人士的深度访谈、对公众领导人的调查,到对国会选举行为的时间序列分析。各种研究方法各有其长处和不足,并各有其内在的偏见。

本书最后一章的工作是:(a)对以往议程设置过程的研究进行评价,并就今后的研究方向提出建议;(b)确认如何将各种研究方法结合,以增加观察报告的有效性和可靠性并对整个议程设置过程中的新问题进行研究。

议程设置诸研究方法的比较

本书的*推荐阅读书目*中收录了 350 多本有关议程设置过程的学术著作,体现了研究方法的多样化。这些不同的研究方法有其共同之处。它们大多数受到了议程设置隐喻的影响。"健全的议程概念的一个优势是它能够把先前没有关联的各种研究方法联系起来"(Reese,1991,p. 310)。议程设置是个令人兴奋的概念,它已经并且正在吸引着研究者的强烈关注。最近几年来,每年大约有 25 本与议程设置相关的出版物问世。议程设置研究方法对大众传媒是否产生影响的阐述具有独创性，并且更为清晰。“沃尔特·李普曼在《舆论学》中曾经要求通过新闻媒介将外部世界与我们头脑中的画面联系起来，这个要求已经被议程设置研究落实成了定量的、经验的果实”（McCombs，1992，p. 815）。

麦库姆斯和肖（1972）通过论证认为议程设置研究是一种更进一步理解媒介效果的方法。我们是否业已实现了他们数十年前就预言的目标？媒介议程之所以具有强大的影响，是因为它通常能够促发议程设置过程。“这种媒介议程对受众的观念具有强有力的构成效应，在其形成过程的背后，也表现出了强有力的影响”（Reese，1991，p. 309）。

议程设置的纵向研究方法是传播研究中运用相对较少的历时调查研究中的一种。纵向研究考虑到了制定政治体制内的“正反馈”计划，在这种反馈中，由积极的、有组织的议题倡议者团体做出的较小投入能够通过“议题扩大”形成显著的效果，有点类似于流行效应（Baumgartner & Jones，1993）。这样一种体系内的议题的扩展，是将唐斯（1972）所提出的*问题关注周期*加以另一种概念化，无论是将一个议题进行推广或机制化与否。对议题发展过程的纵向考察揭示了创新扩散的指数增长函数的特点（Rogers，1995）。正如布罗秀斯以及凯普林格（1992a）曾经指出的：

> 与横切分析相比较而言，纵向的或时间序列的分析具有几大优点……第一，人们可以确定议程设置过程的影响方向（媒体报道是否先于公众舆论并影响之，或反

之亦然)。第二,人们可以确定对不同议题的影响力,并以此来界定那些成为媒介效果偶然条件的议题的属性。第三,人们可以用媒介强效果或弱效果来区分不同时间段,并以此来分析某个议题在不同时点上的媒介效果。(pp. 5- 6)

正因为某些议程设置研究中既有定量又有定性的纵向方法,才使得它们能够像社会学那样条分缕析;同样,正是因为有了控制实验方法,也才使得它们能够像心理学那样层层深入,特别清晰地阐明媒介效果的性质。

关于议程设置的概括

我们现在用以下有关议程设置过程的概括来结束前面五章的内容:

1. 如果追溯到麦库姆斯和肖的创新式研究(1972),众多议程设置研究者的共同成果是:*在某个特定的时点上,或者在某个特定的时段内,不同的媒体会对一系列问题赋予相似的显著性。*这种相似性并不意味着所有的媒体都会同时报道完全相同的事情。的确,有些对电视和报纸报道进行比较的研究表明,这些媒体在如何报道一个问题的处理方式上常常不同。但是,总的来说,*媒体对某个特定问题做出的新闻报道往往会在数量上或者比例上达成一致。*媒介议程是一个关于媒介信息内容的非常粗糙的指标;一个议程设置的研究者并不在意媒体对某个问题说了什么,而是关注它们到底对此说了多少。

2. *真实世界的指标在设置媒介议程时相对不甚重要。*最先将媒体对一个问题的报道与该问题的真实世界的指标进行比较的学者之一芬克豪泽(1973b)几乎没有发现两者间有一致性。例如,美国陷入越战困境在1968年达到高峰,而媒体报道的高峰却是在两年前的1966年。在禁毒问题和环境问题的真实世界的指标正不断改善的时期,这两个问题却进入到了全国性的议程(Ader,1993)。在这两个案例中,真实世界的指标同媒介议程是*负*相关的。显然,被组织和网络起来的人们聚集对一个问题框架的关注是最重要的条件(Blumer,1971),而不是该问题的实际严重性。

3. *议程设置过程是一个社会建构过程,许多关键人物在该过程中从媒体以及周围环境中寻找理解的线索,以确定某个议题的显著性。*在将一个问题放上议程时,触发性事件(如1984年英国广播公司关于埃塞俄比亚饥荒问题的报道)比真实世界的指标更加重要。在某些情况下,议程设置是对某些触发性事件的一种情感性反应。

除非一个问题在一定程度上被视为一个社会问题,否则不会进入媒介议程。但是真实世界的指标通常是枯燥乏味的统计数字,没有太多新闻价值,对媒介议程的影响也微乎其微,除非它们被某个触发性事件或者某个个人的悲剧所映照。

4. *白宫、《纽约时报》以及引人注目的触发性事件在*

将一个问题放入美国的媒介议程时发挥着主导作用。 关于触发性事件的两个例子是洛克·赫德森死于艾滋病和爱克森瓦尔笛兹号原油泄漏事故。像这样的人间悲剧会将一个复杂问题简单化,灾难和悲剧有助于记者和公众将其与某个问题联系起来从而对该问题赋予意义。

一个问题如果缺少了像洛克·赫德森或者爱克森瓦尔笛兹号这样的触发性事件也能够进入议程吗?有时是可以的。1993 年至 1994 年间的枪支和暴力问题并没有同任何一个个人悲剧或灾难性事件相联系。我们的结论是,***行动的暗示能够帮助一个问题进入全国性的议程,但这些触发性事件并非充分或必要条件。***

5. ***科学研究成果并未在议程设置过程中发挥重要的作用。*** 回顾前 5 章中的那些案例,我们很少发现科学研究成果对一个问题进入媒介议程起到什么作用。在罗杰斯等人(1991)对 1980 年代艾滋病问题的研究中,当时公布的几项科学的重大进展(诸如确定体液的交流是艾滋病传播的途径,确认艾滋病病毒,发现 HIV 的血液试验等)在媒体中也曾经进行了专题报道。但是,这些科学事件并没有就艾滋病问题为媒介设置议程。杰克·沃克(1977)对 1960 年代中期车辆安全问题的分析曾经显示,当时针对通过设计更安全的车辆以及公路来降低交通死亡率已经开展了很多研究,在美国国会 1966 年通过《汽车安全法》之前的 10 年间,这种研究业已被科学刊物广泛报道,但并未对政策议程设置过程产生任何作用,直到里比科夫和马格努森等处于关键地位的参议员站出来对科学研究结果进行倡导时，情况才有所改变。

6. *一个议题在媒介议程上的位置对其在公共议程上的显著性具有决定性作用。* 在我们评估的112个有关议程设置过程的经验研究中，有60%支持这种媒介议程和公共议程之间的关系。这些研究大多数采用的是横切方法，后来的纵向研究继续支持这一结论（Trumbo，1995）。如果媒体对一个问题进行了大量的新闻报道，公众通常的反应是将其放到公共议程更显赫的位置上。媒介议程与公共议程的这种关系似乎适用于各种条件和各种问题，即使采用的是不同的研究方法。

公共议程会影响政策议程吗？肯定该结论的研究证据不够有力。不过，最近由埃里克森等人（Erikson et al.，1993）对公众舆论以及政策立场进行的大规模调查研究得出的结论是，公众舆论对州一级的政策制定具有强大的影响力，另外还有一些其他的因素也影响着政策议程（见表4.3）。

议程设置研究中的分解法趋势

任何科学的专门研究中有影响的范式可能都将是充满危险的，因为研究关键问题的单一方法可能会被过度地标准化（Kuhn，1962/1970）。议程设置研究可能由于麦库姆斯和肖（1972）的范式已经出现了这种危险性。“令人不解的是，有关议程设置的文献虽然成功地告诉人们应该搜集什么资料，但在告诉读者这些资料为什么重要时却并不成功”（Ettema et al.,1991,p. 76)。另一位议程设置范式的批评者伯德(Burd, 1991)指出,“不幸的是,太多的议程设置研究人员正在依赖一种线性的、一维的装配线模式来生产和制造公众舆论以及公共政策”(p. 291)。

怎样能够克服对议程设置范式诸如此类的批评呢?*议程设置研究的一种长远发展趋势是数据的分解。* 麦库姆斯和肖(1972)的创新性研究具有高度的合计性:它对所研究的5个主要问题进行混合排列,将100名犹豫不决的选民对所有问题的优先程度的判断进行汇总集中;再对同样5个问题(外交政策、法律和秩序问题、财政政策、公共福利,以及公民权利问题)进行聚合排列,将9家大众传媒中的新闻报道统计数值(5家报纸、2家杂志,以及2家电视网的晚间新闻节目)进行汇总集中。而采用非高度总计的方法能够使学者们更深入了解议程设置过程的关键变量间的关系,这种关系用其他办法则难以觉察。

厄尔布林等人(Erbring et al., 1980)的研究代表了数据分解趋势的重要发展。这些学者搜集了对1974年全国性的调查对象抽样的个人采访数据(以检测公共议程),并且将它与媒介议程(即对报纸报道的内容分析)进行对照。

该研究针对1974年7名或7名以上接受问卷调查者*实际阅读*的94家报纸,将其所有的头版(大约8 900篇)文章中涉及的问题的内容用人工代码表示,并与调查数据合并,使各个调查对象与他们阅读过的特定报纸的内容数据相匹配(Erbring et al., 1980, pp. 20-21)。

作为对议程数据进行分解的方法朝着地方化进一步发展，***这些学者检测了接受调查问卷的人所在社区的犯罪率和失业率***（而不是采用全国范围的犯罪和失业情况的真实世界的指标）。其后在对数据进行分析时，他们采用了这些地方化的真实世界指标。因此，这些媒介议程的变量、公共议程的变量以及真实世界的指标当时被分解到了个人以及地方性的分析层次。这是对麦库姆斯和肖（1972）的独创性研究中使用的总计方法的根本改变，它使得厄尔布林等人（1980）能够将调查对象的个人特征纳入分析之中。他们发现，报纸议程上的议题对那些对某个特定问题比较敏感的个人具有更大的影响力。例如，老年以及女性调查对象对犯罪问题更有恐惧感，而犯罪问题的媒介议程对其他受众几乎没有什么影响。这种结论是缺乏高度分解的调查研究不可能得出的。

其他类型的地方化也有可能成为分解战略的一部分。在某个特定的时间，当卫生医疗问题位居全国性议程的头条时，新墨西哥州议程的头条可能是醉酒驾车问题，艾滋病问题则会在旧金山得到优先考虑，而梅因市的某个失业者会认为失业问题是这个国家面临的最重要的问题。一个层次上的议程设置过程和另一层次上的议程设置过程可能存在着某种关系，但并不是必然的。

而且，美国社会的某些种族或其他人群的议程设置过程可能会独立于全国的议程设置过程。例如，切里（Cherry，1986）就曾经发现，美国黑人在全国性的民意测验中，会将一整套不同于白人的问题置于最优先的位置。美国黑人阅读

《煤玉》(*Jet*)、《乌木》(*Ebony*)和其他颇具特色的媒体,这些媒体的媒介议程与美籍非洲裔人的公共议程非常一致。也许,就像全美人口中的其他部分一样,美籍拉美裔人也有与众不同的议程设置过程。

议程设置过程的单一问题研究或案例比较研究方法也是一种分解法。社会学的单一问题研究使得学者们能够对议程设置的各个变量进行纵向的时间序列分析,从而对议程设置的过程方面加深了解。实验也是一种纵向的分解战略,因为像媒介议程上某个议题的显著性这样一个变量是被操纵的,而这种操纵处理对实验对象的公共议程的影响是在个人分析层次上进行检验的。

我们采用的计算机内容分析程序软件虽不成熟,但也发现了类似的结果,这些软件包括由芝加哥伊利诺伊大学的詹姆斯·达瑙斯基(James Danowski)研制的软件 Wordlink,以及由英国哥伦比亚的西蒙·弗雷泽大学的比尔·里查德(Bill Richard)研制的网络分析程序软件 Negopy。玛利亚·西布斯(Maria Hibbs, 1993)在她对钢铁贸易问题进行议程设置的历时研究时将这两种软件加以结合:

"文本中的字词是该议题网络中行为者的思想及立场的代码或象征。通过对新闻报道、政府文件以及记录的文本进行字词网络分析,就有可能探讨这一网络的内在结构。"(p. 120)

今后有待研究的问题

尽管已有350多本出版物,但是有关议程设置过程的几个关键问题尚未得到解答。下面十几个问题可能需要在今后的研究中加以探讨:

(1) *还有谁能够将一个问题置于全国性议程之中?* 除了《纽约时报》和白宫外,还有什么机构可以让一个问题进入全国性议程?国家间在对确定哪些问题会成为国际问题施加影响时,会遵循与国内议程设置相似的逻辑吗?

(2) *是什么使得一个问题能够在全国性议程上保持相当长一段时间?* 一个问题在议程上的持续时间可以被操纵吗?大多数问题在全国性议程上崛起,然后通常会在处于议程的头条位置短短数月或几年之后衰落。禁毒战问题从1986年到1991年曾经在全国性议程上崛起又衰落。然而其他问题,如艾滋病问题,一旦进入媒介议程(在1985年)就盘踞在那里,当然其间也历经了一些起起落落。艾滋病问题的这种持续能力是因为它涉及了生死的本质呢,还是由于缺乏对策,或其他原因?一个问题在议程中崛起的背景,无论是热烈支持的还是泼冷水的(Baumgartner & Jones,1993)是如何影响问题在议程中的持续时间的?为什么一个问题会从议程上跌落并且消失?对此类问题已进行的调查研究还少之又少。

(3) *经常可能出现在那些学者们典型性地观察和报告*

的议程设置公开过程之前的隐秘过程的性质又是如何? 例如,在1980年代中期,哥伦比亚广播公司前总裁弗兰克 · 斯坦顿这一重量级人物,说服了哈佛大学公共卫生学教授杰伊 · 温斯滕与好莱坞黄金时间电视节目撰稿人共同发起了指定驾驶员运动。由于斯坦顿所做出的努力,温斯滕的指定驾驶员议题在好莱坞电视业的高层行政人员那里成为至关重要的议题(Montgomery,1993)。但是,学者们很少能够窥见这些幕后的议程设置活动。这种低调的过程也许应该通过采用案例研究、参与者观察、深度访谈以及田野调查等方法加以阐明。

(4) *议题倡议者在议程设置过程中的作用究竟是什么?* 具有领袖气质的不懈的议题倡议者对某些议题的发起似乎是必不可少的,就像摇滚音乐人鲍勃 · 盖尔多夫(Bob Geldoff)为1984年的埃塞俄比亚饥荒问题发起倡议,以及《旧金山纪事报》(*San Francisco Chronicle*)前记者兰迪 · 希尔茨(Randy Shilts)为旧金山的艾滋病问题进行的倡议那样。如果没有这些议题倡议者,这些问题会通过议程设置过程取得进展吗?在政治学家以及社会学家对政治或社会行动者进行案例研究时,有大量关于议题倡议者的作用的知识值得传播学者们借鉴。

(5) *为一个问题的政策议程设置尽心尽力的倡议者们会学习其他问题已有的相关经验吗?* 从问题到问题的政策议程设置有什么延续性或可归纳的结论吗?沃克(1977)对1966年《公路安全法》的研究表明,美国参议院的该项立法直接促成了后来《煤矿安全法》的通过。因此，一个问题为另一个密切相关的问题扫清道路的情况会经常发生吗？

(6) *一个议题是由谁来并如何被设置框架的，又有何规律性？* 杰伊·温斯滕的指定驾驶员议题是以醉酒驾车为焦点，而不是酗酒。酗酒问题正在威胁着美国的电视业，这种威胁来自于酒的销售广告。艾滋病最初是作为男性同性恋的疾病来设置框架的，后来又被重新设定为一小部分人的健康问题。虽然给一个问题设置框架十分重要，但它也可能会以一种比较偶然的方式出现。例如，一个引人注目的悲剧性事件可能会为一个问题设定框架。这种由触发事件设置的框架也能够将问题推入议程设置过程。例如，1989 年 3 月的爱克森瓦尔笛兹号原油泄漏事件以及媒体对它设置的框架，帮助了环境问题进入美国政策议程。

(7) *地方性社区问题的议程设置过程与同样的问题在全国所发生的情况有多大程度的相似性？* 许多问题通常是从地方开始，然后外溢到国家层次上的吗？例如，指定驾驶员运动开始于波士顿，由于当地的一名电视新闻主持人被一个醉酒的司机开车撞死。两年之后，杰伊·温斯滕通过影响好莱坞的节目撰稿人，在全国发起了指定驾驶员议题。另一个例子是艾滋病问题，它当时连续数年处于旧金山当地议程的优先地位，后来才进入到美国全国性议程中。阿尔伯克基市以及新墨西哥州的醉酒驾车(DWI, driving while intoxicated)问题当时导致该州颁布了许多新法律以对醉酒驾驶员实行严厉的惩罚。而它是由一起事故引发的：1992 年的圣诞除夕,年轻的一家三口被醉酒的司机撞死。醉酒驾车问题最终会从新墨西哥州发展到全国性议程吗?

(8) *议程设置过程的目标是什么?* 为什么大众传媒那种短暂的高度关注会导致许多后来独立于社会问题而存在了数十年的机构的建立? 作为议程设置过程的结果被采取的新政策对带来社会变革能够产生最终的影响吗? 一般来说,一个议程设置过程的最终目标是个人层次上的行为变化:如戒烟,回收利用,使用避孕套和更安全的性行为,以及指定驾驶等。

1989 年环境危机后的一个政策效应是鼓励公众对回收利用采取更环保的态度。它曾经影响了公开的行为吗? 德克森以及加特雷尔(1993)调查研究了加拿大两个城市对瓶罐以及报纸的回收利用:埃德蒙顿市的市民会在路边拣拾回收的物品;卡尔加利市没有这样的项目。埃德蒙顿市民对回收利用的赞许态度与其实际上的回收利用行为具有高度的相关性,但是在卡尔加利市民身上却未有体现。因而,公共议程上环境问题的高度的优先性能否导致实际上的回收利用行为,取决于一个城市的回收利用项目是否在执行中。因此,其他因素(如基础设施的变量)会干预议程设置过程对行为带来的变化。

(9) *为什么一些问题没有得到解决?* 例如,无家可归在美国似乎是一个无法解决的问题。在 1980 年代末的禁毒战之前,1970 年代就已经开展过一个更早的根除毒品计划。同样,由于爱克森瓦尔笛兹号原油泄漏引起的 1990 年代环境危机,是过去25年间环境问题第二次进入到全国性议程中。尽管人们试图要解决一些社会问题,但它们却顽固地滞留在那里。这些长期性的问题间或会被某些触发事件或问题的倡议者重新促成为"问题"。

(10) *一个问题是如何同另一个问题竞争显著性的?* 1990年至1991年,海湾战争在数月的时间里将所有其他问题挤出了美国议程。这样压倒一切的问题会频繁地出现吗?媒体守门人是如何断定某个问题的重要性应该超过另一个问题的?决定一个问题的新闻报道数量所采用的标准是什么?问题的这种竞争性动态很少被加以研究(Hilgartner & Bosk,1988)。媒介议程和公共议程很可能是个零和博弈,这种问题间的竞争究竟是如何发生的?

(11) *媒介议程设置过程只局限于新闻性议题吗?* 娱乐媒介的内容会不会影响一个问题的公共议程?前面所引用的美国指定驾驶员运动的例子主要就是通过由公益广告支助的黄金时间电视节目,提升了人们对该概念的意识,并导致了采纳指定驾驶员方法的增加。这里尚未探讨的问题是,媒介内容如果不是新闻而是娱乐和广告,是否会在议程设置过程中发挥作用?

(12) *其他国家的议程设置过程是如何不同于美国的这种过程的?* 350多本议程设置的出版物大部分都有一个"美国制造"的标签。布罗秀斯和凯普林格(1990)以及竹下(1993)提出了德国以及日本的公共议程设置与美国的强烈的相似性。进行议程设置研究的国家还有澳大利亚(Gadir,

1982)、加拿大(Winter, Eyal, & Rogers, 1982)、丹麦(Siune & Borre, 1975)、加纳(Anokwa & Salwen, 1988)、沙特阿拉伯(Al-Haqeel & Melkote, 1994)、新加坡(Holady & Kuo, 1992)、瑞典(Asp, 1983),以及委内瑞拉(Chaffee & Izacaray, 1975)。这些研究同那些在德国以及日本所进行的研究,为在工业欠发达国家和工业发达国家之间进行媒体功能的比较研究提供了宝贵的信息,但仍需要在更多的国家进行进一步的研究。

多方法的研究模式的需要

布鲁尔和亨特(Brewer and Hunter, 1989)、殷(Yin, 1989)和沙迪什、库克以及利维顿(Shadish, Cook, and Leviton, 1991)都主张对由于不同类型的固有偏见而采取的不同研究方法实行战略性结合。*多方法的研究*是将数种不同的数据搜集方法结合起来的一种系统性研究。*互补性的多方法*的研究法包含了为不同但相关的研究问题提供数据的各种方法。*重点的多方法的研究法*则包含对同样的假设或问题提供不同试验数据的各种方法。

进行多方法的研究也有一些不利条件。采用不同的数据搜集方法要求在设计一项研究计划时有更多的准备和规划,通常需要更多的资源(时间、金钱,合作者以及助手)。多方法的调查研究者需要具备更广泛的能力。他们必须理解所采用的各种方法。尽管有这些困难,仍然需要坚持对议程设置过程进行多方法的研究。而在过去,大多数的调查研究仅仅采用单一的数据搜集方法来测量各个变量。

民主社会中的议程设置

议程设置视角的独特贡献是什么？它"毫无保留地采用了民主理论的多元价值观，将公众舆论带到了舞台中心"(Reese，1991，p. 310)。对公众舆论的这种强调是对整个议程设置过程的各种概念化中所特有的，公众舆论被认为在此过程中发挥了决定性的作用。

研究议程设置的学者们对媒介、公众舆论以及民主做出了怎样的假设？"无疑，大多数议程设置的研究者们……是被自己已经在治理过程中分离出的一个关键的环节及观念所驱动"(Ettema et al.，1991，p. 76)。从理想状态来说，在美国的民主理论中，"新闻界监督政治环境，有助于形成公众舆论，从而推动政策倡议"。因此，有关议程设置过程的一个关键性假设是，媒介议程经常发起议程设置过程，将一个问题放进公共议程，接着它可能带来政策的变化。大众传媒的这种鼓动作用，彰显了它在一个民主社会中所发挥的至关重要的作用。

当议程设置研究开展 20 周年之际，麦库姆斯和肖(1993)得出的结论是，最近的研究表明大众传媒对认知不只有一种有限的影响。在某些条件下，大众传播媒介告诉我们如何思考许多问题，并且应该思考什么。我们同意这种观点。媒介对公共议程设置的影响远比伯纳德 · 科恩(1963)曾经指出的要强烈得多,虽然我们就是以他的语录作为本书开篇的。令人折服的是,在许多正在问世的研究成果中,有探讨政策议程设置的政治本质的,有探究对媒介议程各种影响根源的,有采用多种方法来研究媒介议程、公共议程以及政策议程设置的纵向演变的。总之,这样的研究能够将议程设置研究者的视野从检验一个假设提高到对社会影响进行全面的调查研究。

英汉术语对照表

advertising role in agenda-setting	广告在议程设置中的作用
measuring agendas	测量议程
Agendas and Instability in American Politics(Baumgartner & Jones)	《议程与美国政治的不稳定性》(鲍姆加特纳以及琼斯)
agenda-setting as political process	作为政治过程的议程设置
comparisons of approaches to agenda-setting	议程设置研究方法的比较
data disaggregation in research on agenda-setting	议程设置研究中的数据分解
future study questions for agenda-setting	议程设置有待研究的问题
generalizations about agenda-setting	关于议程设置的归纳
history of research on agenda-setting	议程设置研究的历史
agenda-setting and international issues	议程设置和国际问题
longitudinal vs. hierarchy studies	纵向与等级排列研究
multimethod research for agenda-setting	议程设置的多方法研究
private vs. public process of agenda-setting	议程设置的隐秘与公开过程
time sequences in agenda-setting	议程设置中的时间顺序
media agenda on AIDS	关于艾滋病的媒介议程
active vs. passive roles of audiences	受众的积极与被动角色
issue displacement by audiences	受众做出的议题置换
psychological processes of audiences	受众的心理过程
rejection of media agenda by audiences	受众对媒介议程的拒绝

threshold of attention by audiences	受众关注的门槛
variables affecting audiences	影响受众的变量
bandwagon effects	跟风效应
behavior changes	行为变化
issues salience and Blacks	议题显著性和黑人
issue salience and Whites	议题显著性和白人
Brazilian famine	巴西饥荒
celebrities	名人
Chapel Hill(N. C.) Study	查普尔希尔(北卡)研究
Charlotte Observer	《夏洛特观察家报》
citizen advocacy	市民倡议
civil rights issues in public agenda	公共议程中的公民权利议题
development of issues from conflicts	议题在冲突中产生
policy agenda measurements through Congress	通过国会对政策议程的测量
content analysis	内容分析
Crack cocaine	“快克”可卡因
agenda-setting as process of democracy	作为民主过程的议程设置
designated drivers	指定的驾驶员
distributive issues	分配的问题
drug abuse	吸毒
drug abuse as reflected by media agenda	媒介议程所反映的吸毒问题
drunk driving	酗酒驾车
ECO (Earth Communication Office)	地球传播机构
economic issues in pubic agenda	公共议程中的经济议题
editorial gatekeeping	编辑的把关

education on drug abuse prevention	防止吸毒的教育
education within entertainment milieu	寓教于乐
EMA (Environmental Media Association)	环境媒体协会
entertainment media role in agenda-setting	娱乐媒体在议程设置中的作用
media agendas and environmental issues	媒介议程和环境问题
Ethiopian famine	埃塞俄比亚饥荒
pseudo events	假事件
trigger events	触发性事件
trigger events sparking agendas	触发议程的触发性事件
Extreme Concern Index (ECI)	极端关注的指标
measuring public agenda with ECI	以极端关注的指标测量公共议程
Exxon Valdez	爱克森瓦尔笛兹号
feedback loops	反馈环形圈
public agenda dominated by foreign affairs	外交事务问题占首要地位的公共议程
framing of issues	对诸问题设置框架
Gallup Polls	盖洛普民意测验
Gatekeeping by media	媒介的把关
influences affecting gatekeeping	对把关的影响
government issues	政府问题
government issues in public agenda	公共议程上的政府问题
Harvard Alcohol Project	哈佛大学禁止酗酒项目
highway safety	公路安全

HIV	人体免疫缺陷病毒
media indexes	媒介指标
intellectual boundaries	学术边界
international issues	国际问题
agenda-setting for international issues	国际问题的议程设置
interpersonal issues salience	人际议题的显著性
investigative reporting and policy agendas	调查性报道和政策议程
invisible college	无形的联络会
issue-attention cycle	议题关注的周期
issue proponents	议题的倡议者
issue proponents as news sources	作为新闻来源的议题倡议者
gateway access difficulties for issue proponents	议题倡议者面临的进入途径的困难
media organizations as issue proponents	作为议题倡议者的媒体机构
issues advocacy by citizen groups	市民团体的议题倡议
issues advocacy by individuals	个人的议题倡议
attention cycle on issues	对议题的关注周期
competition and displacement of issues	议题的竞争以及置换
correlations of issues by media	媒介对议题的并置对比
issues dominating public agenda	在公共议程上占首要地位的议题
familiarity with issues overrides media influence	对议题熟悉超越媒体的影响
local vs. national differences in issues	议题的地方性与全国性的差异
issues placement on policy agendas	在政策议程上放置议题

political ownership of issues	对议题的政治拥有权
power of issues	议题的权力
unresolved issues	悬而未决的议题
issue salience	议题的显著性
"Just Say No" campaign	"坚决说不"运动
media coverage on Love Canal	媒体对拉夫运河问题的报道
Making an Issue of Child Abuse: *Political Agenda Setting for Social Problems* (Nelson)	《虐待儿童议题的形成:社会问题的政治议程设置》(纳尔森)
agenda-setting functions of media	媒介的议程设置功能
agents of influence on media	对媒介影响的手段
aggregate impacts of media	媒体的聚合作用
media as public debate arena	作为公共辩论战场的媒体
credibility of media	媒体的公信力
indexes for studying content in media	媒体内容研究的索引
indirect vs. direct effects of media	媒体的直接与间接影响
informative vs. persuasive role of media	媒体的告知与说服作用
media issue framing and news value	媒体议题的框架与新闻价值
overexposure of issues by media	媒体对问题的过度披露
media power to influence	媒体的影响力
similarity of issue coverage among media	媒体间对议题报道的相似性
media advocacy	媒体倡议
media advocacy effects on public agendas	媒体倡议对公共议程的影响
AIDS and media agendas	艾滋病和媒介议程
media agendas correlations with policy agendas	媒介议程与政策议程的

	相互关系
media agendas correlations with public agendas	媒介议程与公共议程的相互关系
designated driver concept and media agendas	指定驾驶员概念与媒介议程
drug abuse and media agendas	吸毒与媒介议程
entertainment media role in media agendas	娱乐性媒体在媒介议程中的作用
experiments altering media agendas	更改媒介议程的实验
functions of media agendas	媒介议程的功能
media agendas influence on federal policy agenda	媒介议程影响联邦政府政策议程
real-world indicators and media agenda	真实世界的指标与媒介议程
time sequences of media agendas	媒介议程的时间顺序
trigger events sparking media agendas	触发媒介议程的触发性事件
variables affecting media agendas	影响媒介议程的变量
weighting media agendas	测量媒介议程
media framing	媒体的框架设置
MIP(most important problem)	最重要问题
measuring public agendas with MIP	以最重要问题来测量公共议程
Mothers Against Drunk Driving (MADD)	母亲们反对酗酒驾车组织
multimethod research on agenda-setting	议程设置的多方法研究
news industry	新闻产业/新闻界
artificial news	虚假的新闻
bias toward events over issues	对事件的偏爱甚于问题

framing of issues by news industry	新闻界对议题设置框架
importance of news industry in agenda-setting	新闻界在议程设置中的重要性
indexes of content in news industry	新闻界的内容索引
lack of feedback in news industry	新闻界反馈的缺乏
national media content affected by *New York Times*	《纽约时报》对全国性媒体内容的影响
paradigms of media effects	媒介影响的范式
Participation in American Politics: The Dynamics of Agenda-Building (*Cobb & Elder*)	《参与美国政治:议程建立的动态学》(科布以及埃尔德)
measuring perceived issue salience	测量意识到的议题显著性
policy agendas	政策议程
behavior changes from implementation of policy agendas	执行政策议程引起的行为变化
impacts of citizen advocacy on policy agendas	市民倡议对政策议程的影响
institutionalization of policy agendas	对政策议程加以机制化
international policy agendas	国际政策议程
investigative reporting and policy agendas	调查性报道与政策议程
issue placement on policy agendas	在政策议程上放置议题
measuring policy agendas	测量政策议程
media influence on federal policy agendas	媒体对联邦政府政策议程的影响
studies on process of policy agendas	研究政策议程过程
time sequences of policy agendas	政策议程的时间顺序

policy agenda for traffic safety	有关交通安全的政策议程
Politics Among Nations (Morgenthau)	《国家间的政治》(摩根索)
polling agendas	民调议程
public opinion polling	公众舆论的民意测验
power of media to influence	媒体的影响力
policy agendas and power	政策议程和权力
agenda-setting capability of President	总统的议程设置能力
election of President, United States	选举美国总统
President influence over media content	总统对媒介内容的影响
press	新闻界
priming	铺垫效果
propaganda	宣传
propaganda effects on public agendas	对公共议程的宣传效果
public agendas	公共议程
public agendas as zero-sum game	作为零和博弈的公共议程
public agendas correlations with media agendas	公共议程与媒介议程的相互关系
factors influencing public agendas	影响公共议程的诸因素
repetition of media messages and public agendas	媒介信息的重复与公共议程
time sequences of public agendas	公共议程的时间顺序
trigger events sparking public agendas	触发公共议程的触发性事件
variables affecting public agendas	影响公共议程的诸变量
public opinion	公众舆论
public opinion influences on policy making	公众舆论影响政策制定

lag factor between media coverage and public opinion	媒体报道和公众舆论间的迟滞因素
Pubic Opinion (Lippmann)	《舆论学》(李普曼)
public	公众
issue salience and race	议题显著性和种族
investigative reporting on rape	关于强奸的调查性报道
Ronald Reagan	罗纳德·里根
real-world indicators	真实世界的指标
measuring real-world indicators	测量真实世界的指标
time sequences and real-world indicators	时间顺序和真实世界的指标
unimportance of real-world indicators in setting media agendas	真实世界的指标在设置媒介议程时无关紧要
regulatory issues	调节性问题
traffic safety legislation in U. S. Senate	美国参议院的交通安全立法
salience	显著性
competition for salience	竞争显著性
salience differences among races	族际的显著性的差异
interpersonal issue salience	人际间议题的显著性
measuring salience	测量显著性
psychological processes of salience determining	确定显著性的心理过程
similarity among media salience	媒体之间显著性的相似性
AIDS media agenda in San Francisco	旧金山的艾滋病媒介议程
science agendas	科学议程
policy agenda-setting in Senate, U. S.	美国参议院的政策议程设置
social control issues in public agenda	公共议程中的社会控制议题

译 后 记

本书的翻译始于 2004 年“五一”长假之后，定稿于当年 10 月底。

本书得以由我翻译是与我的良师益友黄旦教授的鼎力相助分不开的。上世纪 90 年代后期，我在复旦大学撰写有关大众传媒和外交政策的博士论文时，黄兄就帮我从美国带回了相关的复印资料，使我首次接触到“议程设置”的相关研究成果。他在 2003 年春天又鼓励我到复旦大学新闻学院从事“国际传播与国际关系”方向的博士后研究；进站后随即推荐我翻译这本专著，以有助于进一步夯实我的传播学研究的理论基础。在本书的翻译过程中，我还有幸得到了张国良、祝建华和戴元光教授的指教以及郭中实教授的鞭策，司景新老师还帮我润色了译文初稿，对此，译者深表谢意！由于本人学术以及翻译水平有限，译文中会有错误之处，恳请方家批评指正。

倪建平

2008 年 10 月于天趣斋

附：英文原著

COMMUNICATION CONCEPTS

Agenda-Setting

James W. Dearing
Everett M. Rogers

Contents

Foreword

Each volume in the Communication Concepts series deals at length with an idea of enduring importance to the study of human communication. Through analysis and interpretation of the scholarly literature, specialists in each area explore the uses to which a major concept has been applied and point to promising directions for future work.

Agenda-setting is that rarity, a scholarly topic that was invented within the field of mass communication research. Both the term itself and a prototypic design for its empirical study date from an original article by Maxwell McCombs and Donald Shaw published *in Public Opinion Quarterly* in 1972. The phrase has become accepted in the popular literature. News analysts today take for granted that we know what they mean when they distinguish the media's agenda-setting power from more direct forms of political persuasion. More important, agenda-setting has proven highly provocative as a research concept, as the lengthy Suggested Readings section of this volume demonstrates.

James Dearing and Everett Rogers have organized this sprawling literature into major categories that, despite sharing a common name, are quite different in their purposes and in the kinds of research suggested. The authors draw a fundamental distinction between studies of the relative priorities among a set of public issues and the life history of a single issue as it competes for a high priority on the agenda. The first type of study was introduced by McCombs and Shaw, scholars with a primary interest in the role of the press in society. The second genre, typified by Rogers and Dearing's own work on public attention to AIDS, is more issue driven and theoretically akin to research on diffusion. This has become the more common approach, adapting the agenda-setting model to the work of mission-oriented agencies such as those dealing with public health problems.

These basic research formats have in turn spawned numerous offshoots, including field experiments on media effects, institutional studies of news judgments, and investigations of the role of public opinion in policy making. Dearing and Rogers provide an organized view of a lively domain of communication research, as illustrated by capsule descriptions of leading studies. We are given a close look at the scientific pursuit of an idea of both practical and theoretical import.

Steven H. Chaffee, *Series Editor*

Preface

We became involved in agenda-setting research in the mid-1980s when we carried out a critical review and synthesis of this topic, presented as a paper at the American Association for Public Opinion Research conference in 1986. We identified three main components in the agenda-setting process: (a) the media agenda, (b) the public agenda, and (c) the policy agenda. This framework was expanded into our 1988 chapter, "Agenda-Setting Research: Where Has It Been? Where Is It Going?" in *Communication Yearbook 11*. This review and critique was cited by half of the agenda-setting publications appearing since 1988 and appears to serve as a useful review for many scholars. This chapter was widely cited because it proposed that agenda-setting is best understood as a process of interaction among three types of agendas.

We then responded to one of our main criticisms of past agenda-setting studies by conducting an over-time study of the agenda-setting process for a single issue: AIDS in the United States (Rogers, Dearing, & Chang, 1991).

We continued our research, writing several articles and chapters about agenda-setting, and then presented invited papers at anniversary sessions of the 1992 American Political Science Association conference and the 1992 American Association for Public Opinion Research conference, celebrating the beginning of agenda research 20 years earlier. Now, both of us are doing new agenda-setting research, from macrolevel, cross-national comparisons to micro-level studies of communities and the issues important to them.

We are not founders of agenda-setting research, like communication scholars Max McCombs and Donald Shaw or political scientists Roger

Cobb and Charles Elder. We came into this research front during its second decade of empirical investigation and, along with other scholars, helped broaden the research approaches to agenda-setting. We have led in calling for alternative approaches to agenda-setting research, such as the shift from hierarchy studies of the public agenda to longitudinal investigations of one or a few issues. Any scholarly paradigm experiences a successive winnowing of investigative scope as scholars seek to explain and predict particular phenomena. Yet we think that a broader perspective about agenda-setting is most in keeping with the insightful perspectives of the forerunners of agenda-setting research: Walter Lippmann, Robert E. Park, Harold D. Lasswell, Herbert Blumer, Gabriel Almond, Daniel Boorstin, James Davis, E. E. Schattschneider, and Bernard Cohen.

Our students at Michigan State University and at the University of New Mexico are interested in the agenda-setting process as a means of understanding social change. Yet, despite the more than 350 publications about agenda-setting, there is no clear starting place for the student who wants a holistic introduction to this important topic. Here we provide a means to get acquainted with this growing and diverse literature about an exciting scholarly topic that offers explanations of how social change occurs.

Many scholars and students contributed to our perspective on the agenda-setting process, especially Maxwell McCombs, an anonymous reviewer, and the editor of this series, Steven H. Chaffee. We thank our colleagues Soonbum Chang, Dorine Bregman, Xiaoxing Fei, Wen-Ying Liu, and Judy Berkowitz for their help with our agenda-setting research over the past decade.

1. What Is Agenda-Setting?

The press may not be successful much of the time in telling people what to think, but it is stunningly successful in telling its readers what to think *about*.

Bernard Cohen (1963, p. 13)

The definition of the alternatives is the supreme instrument of power.

E. E. Schattschneider (1960, p. 68)

Every social system must have an agenda if it is to prioritize the problems facing it, so that it can decide where to start work. Such prioritization is necessary for a community and for a society. The purpose of this book is to help readers understand the agenda-setting process, its conceptual distinctions, and how to carry out agenda-setting research.

Agenda-Setting as a Political Process

What is agenda-setting? The *agenda-setting process* is an ongoing competition among issue proponents to gain the attention of media professionals, the public, and policy elites. Agenda-setting offers an explanation of why information about certain issues, and not other issues, is available to the public in a democracy; how public opinion is shaped; and why certain issues are addressed through policy actions while other issues are not. The study of agenda-setting is the study of social change and of social stability.

What is an agenda, and how is one formed? An *agenda* is a set of issues that are communicated in a hierarchy of importance at a point in time. Political scientists Roger Cobb and Charles Elder (1972/1983) defined an *agenda* in political terms as "a general set of political controversies that will be viewed at any point in time as falling within the range of legitimate concerns meriting the attention of the polity" (p. 14). Although we conceptualize an agenda as existing at a point in time, clearly agendas are the result of a dynamic interplay. As different issues rise and fall in importance over time, agendas provide snapshots of this fluidity.

Cobb and Elder (1972/1983) defined an *issue* as "a conflict between two or more identifiable groups over procedural or substantive matters relating to the distribution of positions or resources" (p. 32). That is, an issue is whatever is in contention (Lang & Lang, 1981). This two-sided nature of an issue is important in understanding why and how an issue climbs up an agenda. The potentially conflictual nature of an issue helps make it newsworthy as proponents and opponents of the issue battle it out in the shared "public arena," which, in modem society, is the mass media. The issues actually studied by agenda-setting scholars and reported in this volume, however, display the two-sided nature claimed by Cobb and Elder (1972/1983) only to a certain degree. For example, the abortion and gun-control issues seem to be definitely two-sided and conflictual. Certain other issues, such as the environment or drug abuse, seem to be more one-sided in that no one takes a public stand in favor of pollution or greater use of drugs. Even for these issues, however, issue opponents do exist who actively campaign for less attention and funding being given to an issue such as cancer prevention so that greater resources can be given to another issue that they are promoting on the national agenda. Yet there is another important aspect of an issue in addition to conflict. There are many social problems that never *become* issues even though proponents and opponents exist. Problems require exposure — coverage in the mass media — before they can be considered "public" issues.

Thus, we define an *issue* as a social problem, often conflictual, that has received mass media coverage. Issues have value because they can be used to political advantage (Ansolabehere & Iyengar, 1994). Although conflict is often what makes a social problem a public issue, as in the case of abortion, *valence issues* only have one legitimate side, such as drug abuse or child abuse (Baumgartner & Jones, 1993; Nelson, 1984). No one is publicly in favor of child abuse. For valence issues, proponents battle over how to solve the agreed-upon social problem and not whether a social problem exists.

The perspective of Cobb and Elder (1972/1983) and Lang and Lang (1981) that an issue is two-sided and involves conflict reminds us that agenda-setting is inherently a political process. At stake is the relative attention given by the media, the public, and policymakers to some issues *and not to others* (Hilgartner & Bosk, 1988). We can think of issues as "rising or falling" on the agenda or "competing with one another" for attention. *Issue proponents*, individuals or groups of people who advocate for attention to be given to an issue, help determine the position of an issue on the agenda, sometimes at the cost of another issue or issues. Agenda-setting can be a "zero-sum game" because space and time on the media agenda are scarce resources (Zhu, 1992a). But sometimes, a hot issue does not supplant coverage of other issues, especially related issues (Hertog, Finnegan, & Kahn, 1994).

An issue proponent might be a newsperson covering a famine in an African nation who shoots a spectacular 3½-minute news story in a refugee camp that is broadcast on U. S. evening television news. Because of the investment of time, effort, and firsthand experience, the reporter becomes a proponent of the famine as an important issue worthy of news attention and public concern. Attention to an issue, whether by media personnel, members of the public, or policymakers, represents power by some individuals or organizations to influence the decision process. The reporter covering the famine may have been influenced to shoot the story from a certain perspective because of discussions with a foreign government official who was frustrated with his or her country's lack of response to the famine. The visual power of the video footage, in turn, may influence an editor's decision about the relative importance of the famine news story in relation to other possible news stories. The news, when broadcast, influences millions of people in a variety of ways. Thousands of television viewers call an 800 telephone number to donate money and food. Some viewers work to change U. S. foreign policy about disaster relief to the African nation. A Senate staff member drafts legislation in the name of her boss. Hundreds of newspaper editors and other media gatekeepers decide that the famine deserves prominent news coverage. Several newspaper readers write letters to the editor to protest U. S. government food aid in the face of poverty in America. Thus, the famine becomes a two-sided issue. Within a few weeks, the very real but little-known famine problem is transformed into the "famine issue" and climbs to the top of the media agenda in the United States. The reporter gets a promotion.

The famine may continue to attract attention or it may not, depending on (a) competition from other issues, each of which has its proponents, and (b) the ability of proponents of the famine issue to generate new information about the famine so as to maintain its newsworthiness. So, whether we study television producers, interest group activists, or actions by U. S. senators, the process of influence, competition, and negotiation as *carried out by issue proponents* is a dynamic driving the agenda-setting process. Most communication scholars have not conceptualized agenda-setting as a political process.

A better understanding of the agenda-setting process lies at the intersection of mass communication research and political science. Agenda-setting can directly affect policy.

The issue of cigarette smoking is a dramatic example of the agenda-setting process. Prior to 1970, smoking was a major social problem in America, with millions of people dying of cancer. It was not, however, an important public issue. Then, over the next 25 years, 30 million Americans quit smoking! How did this problem become an issue? The antismoking issue got on public agendas (for instance, citizens groups lobbied for legislation to force the airlineindustry to ban smoking on all flights), on media agendas (fewer characters, both heroes and villains, now smoke in prime-time television shows), and on policy agendas (the city of Los Angeles pioneered in banning all smoking in restaurants, a policy that spread to other cities). The social norm against smoking became accepted as a result of *media advocacy*, the strategic use of the mass media for advancing a public policy initiative (Wallack, 1990). Issues previously perceived to be the problems of individuals ("I don't like it when people smoke while I am eating") are redefined as a public problem requiring governmental remediation ("Restaurants should be required to offer nonsmoking sections"). Successful media advocacy essentially puts a specific problem, framed in a certain way, on the media agenda. Exposure through the mass media allows a social problem to be transformed into a public issue.

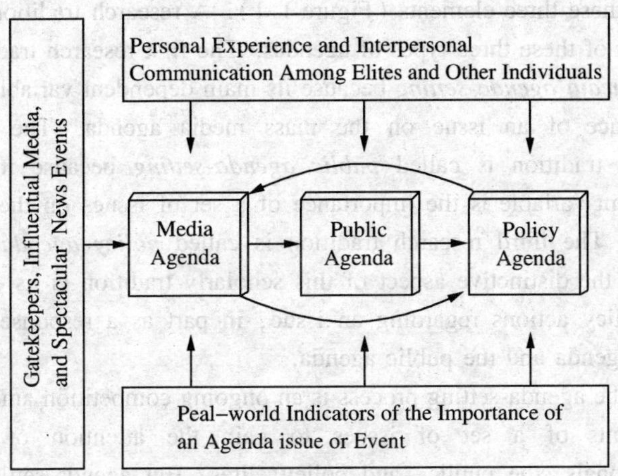

Figure 1.1. Three Main Components of the Agenda-Setting Process: The Media Agenda, Public Agenda, and Policy Agenda
SOURCE: Rogers and Dearing (1988).

Media personalities and organizations engage in issue advocacy. For example, will the aggressive overseas marketing by U.S. cigarette manu-facturers (that has led to more young smokers in Third World countries) become a public issue in the United States? Purposive attempts at agenda-setting by media personalities and organizations are often unsuccessful. Members of the U.S. media audience frequently reject the media's agenda of important issues. People "co-construct" what they see, read, and hear from the media with information drawn from their own lives (Neuman, Just, & Crigler, 1992) to create a meaning for some issue.

The Media Agenda, Public Agenda, and Policy Agenda

The agenda-setting process is composed of the media agenda, the public agenda, and the policy agenda, and the interrelationships among these three elements (Figure 1.1). A research tradition exists for each of these three types of agendas. The first research tradition is called *media agenda-setting* because its main dependent variable is the importance of an issue on the mass media agenda. The second research tradition is called *public agenda-setting* because its main dependent variable is the importance of a set of issues on the public agenda. The third research tradition is called *policy agenda-setting* because the distinctive aspect of this scholarly tradition is its concern with policy actions regarding an issue, in part as a response to the media agenda and the public agenda.

So, the agenda-setting process is an ongoing competition among the proponents of a set of issues to gain the attention of media professionals, the public, and policy elites. But agenda-setting was not originally conceptualized in this way.

The Chapel Hill Study[1]

The term *agenda-setting* first appeared in an influential article by Maxwell E. Mc'Combs and Donald L. Shaw in 1972, These scholars at the University of North Carolina studied the role of the mass media in the 1968 presidential campaign in the university town of Chapel Hill, North Carolina. For their study, they selected 100 undecided voters because these voters were "presumably those most open or susceptible to campaign information." These respondents were personally interviewed in a 3-week period during September and October 1968, just prior to the election. The voters' public agenda of campaign issues was measured by aggregating their responses to a survey question: "What are you *most* concerned about these days? That is, regardless of what politicians say, what are the two or three *main* things that you think the government *should* concentrate on doing something about?" (McCombs & Shaw, 1972). Five main campaign issues (foreign policy, law and order, fiscal policy, public welfare, and civil rights) were mentioned most frequently by the 100 undecided voters, thus measuring the public agenda.

The media agenda was measured by counting the number of news articles, editorials, and broadcast stories in the nine mass media that served Chapel Hill. McCombs and Shaw found an almost perfect correlation between the rank order of (a) the five issues on the media agenda (measured by their content analysis of the media coverage of the election campaign) and (b) the same five issues on the public agenda (measured by their survey of the 100 undecided voters). For instance, foreign policy was ranked as the most important issue by the public, and this issue was given the most attention by the media in the period leading up to the election.

McCombs and Shaw concluded from their analysis that the mass media "set" the agenda for the public.[2] Presumably, the public agenda was important in the presidential election because it determined who one voted for, although McCombs and Shaw did not investigate any behavioral consequence of the public agenda.

What was the special contribution of the Chapel Hill study of agenda-setting? The methodologies for measuring the two conceptual variables were not new: Both (a) content analysis of mass media messages and (b) surveys of public opinion about an issue were by then common in mass communication research. McCombs and Shaw's linking of the two methodologies to test public agenda-setting was not a new contribution either. Twenty years earlier, F. James Davis (1952) had combined content analysis, survey research, and "real-world" indicators in testing the public agenda-setting hypothesis (although Davis had not called the process "agenda-setting"). *A real-world indicator* is a variable that measures more or less objectively the degree of severity or risk of a social problem. McCombs and Shaw's contribution was in clearly laying out the agenda-setting hypothesis, in calling the mediapublic agenda relationship "agenda-setting," in suggesting a paradigm for further research, and in training many excellent students who went on to carry out agenda-setting research of their own.

Salience as the Key in Agenda-Setting

Abortion is a highly charged, very emotional public issue in the United States. Should abortion be a legal option for pregnant women? Or should abortion be illegal? Many scholars study public attitudes about abortion by surveying a sample of people. Other scholars study portrayals of abortion on television news to determine whether media coverage favors one viewpoint over another. But an agenda-setting scholar studying the abortion issue in the U. S. media would ask, "*How important* is the abortion issue on television news?" "That is, how does the abortion issue compare with other issues in the amount of news coverage that it receives?" "Why is the abortion issue in the news?" "Why now?" A scholar might also ask individuals in a public opinion survey: "What is the most important problem facing the United States today? How about abortion?"

Salience is the degree to which an issue on the agenda is perceived as relatively important. The heart of the agenda-setting process is when the salience of an issue changes on the media agenda, the public agenda, or the policy agenda. The task of the scholar of agenda-setting is to measure how the salience of an issue changes, and why this change occurs.

Rather than focusing on positive or negative attitudes toward an issue, as most public opinion research does, agenda-setting scholars focus on the salience of an issue. This salience on the media agenda tells viewers, readers, and listeners "what issues to think about." Research on the agenda-setting process suggests that the relative salience of an issue on the media agenda determines how the public agenda is formed, which in turn influences which issues policymakers consider. Control of the choices available for action is a manifestation of power. Policymakers only act on those issues that reach the top of the policy agenda.

History of Agenda-Setting Research

Thomas Kuhn's (1962/1970) book *The Structure of Scientific Revolutions* provides one means for understanding the background of agenda-setting research. Our focus is on how the paradigm for agenda-setting research was formed and the time sequence in which the main components of this paradigm were introduced as conceptual innovations (Table 1.1).

Kuhn argues that the model of the development of a scientific specialty begins when scientists in a field are attracted to a new paradigm as a focus for their research. A *paradigm* is a scientific conceptualization that provides model problems and solutions to a community of scholars (Kuhn, 1962/1970, p. viii; Rogers, 1983, p. 43). Kuhn says that a scientific specialty does not advance in a series of small incremental steps as hypotheses are proposed, tested, and then revised, thus furthering knowledge. Instead, science moves forward in major jumps and starts. Pronounced discontinuities occur as a revolutionary paradigm is proposed; it offers an entirely new way of looking at some scientific problem.

Table 1.1 Development of the Paradigm for Research on the Agenda-Setting Process

Theoretical and Methodological Innovations in Studying the Agenda-Setting Process	*Publication First Reporting the Scholarly Innovation*
1. Postulating a relationship between the mass media agenda and the public agenda	Walter Lippmann (1922)
2. Identifying the status-conferral function of the media, in which salience is given to issues	Paul F. Lazarsfeld and Robert K. Merton (1948/1964)
3. Stating the metaphor of agenda-setting	Bernard C. Cohen (1963)
4. Giving a name to the agenda-setting process	Maxwell McCombs and Donald Shaw (1972)
5. Investigating the public agenda-setting process for a hierarchy of issues	Maxwell McCombs and Donald Shaw (1972)
6. Explicating a model of the policy agenda-setting process	Roger W. Cobb and Charles D. Elder (1972/1983)
7. Initiating the over-time study of public-agenda-setting at a macro level of analysis, and investigating the relationship of real-world indicators to the media agenda	G. Ray Funkhouser (1973a)
8. Experimentally investigating public agenda-setting at a micro level of analysis	Shanto Iyengar and Donald R. Kinder (1987)

Famous examples are Copernicus's solar-centered universe, Einstein's relativity theory, Darwinian evolution, and Freud's psychoanalytic theory (most scientific paradigms are much less noteworthy than these examples).

Each new paradigm initially attracts a furious amount of intellectual activity as scientists seek to test the new conceptualization, either to advance the new theory or to disprove it. Gradually, over a period of time, an intellectual consensus about the new paradigm develops among scientists in a field through a verification process. Then, scientific interest declines as fewer findings of an exciting nature are reported. Kuhn (1962/1970) calls this stage "normal science."

Research becomes a kind of mopping-up operation. Eventually, a yet newer paradigm may be proposed, setting off another scientific revolution, when anomalies in the existing paradigm are recognized by the "invisible college"[3] of scholars investigating the scientific problem of study. Table 1.2 lists the paradigmatic history of agenda-setting research.

Table1.2 The Rise and Fall of the Paradigm for Agenda-Setting Research

Stages in Kuhn's (1962/1970) *Development of a Scientific Paradigm*	*Main Events in the Development of the Paradigm for Agenda-Setting Research*
1. Preparadigmatic work appears.	Robert E. Park's (1922) *The Immigrant Press and Its Control*, Walter Lippmann's (1922) *Public Opinion*, and Bernard Cohen's (1963) *The Press and Foreign Policy*
2. The paradigm for agenda-setting research appears.	Maxwell McCombs and Donald Shaw (1972) create the paradigm in their Chapel Hill study, which McCombs then follows up with further research over future years.
3. Normal science: An invisible college forms around the paradigm.	Some 357 publications about agenda-setting appear from 1972 through 1994, in which the paradigm is supported, and, in recent years, expanded in scope.
4. A decline in scholarly interest begins as the major research problems are solved, anomalies appear, and scientific controversy occurs.	This stage has not yet occurred for agenda-setting research.
5. Exhaustion, as scientific interest in the paradigm shifts to the newer paradigm that replaces it.	This stage has not yet occurred.

Robert E. Park, a sociologist at the University of Chicago from 1915 to 1935, and perhaps the first scholar of mass communication, conceived of media gatekeeping and implied what is today called the agenda-setting process:

> Out of all the events that happened and are recorded every day by correspondents, reporters, and the news agencies, the editor chooses certain items for publication which he regards as more important or more interesting than others. The remainder he condemns to oblivion and the waste basket. There is an enormous amount of news "killed" every day. (Park, 1922, p. 328)

Park was distinguishing between problems that become public issues and those that don't.

Walter Lippmann was a scholar of propaganda and public opinion who pioneered early thinking about agenda-setting. Among academics, this influential newspaper columnist and longtime presidential adviser is best known for his 1922 book *Public Opinion*, in which Lippmann wrote of "The World Outside and the Pictures in Our Heads." He argued that the mass media are the principal connection between (a) events that occur in the world and (b) the images of these events in our minds.

Lippmann did not earn a graduate degree at a university (although he did study at Harvard), he never taught a university class, and he never adopted the research methods or the theoretical perspectives of social science. Yet he was the single most influential writer about the role of the mass media in shaping public opinion, eventually setting off the research tradition on agenda-setting. Lippmann did not use the term agenda-setting, however (see Table 1.1); nor did he think that research was needed on this process.

Harold D. Lasswell, a political scientist at the University of Chicago, was one of the forefathers of communication study in the United States (Rogers, 1994). In a seminal 1948 chapter, Lasswell posed a five-part question that became a model for communication inquiry: *Who* says *what to whom* via *which channels* and with *what effect*? According to Lasswell, two of the most important functions that the mass media have in society are "surveillance" and "correlation." The surveillance function occurs when media newspeople scan their constantly changing information environment (alerted by police reports, announcements of local events, press releases, and such other sources as the Associated Press wire service) and decide which events should receive news attention. This weeding of potential stories via surveillance is now known as editorial gatekeeping (Shoemaker, 1991).

Lasswell's (1948) notion of the "correlation of the parts of society in responding to the environment" (p. 38) describes communication performing the vital function of enabling a living organism like a society to synchronize the importance accorded to an issue by its constituent parts (such as the mass media, attentive public groups, and elected officials). Lasswell (1948) wrote that mass media, public groups, and policymakers each have discrete "attention frames" or periods of time during which they pay attention to certain issues. Lasswell believed that the media play the critical role in directing our attention to issues. The result, he suggested, was a correlation of attention on certain issues at the same time by the media, the public, and policymakers. This idea was seized upon by McCombs and Shaw (1972) as the "agenda-setting function of the mass media."

Forty years after publication of Lippmaun's *Public Opinion* and 15 years after Lasswell's seminal chapter, a political scientist, Bernard Cohen, inspired by the work of Schattschneider (1960), further advanced the conceptualization of agenda-setting. Cohen (1963) observed, as we noted at the top of this chapter, that the press

> may not be successful much of the time in telling people *what to think*, but it is stunningly successful in telling its readers *what to think about*. ... The world will look different to different people, depending... on the map that is drawn for them by writers, editors,

and publishers of the [news] paper they read. (p. 13, italics added)

Cohen thus expressed the metaphor that led to agenda-setting research (see Table 1.1).

Agenda-setting was, however, still simply a theoretical idea, yet unnamed. The 1972 study by McCombs and Shaw set off a research paradigm that was adopted mainly by mass communication scholars, and to a lesser extent by political scientists, sociologists, and other scholars. The paradigm offered a new way to think about the power of the mass media. Prior to 1972, the dominant scholarly approach in mass communication research was to look for the direct effects of media messages in changing the attitudes of individuals in the audience. However, few such directional media effects were found. Many early mass communication scholars (a number of whom had been newspaper journalists before they earned PhDs) believed that the mass media affected the public in important ways, but the empirical research findings of that time only indicated minimal media effects and did not support their personal convictions. This anomaly led to dismay with the paradigm of directional media effects and, as Kuhn (1962/1970) would predict (see Table 1.2), led to a search for a new paradigm.

The McCombs and Shaw article, with a spectacularly high rank-order correlation of +.98 between the salience of the five issues on the media agenda and their corresponding salience on the public agenda, provided empirical evidence that matched the scholars' beliefs about the power of the mass media. The media effects were cognitive rather than persuasive (which seemed reasonable to communication scholars with media experience, as newspapers should inform, giving both sides of an issue, rather than seek to persuade individuals in the audience of one position).

The McCombs and Shaw (1972) article is by far the most widely cited publication by agenda-setting scholars. Agenda-setting is one of the most popular topics in mass communication research, with about a dozen publications appearing each year for the past several decades. The paradigmatic study by McCombs and Shaw provided one means of empirically testing the media agenda-public agenda relationship, and thus of exploring an alternative paradigm to that of directional media effects. Their seminal article led not only to a proliferation of agenda-setting studies but to a wide variety of conceptual and methodological approaches. For the first 15 years or so after 1972, the invisible college of agenda-setting scholars were in Kuhn's "normal science" phase, in which most empirical studies build incrementally on previous work. In the 1970s, however, agenda-setting scholars began to break out of their rather stereotyped mold of conducting one-point-in-time content analyses of the media agenda and audience surveys of the public agenda (Shaw & McCombs, 1977; Weaver, Graber, McCombs, & Eyal, 1981). Later, some scholars traced a single issue (drug abuse or the environment) over time as a time-ordered process. Other scholars (Iyengar & Kinder, 1987) conducted laboratory experiments of the public agenda-setting process at the micro level of the individual (see Table 1.1). Respondents viewed doctored videos of evening television news broadcasts in which extra material was spliced in about a particular issue. As a result, the respondents subsequently ranked that issue higher on their agenda.

The Search for Media Effects

What attracts scholars to investigate agenda-setting? One main reason for the interest of mass communication researchers is that the agenda-setting paradigm appeared to offer an alternative to the scholarly search for directional media effects on individual attitudes and overt behavior change. Earlier mass communication research had found only limited media effects, which seemed counterintuitive to many mass communication researchers, especially to those who had previously worked in the mass media (Maxwell McCombs and Donald Shaw had both been newspaper reporters). Further, the early mass communication PhD graduates felt that the purpose of the media was mainly to inform rather than to persuade. So they looked for cognitive effects, like the agenda-setting process, in which people are primed concerning what issues to think about. Many of the agenda-setting publications by mass communication researchers stated their main justification as an attempt to overcome the limited-effects findings of past mass communication research. For example, Maxwell McCombs (1981a) stated in an over-view:

> Its [agenda-setting's] initial empirical exploration was fortuitously timed. It came at that time in the history of mass communication research when disenchantment both with attitudes and opinions as dependent variables, and with the limited-effects model as an adequate intellectual summary, was leading scholars to look elsewhere. (p. 121)

Many mass communication scholars were initially attracted to agenda-setting research as an alternative to looking for individual-level directional media effects, which had often been found to be minimal. Essentially, public agenda-setting research investigates an *indirect* effect ("what to think about") rather than a direct media effect ("what to think"). So the agenda-setting paradigm came along just when mass communication scholars were dismayed with their previous model of direct media effects, exactly as Thomas Kuhn (1962/1970) predicted should happen in a scientific revolution. The new paradigm sent mass communication researchers in the direction of studying how media news coverage affected an issue's salience, rather than directional media effects.

Recently, the contribution of agenda-setting research to under-standing mass media effects was assessed:

> Despite important shortcomings, the agenda-setting approach has contributed to a more advanced understanding of the media's role in society. ... It has helped to change the emphasis of mass communication research away from the study of short-term attitudinal effects to a more longitudinal analysis of social impact. This is no small contribution. (Carragee, Rosenblatt, & Michaud, 1987, p. 42)

The agenda-setting effect is not the result of receiving one or a few messages but is due to the aggregate impact of a very large number of messages, each of which has a different content but all of which deal with the same general issue. For example, for 4 years after the first AIDS cases were reported in the United States (in 1981), the mass media carried very few news stories about the epidemic. The issue of AIDS was not yet on the media agenda, nor was the U. S. public very fully aware of the AIDS issue, so national poll results indicated. Then, in mid-1985, two news events (movie actor Rock Hudson's death from AIDS, and the refusal by the schools of Kokomo, Indiana, to allow a young boy with AIDS, Ryan White, to attend classes) suddenly led to a massive increase in media coverage of the AIDS issue. For example, six major media in the United States dramatically increased their coverage of AIDS from an average of 4 news stories per month to 15 news stories. The issue of AIDS climbed near the top of the national media agenda in early fall 1985. Almost immediately, public awareness of the epidemic increased until, in a few months, 95% of U. S. adults knew about AIDS and understood its means of transmission (Rogers et al., 1991).

In addition to the directional media effects tradition out of which it grew as an alternative, public agenda-setting research is related to the following research fronts:

1. Bandwagon effects (O'Gorman, 1975), through which knowledge of the public's opinion about some issue influences

other individuals toward that opinion

2. The spiral of silence (Noelle-Neumann, 1984), through which the perception of majority opinion about an issue mutes the expression of alternative opinions
3. Social movements (Blumer, 1971; Gamson, 1992), through which people act collectively to see that solutions to social problems emerge and eventually are implemented
4. Propaganda analysis (e. g., Lasswell, 1927), through which persuasive messages shape public opinion
5. The diffusion of news events (DeFleur, 1987; Deutschmann & Danielson, 1960), the process through which an important news event such as the 1986 *Challenger* disaster or Magic Johnson's announcement that he had contracted HIV (the human immunodeficiency virus) is communicated to the public — usually such spectacular news events spread very rapidly to the public
6. Entertainment-education and Hollywood lobbying strategies (Montgomery, 1989, 1993; Shefner & Rogers, 1992), through which an educational issue such as drunk driving or the environment is purposively placed in entertainment messages within prime-time television shows or popular music
7. Media advocacy (Wallack, 1990), through which media coverage of a prosocial issue, such as the health threat of cigarette smoking, is purposively promoted
8. Media gatekeeping (Shoemaker, 1991), the process through which an individual controls the flow of messages through a communication channel (examples of media gatekeepers are a newspaper editor and a television news director)
9. Media-system dependency (Ball-Rokeach, 1985), in which mass media organizations are influenced by the environment of other organizations and institutions, thus affecting the messages that are communicated through the media

Intellectual boundaries are necessary for researchers to make sense of a topic of study and for a cumulative advance in understanding a research problem. Intellectual boundaries also inhibit learning between scholars working in different paradigms. The intellectual boundaries around the agenda-setting tradition should be broken down for a more comprehensive understanding of how social change occurs. Conflict, controversy, and negotiation (concepts that political scientists and international relations scholars use in understanding policy agenda-setting) could advance our grasp of the role of proponents on media, public, and policy agendas. Media agenda research demonstrates the interrelationships of a particular media organization with events in the larger social system of which it is a part. To influence the issues that get on a media organization's news agenda is to exercise *power*, the use of social influence. Understanding how democracy works can be better achieved by studying the power of issues rather than the issue of power. Thus, agenda-setting investigations have mainly been conducted by scholars of mass communication and of political science.

Three Research Traditions

Scholarly work on the agenda-setting process has evolved over the past 20 years as two distinct research fronts. One dealt mainly with *public* agenda-setting. The 1972 study by Maxwell McCombs and Donald Shaw set off this research tradition, which has been mainly conducted by mass communication scholars. More than 100 publications report empirical investigations of the relationship between the media agenda and its corresponding public agenda.

Generally unrelated to this stream of mass communication research on public agenda-setting is a research tradition on *policy* agenda-setting, mainly carried forward by political scientists and sociologists. Here the key question for political scientists such as John Kingdon (1984) is, "How does an issue get on the policy agenda?" and for sociologists such as Herbert Blumer (1971), "How does collective behavior coalesce around social problems?" Occasionally, they explicitly focus on the mass media by asking, "How may the mass media directly influence the policy agenda?" (Linsky, 1986). Because they recognize the role of networks of people who are linked together through concern about common issues, sociologists and political scientists have increasingly focused on the mobilization of resources by groups of people to affect policy change (Gamson, 1975; Lipsky, 1968; McCarthy & Zald, 1977).

How the *media* agenda is set has only been investigated in fairly recent years. Our review shows fewer than 20 such publications. "Agenda-setting research has consistently accepted the media agenda as a given without considering the process by which the agenda is constructed" (Carragee et al., 1987, p. 43). A variety of factors, including personality characteristics, news values, organizational norms and politics, and external sources affect the decision on "what's news" (Gans, 1979). Recent investigations show that (a) the *New York Times*, (b) the White House, (c) scientific journals, and (d) public opinion polling results play a particularly important role in putting an issue on the U. S. media agenda. These influential agenda-setters function to keep issues off the national agenda by ignoring them.

Measuring Agendas

Public, media, and policy agendas, and real-world indicators, are typically measured as follows:

1. The public agenda is usually measured by public opinion surveys in which a sample of individuals is asked a question originally designed by George Gallup: "What is the most important problem facing this country today?" The aggregated responses to such an MIP (most important problem) question indicate the relative position of an issue on the public agenda. For example, in 1989, 54% of a national

sample of Americans said that drugs were the most important issue facing America; 2 years later, this number dropped to only 4%, as the "War on Drugs" was pushed down the agenda by other issues.

2. The media agenda is usually indexed by a content analysis of the news media to determine the number of news stories about an issue or issues of study (e. g., the War on Drugs). The *number* of news stories measures the relative salience of an issue of study on the media agenda. Audience individuals presumably judge the relative importance of an issue on the basis of the number of media messages about the issue to which they are exposed. Historically, the public agenda was measured first (the MIP question was first asked by George Gallup in 1935). The content analysis measure of the media agenda was derived by McCombs and Shaw (1972) and Funkhouser (1973a) as a parallel to the MIP measure of the public agenda, focusing similarly on issues.

3. The policy agenda for an issue or issues is measured by such policy actions as the introduction of laws about an issue, by budget appropriations, and by the amount of time given to debate of an issue in the U. S. Congress. Measures of the policy agenda vary from study to study much more than do measures of the media agenda or of the public agenda, which are fairly standard.

4. Real-world indicators are often conceptualized by agenda-setting scholars as a single-variable indicator, such as the number of drugrelated deaths per year or the unemployment rate. Such real-world indicators are commonly accepted indexes of the severity of a social problem. Certain scholars constructed a composite real-world indicator made up of several component measures of an issue's severity. An example is Ader's (1993) real-world indicator for the environmental issue in the United States, which included variables for air pollution, oil spills, and solid waste (this study is reviewed in Chapter 2).

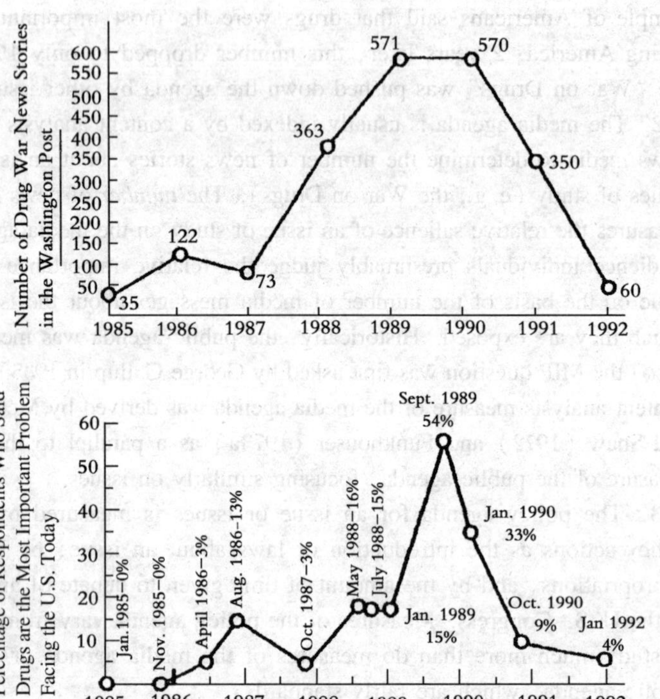

Figure 1.2. The Drug Issue on the U.S. Media Agenda (above) and on the Public Agenda (below)

SOURCE: Based on various sources.

Certain agenda-setting studies seek to understand the temporal dynamics of the agenda-setting process by analyzing the relationships between the media agenda, the public agenda, the policy agenda, and real-world indicators over time rather than cross-sectionally (at one point in time). In such longitudinal studies, a qualitative over-time method such as participant observation or a quantitative over-time method such as time-series analysis may be used. Several different data-gathering methods may be used in conjunction to ensure that measures are (a) valid (i.e., the scholar is really measuring what he or she intends to measure) and (b) reliable (the same conclusions would be reached with other methods or by other scholars). Such multiple measurement of concepts is called *triangulation*, a topic to which we shall return as multimethod research (see Chapter 6).

The Rise and Fall of the War on Drugs[4]

The issue of drug abuse rose gradually on the media agenda and the public agenda in the United States during the mid-1980s, with the drug-related death of basketball star Len Bias in 1986 and First Lady Nancy Reagan's "Just Say No" campaign propelling the drug issue up the national agenda (Danielian & Reese, 1989). Education about drug abuse prevention became a $2 billion a year "industry," with much of the funding coming from the federal government. The "real-world indicator" of the number of drug-related deaths per year, however, actually *decreased* during the 1980s (Kerr, 1986)! Nevertheless, the drug issue peaked on the public agenda in September 1989, when the *New York Times*-CBS News Poll found that 54% of the U. S. public said that drug abuse was the most important problem facing the nation (Figure 1.2). By January 1992, 28 months later, only 4% of the U. S. public felt that drugs were the number one problem facing the nation. What explains this rapid rise and fall of the drug issue on the public agenda?

The media were reacting in part to a particular type of "real-world indicator": The use of cocaine in dangerous forms such as crack (Shoemaker, 1989, p. 4). Crack is smoked instead of snorted, creating a more immediate and more intense effect on the individual user. Crack cocaine is more addictive. Although crack had been used by some individuals in the United States for several years prior to 1986, it became more widely used in 1986.

Adam Weisman (1986), a Washington, D. C. journalist, in a *New*

Republic article titlied, "I Was a Drug-Hype Junkie," wrote: "For a reporter at a national news organization in 1986, the drug crisis in America is more than a story, it's an addiction — and a dangerous one" (p. 14). Why and how did the drug problem suddenly command so much media attention in 1986? Both the *New York Times* and the White House helped set the media agenda for the drug issue. The *New York Times* assigned a reporter to cover illegal drugs full-time in November 1985, shortly after the Reverend Jesse Jackson vistied Abe Rosenthal, then the newspaper's executive director, to stress the drug problem. The *Times* carried its first front-page story about crack cocaine on November 29, 1985 (Kerr, 1986). When the *Times* considers an issue newsworthy, other U. S. media are influenced to follow suit.

The death of All-American basketball star Len Bias on June 19, 1986, had a strong impact on the national agenda because he played for the University of Maryland: "The death of the young basketball player, in particular, had a startling impact on the nation's capital, where Maryland is virtually a home team" (Kerr, 1986, p. 1). On the day of his death, Bias had signed a professional contract with the Botston Celtics for $6 million. The death of such a promising young basketball player humanized the drug issue. The media responded to the death of Len Bias and to White House influences with a "crack attack": Much of the media coverage dealt with the new, more dangerous way of ingesting cocaine.

Media coverage of crack cocaine increased sharply in 1986. *Time* magazine devoted five 1986 cover stories to the crack crisis. CBS News with Dan Rather broadcast a dramatic two-hour documentary, "48 Hours on Crack Street." The media used words like *crisis*, *plague*, and *epidemic* to describe the drug problem in America, The Associated Press annual survey of editors rated the drug problem as the ninth most important news story of 1986.

Did the extensive and sensationalistic media coverage of the drug problem influence public opinion? Shoemaker, Wanta, and Leggett (1989) found that the percentage of the American public saying that drugs was "the most important problem facing America today" in 43 Gallup Polls from 1972 to 1986 was positively correlated with the amount of media coverage given to the drug issue a few months prior to each poll. An April 1986 national poll sponsored by the *New York Times* and CBS News found that 3% of American adults considered drugs to be the nation's most important problem. Five months later, in August 1986, following the intense media coverage of the death of Len Bias and the public campaigns organized by the National Institute on Drug Abuse (including its "Just Say No" campaign led by First Lady Nancy Reagan), 13% of American adults said that drugs were the nation's most important problem (Kerr, 1986). Three years later, in September 1989, 54% of the public rated drugs as the number one problem facing America (see Figure 1.2).

The intense media coverage of drugs influenced both public opinion and policy decisions. From 1981 to 1987, federal funding for antidrug law enforcement tripled, from $1 billion to $3 billion. An additional $5 billion was spent in 1987 by state and local law enforcement agencies, about one-fifth of their total budget. Federal funding for drug abuse prevention programs increased through the National Institute for Drug Abuse (NIDA), the Office of Substance Abuse Prevention (OSAP), the U. S. Department of Education, and the U. S. Department of Justice (to local police departments for D. A. R. E. training — 5 million schoolchildren were trained in these drug abuse prevention programs by 1990).

So the agenda-setting process for the drug issue in the mid-to late 1980s can be characterized as one in which the issue climbed to a high priority on the media agenda, then shot up the public agenda, and finally climbed the policy agenda, without any increase in the real-world indicator of the overall drug problem in the United. States. Although an increase occurred in the abuse of one cocaine derivative, crack, other, equally harmful itypes of drug abuse declined.

Why did the drug issue drop down the public agenda after 1989? Media over exposure may be one reason; the heavy media coverage of the drug issue may have led the public to think that the problem was being handled by the government. Also, drugs were pushed down the national agenda by other issues, especially America's economic difficulties in the 1980s and the 1991 Gulf War.

The rise and fall of the drug issue on the national agenda in the late 1980s suggests that the agenda-setting process for this issue was a social construction, bearing little relationship to the objective indicator of deaths due to drugs in the United States. This social construction of the drug issue was mainly driven by the mass media.

Summary

The *agenda-setting process* is an ongoing competition among issue proponents to gain the attention of media professionals, the public, and policy elites. An *issue* is a social problem, often conflictual, that has received media coverage. Agenda-setting can be a zero-sum game in that space on the agenda is a scarce resource, and so a new issue must push another issue down the agenda to come to attention. We see agenda-setting as a political process in which the mass media play a crucial role in enabling social problems to become acknowledged as public issues.

Our model of the agenda-setting process consists of three main components: (a) the media agenda, which influences (b) the public agenda, which in turn may influence (c) the policy agenda. *Salience* is the degree to which an issue on the agenda is perceived as relatively important. The key question for agenda-setting scholars is why the salience of an issue on the media agenda, public agenda, and policy agenda increases or decreases. The public agenda is often measured by public opinion surveys in which individuals are asked what the most important question facing the nation is, and less often by studying the over-time activities of social movements, grassroots organizing, and consumer groups. The media agenda is usually measured by a content analysis of media news coverage of an issue or issues. The policy agenda is measured by such policy actions as the introduction of new laws about an issue, budget appropriations, and other legislative decisions.

A fourth variable has often been studied in agenda-setting investigations: a *real-world indicator*, defined as a variable that measures more or less objectively the degree of severity or risk of a social problem. Such objective indicators as the number of annual traffic deaths or the rate of inflation have generally been found to be relatively unimportant in putting an issue on the media agenda. Salience on the media agenda usually boosts an issue on the public agenda, as people take cues from the amount of media coverage to judge the salience of an issue (the public agenda).

Notes

1. This case illustration is based on Maxwell E. McCombs and Donald L. Shaw (1972).

2. However, two immediate retests of the media agenda-public agenda hypothesis using different research designs from McCombs and Shaw found only moderate support (McLeod, Becker, & Byrnes, 1974; Tipton, Haney, & Baseheart, 1975). Our meta-research of 92 empirical studies of the media agenda-public agenda relationship found support for the McCombs-Shaw hypothesis in 59 studies, about two

thirds of the investigations.

3. An *invisible college* is the informal network of scholars who are often spatially dispersed but who investigate the same paradigm (Crane, 1972; Price, 1961).

4. This case illustration is adapted from a variety of sources but draws especially on the book edited by Pamela J. Shoemaker (1989).

2. *Media Agenda Studies*

The mass media *confer* status on public issues, persons, organizations and social movements.

Paul F. Lazarsfeld and
Robert K. Merton (1948/1964, p. 101)

As the above quotation from Lazarsfeld and Merton states, the media confer attention on both people and issues. Communication scholars since 1948 have given most attention to status conferred by the media to people. For example, introductory textbooks in mass communication frequently provide the example of how appearing on the cover of *Time* magazine confers star status on an individual. But the other statusconferral function of the media, calling attention to an *issue*, is much more important in understanding how American democracy works. This can happen in round about ways. For example, in November 1995, CBS lawyers prohibited Mike Wallace of *60 Minutes* from airing an interview with a tobacco industry whistle-blower. The corporation's action led to a flurry of news stories by other mass media organizations, all of which raised the problem (of risk-averse decision making in mass media organizations due to the influence of corporate lawyers) to "issue status."

The agenda-setting process begins with an issue climbing the media agenda. What puts an issue on the media agenda? In the first decade or so of agenda-setting research, this question was relatively unexplored by communication scientists. Scholars took the media agenda as a given as they investigated the media agenda-public agenda relationship. Then, at the 1980 International Communication Association meeting, Steve Chaffee pointed to the important question of how the media agenda was set. Shortly, communication research began on this topic, especially in the new single-issue studies of agenda-setting that emerged in the 1980s (see Chapter 4).

Understanding the wide array of influences on mass media decision makers as media agenda-setting is attractive to scholars because of the theoretical rationale that agenda-setting brings to other paradigms that have evolved for studying influence, such as the role of salience cues and responses to them by media gatekeepers, the sociology of work in news organizations, and how news and entertainment sources seek to appeal to the values and practices of mass media personnel to gain attention. The sources of news are (as we suggested in Chapter 1) issue proponents, for the purpose of pushing a cause, promoting a vision or value system, or publicizing an organization. Benefits of getting on mass media agendas also accrue to individuals through recognition and reward.

Research also has shown that the U. S. president and the *New York Times* are important in setting the media agenda for national issues. Congress is able to set the media agenda to a lesser degree (Goodman, 1994), and real-world indicators are often not important. Do these research findings mean that media advocacy is futile, or that media advocates can only push an issue up the media agenda by influencing the chief executive to give a speech about the issue or to get a news story about the issue on the front page of the *New York Times*? Not for the issue of drunk driving, as the following case illustration of the Harvard Alcohol Project shows.

Media Advocacy for Drunk Driving[1]

Jay A. Winsten is Professor of Public Health in the Center for Health Communication of the Harvard School of Public Health. In the mid-1980s, Winsten traveled to Stockholm to study Sweden's drunk driving policies. He became especially interested in the idea of the "designated driver": When several Swedes go out drinking together, they select one of their number to serve as their non-drinking chauffeur.

Soon thereafter, a popular Boston television news anchor was killed by a drunk driver, leaving a wife and young child as survivors. An outpouring of grief at the funeral, attended by many Boston-area newsperaons, led Winsten to launch a media campaign in Boston for the designated driver concept. A couple of years later, in 1987, Winsten asked Frank Stanton, former president of CBS and an adviser to Harvard's Center for Health Communication, to telephone Grant Tinker, a former NBC network executive who headed a Hollywood television studio, about launching a national designated driver campaign. Tinker in turn called or wrote each of the television production studio heads in Los Angeles, urging them to meet with Winsten.

During 1988, Winsten made numerous trips to Los Angeles, where he met personally with scriptwriters and executive producers of prime-time television shows, urging them to incorporate the concept of the designated driver in an episode or at least to mention the idea. Winsten spent 25 workweeks in Hollywood, promoting the Harvard Alcohol Project. The first annual designated driver campaign began in November 1988, with the episodes broadcast over the Thanksgiving-Christmas-New Year's holidays, a period of particularly heavy drinking in America.

Winsten's style of media advocacy is based on the *entertainment-education strategy*, the placing of subtle educational messages in entertainment programs rather than lecturing or preaching about an educational point. The advantages of the designated driver idea were shown through the behavior of role models on prime-time television series. One advantage is that a large audience is exposed to the educational message, which is acted out by the characters in the entertainment program. For example, on April 12, 1989, ABC aired a shocking episode of its popular situation comedy *Growing Pains*. A teenage boy, after having several drinks, was seriously injured in a drunk driving auto crash. The youth promises, from his hospital bed, not to drink and drive again, thankful for a "second chance." In the episode's dramatic ending, the teenager dies (without a second chance). The age of the television character was important: Alcohol-related traffic deaths are the leading cause of fatalities for individuals ages 15 to 24.

Television scriptwriters inserted drunk driving prevention messages into such top-rated television programs as *Cheers*, *L. A. Law*, and *The Cosby Show*. Over the next 4 years, the Harvard Alcohol Project caused 140 prime-time television programs to include subplots, scenes, and dialogue about the designated driver. Thirty complete episodes focused on the designated driver. The three television networks also aired frequent public service announcements (PSAs) during prime-time hours, encouraging the use of the designated driver idea. The Harvard Alcohol Project annually received more than $100 million worth of network airtime, while costing only $300,000 (these funds were contributed by grants from private foundations).

Public opinion polls conducted since the first designated driver campaign show a wide acceptance of the concept. Roper polls found that 37% of Americans reported in 1991 that they had actually been a designated driver. Some 28% of alcohol drinkers have been driven home by a designated driver. In the first 4 years of the annual designated driver campaigns, alcohol-related traffic fatalities declined by approximately 20%, compared with a 0% decline in the three years immediately preceding the first designated driver campaign in 1988. Part of this decline probably was due to the Harvard Alcohol Project.

Why was the media advocacy by Jay Winsten successful in promoting the designated driver concept?

1. The annual designated driver campaigns built on important social changes already under way in the United States. The federal government and a powerful private organization, MADD (Mothers Against Drunk Driving), had already instigated a strong movement against drunk driving in the early 1980s (Reinarman, 1988). Social problems that are portrayed or framed in terms of issues about which people are already thinking are more likely to be noticed and perceived as relevant. This selective nature of human perception means that the timing of information campaigns by issue proponents is important.

2. The designated driver campaign was spearheaded by a prestigious institution, Harvard University. Winsten capitalized on the credibility of Harvard in various persuasive ways, rewarding Hollywood officials and scriptwriters with Harvard paperweights and other insignia when the designated driver concept appeared in their television shows.

3. The Harvard Alcohol Project was a top-down campaign with strong support from respected industry leaders. Frank Stanton and Grant Tinker were television heavyweights. Top-down, centralized campaigns are often ineffective when cooperation with individuals and grassroots organizations is necessary to carry out a campaign, Here, no bottom-up "buy-in" was necessary for the campaign to occur.

4. The Harvard Alcohol Project attacked drunk driving, but it did not oppose alcoholism or the sale of alcoholic beverages, whose advertising is a very important source of income for the television industry.

The Harvard Alcohol Project has implications for agenda-setting researchh. Entertainment media and advertising (such as the PSAs for the designated driver concept) can play a role in agenda-setting along with the news media. Past communication research has looked only at the amount of *news* coverage given an issue. Further, Jay Winsten's designated driver campaign suggests that a media advocate working as an issue proponent can boost an issue up the media agenda, especially if the advocate has a marketable "product" (in this case, the designated driver concept), knows powerful people, and has several hundred thousand dollars to spend.

Real-World Indicators and the Media Agenda

As defined previously, a *real-world indicator* is a variable that measures more or less objectively the degree of severity or risk of a social problem. Examples of real-world indicators are the number of alcoholrelated traffic fatalities as well as unemployment and inflation rates. Most issues have potential indicators of their objective severity or risk as a social problem. Often, the indicator is a single variable. For certain issues that have several dimensions, such as the environment, a multiple-variable measure must be developed.

Christine Ader (1993) constructed a real-world indicator for the general environmental degradation problem in the United States by combining (a) air pollution, measured as the amount of sulfur oxides, nitrogen oxides, carbon monoxide, and total suspended particulates, measured in million metric tons per year; (b) oil spills in million metric tons; and (c) solid waste, measured in million metric tons disposed of per year. Her total pollution index summed these three components, with the total expressed in million metric tons. This real-world indicator displays a rather consistent decrease from 1970 through 1990. It is, however, *negatively* related (r =

-.796) with the media agenda (measured by the amount of media coverage of the environmental issue on a year-by-year basis for the 20 years of study). In other words, as the problem of pollution decreased, media coverage of the issue increased!

Other researchers also have found no relationship, or a negative correlation, between real-world indicators and the media agenda. Consider the "War on Drugs" in the late 1980s, which, as mentioned in Chapter 1, occurred despite a long-term downward trend in deaths due to drugs. A key event in the agenda-setting process for the drug issue occurred in 1985 when the Reverend Jesse Jackson, head of the Rainbow Coalition and an aspiring presidential candidate, talked with the chief editor of the *New York Times* about the seriousness of the drug issue for black inner-city youth (see Chapter 1). Shortly thereafter, the *New York Times* "discovered" the drug issue, and numerous news stories about drugs appeared in the *Times*. Meanwhile, the number of drug-related deaths in the United States was actually decreasing during the 1980s. But with the drug overdose death of All-American basketball player Len Bias, the drug issue was framed by the U. S. media not as a matter of death rates but as one of human tragedy. Trends in a statistical index do not necessarily make a very dramatic news story compared with pictures of a sobbing mother at her son's grave.

The drug issue in the 1980s was a stark example of how the agenda-setting process can operate independently of real-world indicators. The drug problem of America in the 1980s was a kind of natural experiment in the social construction of an issue. Drugs were a serious problem, and they continue to be, as measured by objective indicators. Were this not the case, drugs could not have climbed the national agenda in the 1980s. So, a real-world indicator is neither a necessary nor a sufficient cause for an issue to climb the agenda. Certainly, an increase in a rate measure like the number of drunk driving deaths in America or drug-related deaths per year is not enough alone to boost an issue up the agenda. Agenda-setting often comes from a human tragedy like the death of a celebrity or from a spectacular news event like the U. S. government closing down for a few days due to a budget crisis (as happened in 1996). And an issue's boost up the agenda is often due to the efforts of an issue proponent like Jay Winsten, whether we know of their work or not. Real-world indicators alone seldom put an issue on the media agenda.

AIDS and the Media Agenda in San Francisco[2]

During the first decade following the May 1981 outbreak of the epidemic, the San Francisco media carried more stories about acquired immunodeficiency syndrome (AIDS) than did the media serving any other U. S. metropolitan area. Why did the issue of AIDS rise to the top of the San Francisco media agenda? And does a local agenda-setting process differ from a national agenda-setting process?

Compared with other U. S. cities, San Francisco's population is liberal and progressive and displays a "live-and-let-live" philosophy with tolerance for diverse lifestyles. These qualities made San Francisco a magnet for gay men in the mid-1970s. In 1974, police harassment of gays was halted by the city government (Fitzgerald, 1986). This "coming of rights" was important for the already large gay and lesbian population of the City by the Bay. San Francisco became a place where gays could publicly declare their sexual orientation without fear of reprisal. Word spread in gay newspapers across the United States that San Francisco was *the* place in which to live. Between 1974 and 1982, approximately 5,000 gays per year moved to the city. New arrivals settled in "the Castro," a one-by one-half-mile district, making it the major center of gay life in America. The 1982 gay population of San Francisco was estimated at

100,000; 40% of all men in San Francisco were gay. This population was the most formidable voting bloc in San Francisco.

In early 1981, the San Francisco medical community became aware of a strange immunity problem of otherwise healthy gay men. Gay medical doctors responded quickly by joining with the San Francisco Department of Public Health to trace the first signs of the AIDS epidemic. A bitter controversy swirled around a Department of Public Health plan to close local bathhouses to limit the spread of AIDS. Many gays in San Francisco interpreted the health authorities' attempts to stop the spread of the human immunodeficiency virus as a violation of their individual civil rights. Angry protests against closing the baths were supported by local gay newspapers, in which the bathhouses were heavy advertisers. This controversy made AIDS the number one political issue in San Francisco in the early 1980s, several years before AIDS became an important issue on the national agenda.

Why did the issue of AIDS climb the San Francisco media agenda? The major influences were (a) the highest rate of HIV infection of any North American city; (b) a strong commitment to the issue by several local journalists; (c) the network of gays and medical professionals who organized for self-help, such as by forming nonprofit organizations for HIV/AIDS prevention; (d) the political importance and economic affluence of gays in the city; and (e) a mayor and a city council who provided major funding for AIDS prevention, research, testing, and treatment. The political controversy between conservative gays, who interpreted AIDS as a threat to their personal rights, and liberal gays, who interpreted AIDS as a public health crisis, added political conflict to a medical mystery — story angles that the city's journalists found irresistible.

As a result, San Francisco was the first city in the world where the problem of HIV transmission and AIDS got on the agenda and became a public issue. Here, the real-world indicator of AIDS cases and the media agenda rose together, connected by a set of inter-mediary factors (political, demographic, and media related) that were unique to San Francisco. The importance of citizen organizing and grassroots advocacy — the attentive and active public working to boost an issue that they have mobilized around — was of key importance in this local case. When active people organize into advocacy "issue networks" (Heclo, 1978), especially at local levels, organized publics can have more impact than mass media on policy agendas (Schweitzer & Smith, 1991).

Influencing the Media Agenda

Researchers have investigated a variety of influences on the mass media, including the role of advertisers, public relations staff, technical sources of information such as scientists, and other media. As shown in Chapter 1's Figure 1.1, certain prestigious media and specific news events play particularly important roles in boosting an issue up the media agenda. Examples of this point are provided in our case illustrations.

The *New York Times* is generally regarded as the most respected U.S. news medium. When the *Times* indicates that an issue is newsworthy, other U.S. news organizations take note. When producers and editors at television stations, radio stations, newspapers, and, to a lesser degree, newsmagazines sit down to decide which stories will receive the most time, the best placement, and the biggest headlines that day, they often have checked first to see what decisions the editors at the *Times* have made about the same issues. The *New York Times* news service conveys the next day's front-page stories to thousands of other newspapers, broadcasting stations, and other media institutions late each day, thus influencing the next morning's headlines and news priorities. Evidence of the agenda-setting power of the *New York Times* has been provided by various investigations. The news of the toxicological disaster at Love Canal was covered regularly by the daily newspapers of Buffalo and Niagara Falls, New York, for more than a year, but outside of the immediate area, no one paid much attention to the dangerous health effects of the underground chemical wastes on the families living in the Love Canal area. Then this issue was reported in a news story appearing on the front page of the *New York Times*. Immediately, state and federal health and environmental agencies sprang into action, launching programs to assist Love Canal residents. The issue of Love Canal then received major attention by the U. S. media for several months (Ploughman, 1984).

Media coverage of radon, a radioactive gas that can reach dangerous levels in a home's basement, displayed a similar pattern to that for Love Canal. The radon problem, originally concentrated in New Jersey and Eastern Pennsylvania, regularly received front-page coverage by the *Philadelphia Inquirer* and other local media. But radon did not get on the national media agenda. Then, after a year or so, a news story about radon appeared in the *New York Times*. The radon issue suddenly gained national media attention and climbed the public agenda, and state and federal programs were launched (Mazur, 1987).

As described in Chapter 1, the War on Drugs began climbing the media agenda after the Reverend Jesse Jackson pointed out this social problem to a senior editor of the *New York Times*. Within a year of the *Times's* discovery of the drug issue, a famous basketball star died from a drug overdose, and the War on Drugs was on its way to the top of the national agenda. In contrast, the newspaper did *not* give much media coverage to the issue of AIDS until several years after the first AIDS cases were diagnosed in 1981 (see Chapter 4). This lack of coverage by the *New York Times* kept the AIDS issue from climbing the media agenda in the United States (Roger et al., 1991).

Why is the *New York Times* so influential in the agenda-setting process in the United States? One reason is that newspeople operate in a special kind of environment, without much contact with their audience members. So they take their clues about an issue's priority from other media. "Journalists communicate with an audience they cannot see or hear. It is a one-way conversation. They operate in a professional world inhabited mainly by news sources, public-relations specialists, and other journalists" (Neuman et al., 1992, p. 3).

The *New York Times* is one gateway for an issue onto the national media agenda. For most issue proponents, it is a tough gateway to get through. The White House is another very selective gateway. The U. S. president can help put an issue on the national agenda by giving a major policy address about it. In the case of AIDS in the 1980s, President Reagan helped delay the rise of the epidemic on the media agenda simply by ignoring it. As shown later in this chapter, federal expenditures for AIDS-related research, prevention, and treatment posed a threat to President Reagan's attempts to cut the domestic budget. The White House ignored the epidemic for as long as it could, a delay that probably led to the loss of many human lives.

The way in which the media frame an issue also determines whether it climbs the media agenda or falls back down. For instance, AIDS was originally framed by the media as a gay issue, as many of the first individuals to contract AIDS were gays. Initially, AIDS was called "GRID," for "Gay-Related Immunodeficiency Syndrome." It was soon realized, however, that the virus could be transmitted by blood transfusions, by heterosexual contact, and by sharing drug needles as well as by homosexual contact. Then the media framed the AIDS problem as mainly affecting certain segments of the U. S. population, but not as a threat to everyone. Such framing of the issue affected the news value of the epidemic in the early 1980s.

Similarity of Media Coverage of an Issue

Given the daily cross-checking by editors at different media organizations, you would expect communication scholars to have found a high degree of similarity between how one mass medium covers an issue and the amount of coverage given to the same issue by other media, and they have. An illustration of this point is provided by the way in which three national newspapers and the three U. S. television networks covered the Ethiopian famine (described in Chapter 4). The six distributions of the number of news stories about this disaster over time are strikingly similar (Figure 2. 1). The evening television programs carried about half as many news stories as did newspapers, but the over-time distribution of television coverage was almost identical to that of newspaper coverage. Figure 2. 1 shows that the Ethiopian famine shot up the media agenda immediately after NBC broadcast a 3½-minute news film about the starving people in Ethiopia on October 23, 1984. This issue remained on the media agenda for the next year or two, although with a gradual falling off in news coverage, until the Ethiopian famine dropped off the media agenda entirely in 1989.

Note that the six national media were not necessarily saying exactly the same thing about the famine (although the media usually generally agree in how they frame a particular issue). But the media agreed on the news value of the Ethiopian drought, indicated by the relative number of news stories they devoted to this issue on a day-to-day basis.

This is intermedia agenda-setting at work. In addition to daily cross-checking of each other's prioritization of stories, there is a high degree of similarity in professional values among national newspeople. Almost all graduated from university schools of journalism and mass communication, where they took similar courses, read similar textbooks, and experienced similar internships in media institutions. Many of these national newspeople then worked together at one time or another during their careers. There is a high degree of job mobility in the news media. So, it is hardly surprising that national newspeople generally agree on the news value accorded a particular issue.

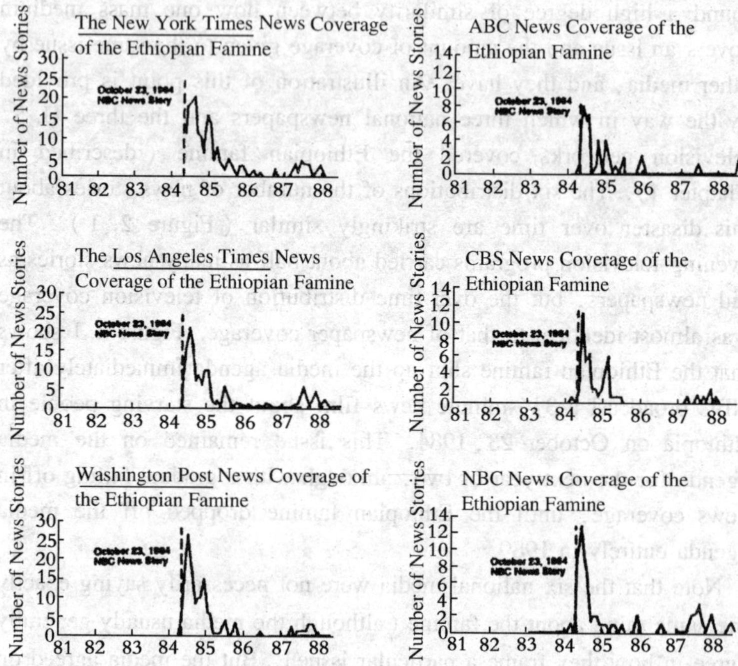

Figure 2. 1. Three U. S. Newspapers Covered the Ethiopian Famine With a High Degree of Consistency in the Issue's Salience Over Time, as Did the Three U. S. Television Networks

SOURCE: Rogers and Chang (1991). From *Risky Business*, reproduced by permission of Greenwood Publishing Group, Inc., Westport, CT.

Measuring the Media Agenda

Content analysis is the quantification of meaning in documents. Meaning may be both manifest (that is, obvious) or latent (implied or inferred). A content analyst develops different measurement procedures depending on the type of meaning to be measured. For agenda-setting studies, media content is usually operationalized as *the number* of some countable unit, such as the number of story column inches in a set of newspapers, the number of front-page stories an issue receives, or the number of seconds about an issue during a year of TV newscasts. Often, the number of news stories about an issue of study is counted for a particular period of time, usually the several months prior to the measurement of the public agenda, by means of a poll or survey. The several months are needed because a lag factor usually occurs between media coverage and its impact on public opinion, as Eyal (1979), Eyal, Winter, and DeGeorge (1981), and Stone and McCombs (1981) found. In an over-time study of the agenda-setting process for a single issue, media coverage of the issue is usually tabulated for each month. In the case illustration of the agenda-setting process for the AIDS issue (in Chapter 4), Rogers et al. (1991) content-analyzed the number of news stories about AIDS in three national newspapers and three television networks during 91 months in the 1980s. Then, they compared this media agenda index with poll data on the public agenda, federal expenditures for AIDS programs, and other variables on a month-by-month basis.

Notice that in typical agenda-setting research, just the *number* of news reports about an issue are counted, not the exact *content* of these news stories. So, the media agenda is a rather gross indicator of the coverage accorded an issue. Repetition sets the public agenda through the continual hammering away of the media on the same issue. Of course, each news story about the issue of study is a variation on a theme, as each story describes some particular facet of the broad issue.

Studying the content within stories allows us to better understand the agenda-setting process. For instance, Rogers et al. (1991) counted the number of news reports about each of 13 themes of the issue of AIDS (such as scientific discoveries, mandatory testing for HIV/AIDS, famous people with AIDS, and children with AIDS). They found that themes rose and fell at different times. Together, this meant that it was these different story themes that enabled the overall issue of AIDS to remain high on the media agenda for 5 years in a row.

Typically, issues do not stay important on the media agenda for very long. Finding, counting, and coding thousands of stories, let alone analyzing the meaning of each story, is a very tedious task. Many scholars of agenda-setting cope with this information overload by using an index that is available for certain media of study. For example, the *Los Angeles Times Index* classifies all of the news articles and editorials that are published each year in the *Los Angeles Times*, providing the day of publication and the page number of that day's paper on which the news item appeared. Originally, this index was created to assist *Times* newspeople in locating past coverage of an issue. Say that a *Times* reporter is writing a news story about the death of tennis star Arthur Ashe due to AIDS. The reporter wants to read how the *Times* covered the earlier death of Rock Hudson. Thus, the reporter would consult the *Los Angeles Times Index* to identify such news coverage, and then read the news articles, which are stored on microfiche. This index, and the similar indexing service provided by other major newspapers, is a tremendous labor-saver for agenda-setting scholars.

An index is also available for ABC, NBC, and CBS evening television news programs, along with CNN newscasts. This index is produced by the Vanderbilt Television News Archive at Vanderbilt University in Nashville, and it identifies the topic of each television news story, the order in which it appeared in a particular program, and its length in minutes and seconds. This archive also keeps videotapes of all newscasts. They will sell you tapes of the newscasts for a certain issue as listed in their index. University Microfilms, in Minnesota, produces indexes for many U. S. newspapers.

The usefulness of media indexes as measures of the media agenda to scholars of the agenda-setting process depends upon how the medium's news stories were originally classified by the medium's indexers. Do the indexers who create the *Los Angeles Times Index* conceptualize issues in the same way that agenda-setting scholars do? Moreover, when we use indexes, our data can only be as accurate as the accuracy of the indexes themselves.

In Japan, Takeshita (1993) measured the media agenda for a small city by content-analyzing each line of the news articles appearing in the city's four main newspapers. These newspapers had quite different circulation rates, ranging from 44% of the households down to 2%. Accordingly, the media coverage of seven issues for each newspaper was weighted by the newspaper's circulation. Such weighting of the media agenda makes sense, but it is not clear whether the weighted media agenda was that much different from an unweighted media agenda. One reason not to weight elements in a media agenda is that it adds to the information overload faced by a scholar of the agenda-setting process.

In recent years, the tiring "eyeball" methods of content analysis of the media agenda are being replaced by use of computer software that can count stories, identify words in text when they appear together (this is called "co-word analysis"), and even assist the researcher in qualitative analysis of text. Instead of poring over thousands of pages of old newspapers, the contemporary scholar of the media agenda may instead choose to devise a set of computer commands in which the parameters of a computer search are carefully defined.

The Exxon *Valdez* and the Environment[3]

Twenty years after the environmental movement of the late 1960s, this issue again got on the national agenda in 1989, Compared with other national issues, the 1990s environmental issue was unique in the Sense that it was multifaceted, including such subissues as ozone depletion, loss of rain forests, air and water pollution, endangered species, and recycling. Further, the ultimate source of information about the environment consists mainly of scientists, which means that scientifically based knowledge must be translated to the public. The environmental crisis, if it is to be solved, must be solved through the everyday actions of the mass public.

Prior to the 1989 Exxon *Valdez* oil spill, several real-world indicators suggested that a gradual worsening of the global environment was occurring. Scientists detected a growing hole in the ozone layer protecting the earth, and measured a gradual warming of the earth. Such real-world indicators of environmental problems were reported by the news media, scientific conferences were held, and heads of state discussed national environmental problems. But these real-world indicators of environmental degradation were gradual and long term. They did not put the environment on the national agenda.

On March 24, 1989, the Exxon *Valdez* tanker ran aground in Alaska's Prince William Sound, spilling 11 million gallons of crude oil into an ecologically fragile coastline area. The 987-foot tanker was headed for Long Beach, California, with a cargo of Alaska North Slope crude oil. The largest oil spill in U. S. waters rapidly spread across an area larger than the state of Rhode Island. The Exxon *Valdez* was under the command of Captain Joseph Hazelwood, who, at the time his ship ran aground, was resting below deck, allegedly under the influence of alcohol.

The magnitude of the Exxon *Vatdez* disaster was headline news for many weeks following the spill. Television and print media carried photographs of the ocean blackened with oil, dead sea birds, and whimpering sea otters fighting for their lives. The disaster was a highly visual news story, perfect for television coverage. Wildlife damage, estimated 2 years after the spill, consisted of 580,000 dead birds (including 144 bald eagles), 22 whales, 5,500 sea otters, and

1,200 miles of Alaska coastline coated with crude oil. The oil spill received massive media coverage.

Environmental organizations, community groups, and politicians appealed to the public via the media to boycott all Exxon products. Exxon credit card holders were urged to cut their credit cards in half and send them to the corporation. More than 18,000 credit cards were returned to Exxon headquarters. In addition to the major *news* attention given to the Exxon *Vatdez* incident and to the environmental crisis, *entertainment* media also gave increased attention to the environmental issue, in part as a result of the activities of two Hollywood lobbying organizations. EMA (Environmental Media Association) seeksto get the environmental crisis mentioned in U. S. television series and films. Another environmental lobbying organization, ECO (Earth Communications Office), was also founded in 1989. ECO organized a study trip to the Amazon rain forest led by actors John Ritter and Tom Cruise. Like EMA, ECO conducts fund-raising and other events to influence the Hollywood creative community to portray environmentally aware behavior and to give continued visibility to the environmental issue.

The massive media attention given to the Exxon *Valdez* incident and to other aspects of the environmental crisis convinced the U. S. public that the environment was an important issue facing the nation. The impacts of this disaster over the following months adversely affected the Exxon Corporation, boosted the environmental issue on the media agenda and the public agenda in the United States, and helped dramatize the environmental movement, leading to widespread behavioral changes on the part of the U. S. public. The March 1989 oil spill was the trigger event[4] that put the environmental issue on the media agenda, the public agenda, and the policy agenda. This spectacular event gave sudden symbolic significance to the scientifically documented social problem that had been gradually worsening for many years.

Summary

We ask a central question in this chapter: What puts an issue on the media agenda? We conclude that real-world indicators are sometimes a necessary but certainly not a sufficient explanation of media agenda-setting. Two institutions have been found to play a particularly crucial role in media agenda-setting for many national issues in the United States: the *New York Times* and the White House. Thereafter, the amount of news coverage given to an issue over a period of time by various mass media is very similar. The media agenda-setting process for an issue usually is sparked by a trigger event, such as the 1989 Exxon *Valdez* oil spill in the case of the environment issue.

Notes

1. This case illustration is based on Kathryn Montgomery (1993, pp. 178-202) and Craig Reinarman (1988) as well as several personal discussions with Jay A. Winsten.

2. This case illustration draws on research conducted in San Francisco by the authors since 1986; see especially James W. Dearing and Everett M. Rogers (1992).

3. This case illustration is based on Conrad Smith (1993) and various other sources.

4. A *trigger event* is a cue-to-action that occurs at a point in time and serves to crystallize attention and action regarding an issue's salience.

3. *Public Agenda Studies*: *The Hierarchy Approach*

Apparently the average person takes the media's word for what the [issues] are, whether or not he personally has any involvement or interest in them.

G. Ray Funkhouser (1973b, p. 538)

To say that they set the agenda is to claim both too much and too little for the media of mass communication.

Gladys Engel Lang and Kurt Lang (1981, p. 465)

The *public agenda* is the public's hierarchy of issues at a certain point in time. Two types of agenda-setting research have been conducted on the public agenda: (a) hierarchy studies, in which all of the main issues on the public agenda at a certain point in time are investigated, and (b) longitudinal studies, in which an agenda-setting scholar investigates the rise and fall of one or a few issues over time. These two types of research are quite different, and we treat them in separate chapters. The multipleissue hierarchy studies are reviewed in this chapter, and the longitudinal studies of one or a few issues are analyzed in the following chapter.

Agenda-setting research got started with a hierarchy study. Maxwell McCombs and Donald Shaw (1972) gathered data about five main issues in their Chapel Hill study. It did not matter to these scholars exactly what the issues were in the 1968 presidential election. McCombs and Shaw wanted to explore the degree of isomorphism between the hierarchy of the five issues on the public agenda of their 100 undecided voters versus the relative amount of news coverage of these issues. In contrast, a longitudinal study of agenda-setting is usually driven by a scholar's interest in the over-time process of agenda-setting. Scholars who focus on a single issue typically ignore important information, such as the way in which the rise and fall of other issues may have affected the priority of the issue they are studying on the public agenda.

So, there are strengths and weaknesses of both the hierarchy and the longitudinal approaches to studying public agenda-setting.

The Issues of the 1960s[1]

At the same time that McCombs and Shaw (1972) were carrying out their classic agenda-setting study in Chapel Hill, G. Ray Funkhouser, a new PhD from Stanford University who was Assistant Professor of Communication at Pennsylvania State University, published an article reporting a quite different kind of agenda-setting study. Neither Funkhouser nor McCombs and Shaw were aware of each other's investigations until they presented both papers at the American Association for Public Opinion Research (AAPOR), the professional association of public opinion scholars. The two papers were both later published in AAPOR's journal, *Public Opinion Quarterly*.

How was Funkhouser's (1973a) issue-hierarchy approach to agenda-setting research different from McCombs and Shaw's (1972) Chapel Hill study? Like the North Carolina scholars, Funkhouser measured the multiple issues both on the media agenda and on the public agenda, and then correlated the priority of the issues on the two agendas. Unlike the North Carolina study, however, which dealt with the media agenda and the public agenda in one community, Funkhouser investigated these two agendas for the entire United States. He found the media agenda and the public agenda to be highly correlated, thus generalizing the McCombs-Shaw research results.

This generalizability was a very important finding at the time. Naturally Funkhouser's data were much more aggregated in nature than the McCombs-Shaw data.

Funkhouser (1973a) noted that in the 1960s, a number of new issues appeared on the national agenda, perhaps because of social unrest and protest. The rank order of the 14 issues studied by Funkhouser on the media agenda was indexed by the number of news articles in three weekly newsmagazines (*Time*, *Newsweek*, and *U. S. News*) as classlfied by the *Readers Guide to Periodical Literature*. The 14 issues were rank-ordered on the public agenda by Gallup Polls in which Americans were asked to name the most important problem facing the nation (Table 3.1).

Table 3.1 The Rank Orders of the Media Agenda and the Public Agenda in Ray Funkhouser's Study

Issue	*Media Agenda* (*number of news articles*)	*Public Agenda* (*most important problem*)
1. Vietnam War	1st	1st
2. Race relations and urban riots	2nd	2nd
3. Campus unrest	3rd	4th
4. Inflation	4th	5th
5. Television and mass media (including portrayals of violence, and other criticisms)	5th	12th (tie)
6. Crime	6th	3rd
7. Drugs	7th	9th
8. Environment and pollution	8th	6th
9. Smoking and health	9th	12th (tie)
10. Poverty	10th	7th
11. Sexual revolution	11th	8th
12. Women's rights	12th	12th (tie)
13. Science and society	13th	12th (tie)
14. Population growth	14th	12th (tie)

SOURCE: Funkhouser (1973a).

Table 3. 1 shows that the rank order of issues on the media agenda and on the public agenda were very highly correlated. This result confirms the McCombs and Shaw (1972) findings, gener-alizing them (a) from a single community to the nation and (b) from a several-month period in the 1968 presidential election to a decade.

Next, Funkhouser (1973a) analyzed the relationship of the media agenda and the public agenda on a year-by-year basis for eight issues for the period from 1964 to 1970 (when the most adequate data on the most important problem question were available). "The amount of media coverage for an issue during a given year is clearly related to whether or not it shows up as an important problem in the Gallup Poll" (Funkhouser, 1973a, p. 67). Note that Funkhouser was analyzing time as a variable in the agenda-setting process.

Finally, in a very important pioneering step in agenda-setting research, Funkhouser correlated the year-by-year media agenda for the 14 issues of the 1960s with real-world indicators for each issue. He was the first scholar to investigate the role of real-world indicators in agenda-setting. Funkhouser (1973a) found what most other scholars have discovered since: "The news media did not give a very accurate picture of what was going on in the nation during the sixties" (p. 73). This general lack of a one-to-one relationship of media coverage with real-world indicators occurred (a) because of "artificial news," called "pseudo-events" by Boorstin (1961), in which news events such as civil rights demonstrations and Earth Day are staged to create news coverage of an issue, and (b) because an issue eventually ceased to be perceived as "news" after extensive media coverage. For instance, media coverage of the Vietnam War peaked in 1966, 2 years before the peak in the real-world indicator of the number of American troops in Vietnam (Figure 3. 1). Newspeople, and the American public, may eventually have grown oblivious to claims of Vietcong body counts and television pictures of Vietnam villages being destroyed.

Funkhouser (1973a) pointed out, however, that "these issues all had some basis in reality — that is, there was a war, the crime rate did rise, the value [of the dollar] did drop, and so forth" (p. 73).

Previously, in Chapter 2, we discussed (a) the general lack of correspondence between the media agenda and real-world indicators and (b) how an issue rises in the agenda-setting process through a social construction of the issue by newspeople and by the public. Funkhouser could also have explored the relationship of the public agenda and real-world indicators, as we have done with his data (in Figure 3.1) for the issue of the Vietnam War.

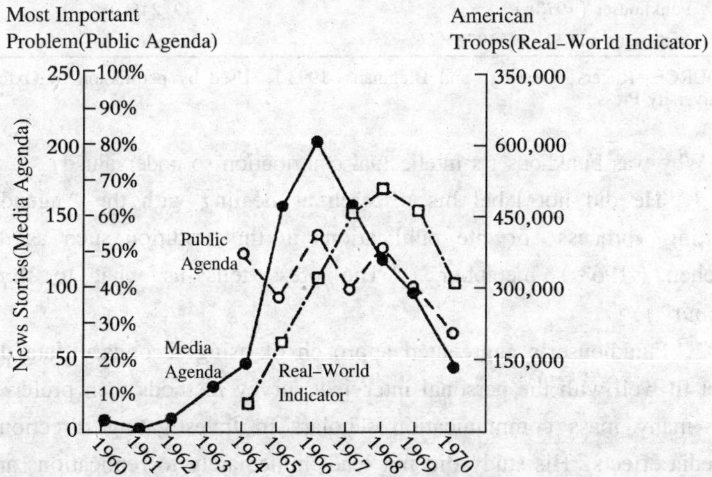

Figure 3.1 The Media Agenda, the Public Agenda, and a Real-World Indicator for the Issue of the Vietnam War in the 1960s

SOURCE: The data shown here are taken from Funkhouser (1973a, 1973b). Used by permission of the University of Chicago Press.

NOTE: The media agenda rises and falls ahead of the real-world indicator, while neither appears to be very highly related to the public agenda, on a year-by-year basis.

Given that Funkhouser's study was so pioneering and so highly creative in its design, why isn't he, rather than Max McCombs and Donald Shaw, considered the founder of agenda-setting research? After all, here are two articles on the same new scientific topic, published in the same journal, appearing in almost the same year! Citations to these two journal articles by other scholars of agenda-setting are quite different (Table 3.2).

Table 3.2 The Number and Percentage of Citations to Two Classic Articles by Other Agenda-Setting Scholars

Two Pioneering Publications on Agenda-Setting	*Number of Citations*
1. Funkhouser (1973a)	49(24%)
2. McCombs and Shaw (1972)	115(56%)

SOURCE: Rogers, Dearing, and Bregman (1993). Used by permission of Oxford University Press.

Why was Funkhouser's intellectual contribution so undervalued?

1. He did not label his research as dealing with the "agenda-setting" process, or cite publications in this tradition such as the Cohen (1963) metaphor ("The press tells us what to think *about*").[2]

2. Funkhouser's aggregated approach of using secondary data did not fit well with the personal interview survey methods then preferred by many mass communication scholars in investigating directional media effects. His study did not lead immediately to replications and to other types of follow-on research, as did the McCombs and Shaw piece.

3. Unlike Maxwell McCombs and Donald Shaw, Ray Funkhouser did not continue to conduct agenda-setting research himself or influence his students to do so. McCombs and Shaw wrote, co-wrote with each other, or cowrote with others a total of 32 publications on agenda-setting (about 9% of the total literature on this topic).

Measuring the Public Agenda

The public agenda is usually measured by means of a special kind of question in a public opinion poll. The usual public opinion poll asks for a respondent's attitude toward a particular issue. For example, a poll question might be, "How do you feel toward abortion?" or "What is your opinion about health care reform?" The special type of opinion poll question asked to index the public agenda usually takes the form: "What do you think is the most important problem facing this country today?" (Smith, 1980). This question (and minor variations of it) has been asked by the Gallup Poll some 200 times since World War II; it was first asked in a Gallup Poll back in 1935.

The MIP (most important problem) data show that five broad categories of national issues dominate the public agenda in the United States.

1. *Foreign affairs issues*, including war fears, military preparedness, and space, generally dominate the public agenda in the United States, averaging 40% to 50% of the MIP responses by the public from 1946 to 1976 (Smith, 1980).

2. *Economic issues* consist of inflation, unemployment, labor, and so on.

3. *Social control issues*, such as crime, violence, and moral decline, rose to importance in the late 1960s and early 1970s with race riots and campus unrest, and then continued at a modest level centered on fear of crime (Smith, 1980).

4. *Civil rights issues* became quite important in the mid-1960s but then were pushed down the public agenda by the Vietnam War.

5. *Government issues*, such as corruption, lack of leadership, and inefficiency, maintained a fairly low position on the national agenda, except at the time of the Watergate scandal in 1974, when this category constituted 23% of the MIP responses (Neuman, 1990;

Smith, 1980; Zhu, 1992a).

In addition to these five main issue categories, a specific issue such as health care or defense spending may rise to a high position on the public agenda for a brief period. But for most of the 20-year time period analyzed by Smith (1980), the four broad issues of foreign affairs, economic issues, social control, and civil rights topped the public agenda, with foreign affairs dominant. A time-series study of the public agenda over 40 years found that whereas the number of issues that constitute the American public's agenda has not changed, the substance of those issues has diversified, leading to a shorter average duration during which any one issue remains on the public agenda (McCombs & Zhu, 1995). These scholars conclude that more rapid turnover of issues on the public agenda may be evidence of a more segmented American society.

Gallup Poll data allow looking at differences in issue priorities by the characteristics of respondents. These differences in the MIP responses, however, are minor when compared with the issue priorities over time, which are mostly explained by historical events (e.g., the Vietnam War, Watergate, and the civil rights movement). Differences by type of respondent, when they do occur, are what one would expect. For example, black Americans and people living in the South ranked civil rights as an especially important problem facing the nation in the mid-1960s.

The MIP over the years has become the most widely used index of the public agenda at the national level. Even when agenda scholars are conducting their own interview survey of an audience to measure the public agenda in an issue-priority study, rather than using the Gallup Poll data, they frequently ask an MIP-type question. What are the advantages of the Gallup MIP as a measure of the public agenda? For one thing, the question does not suggest issue responses to the respondent, due to its open-ended nature. Imagine, in comparison, a set of closed-ended questions; for example, "How important is unemployment as an issue facing this country today? The environment? How about crime?" Obviously, one would have to ask a number of such questions, instead of just one, and there would always be the danger of overlooking some issue that might be on the public agenda. Further, closed-ended questions inevitably convey a high degree of suggestibility to respondents.

A further advantage of the MIP question is that it has been asked so consistently for so many years by the Gallup Poll that its future dominance for indexing the public agenda seems assured. Why change the wording of the question and lose comparability with the previous decades of MIP data?

There are several shortcomings of the MIP measure, however. For example, *facing America* are key words in the Gallup Poll question. As Funkhouser (1973a) noted:

> About the only way that people would estimate the most important problem *facing America* would be to take their cues from the media. The correspondence between news articles and public opinion … may be nothing more than the public's regurgitating back to the pollster what is currently in the news, with little or no relationship to what the respondent himself feels is important. (p. 69)

Thus, a positive relationship between the media agenda and the public agenda may be built into the MIP measure.

What if the public agenda were indexed by asking respondents, "What is the most important problem facing *you* today?" or, alternatively, "What is the most important problem that you feel our government should try to solve?" The answers are different from those obtained with the MIP question. For example, the Chapel Hill study asked, "What are you *most* concerned about these days? That is, regardless of what the politicians say, what are the two or three *main* things which you think the government *should* concentrate on doing something about?" (McCombs & Shaw, 1972). *The public agenda depends to a large extent upon the way that it is conceptualized and measured* (Funkhouser, 1973b). This same cautionary statement, of course, can be made about every other dimension of public opinion.

Trumbo (1995) argues that if one conceptualizes an active media audience, then the typical agenda-setting perspective that issue salience and "thinking about" an issue are the same thing is misleading because deciding about the importance of an issue is inherently evaluative. In his longitudinal study of the issue of global warming, Trumbo (1995) conceptualizes and operationalizes an Extreme Concern Index (ECI) to measure the public agenda. Although the answers to MIP questions can readily be used for cross-sectional hierarchy studies, it is difficult to operationalize a longitudinal study using the public's answers to MIP questions because such answers will only exist for issues that have persisted as major issues for a long time. The ECI was created by gathering questions from two public opinion archives that (a) were about global warming, (b) were of national samples, (c) measured concern, and (d) used a scaled response to categorize respondent answers. So, unlike the MIP, the ECI is a combination of many different questions that are nevertheless rather similar. Trumbo (1995) found that the ECI correlated with the media agenda, which suggests that the index is a valid measure of public concern.

Most agenda-setting research has a "made in the United States" label (Chaffee & Izcaray, 1975). However, an invisible college of agenda researchers is developing in Japan. According to Takeshita (1993), since 1980, agenda-setting has become an indispensable subject in mass communication and political communication textbooks in Japan. An active group of investigators carries out agenda-setting research in Japan. Fortunately, for the advancement of the field, the Japanese approach to measuring the public agenda is somewhat distinctive. In addition to asking their version of the familiar MIP question in audience surveys,[3] the Japanese scholars also measure *perceived issue salience* (as did Weaver et al., 1981), defined as a respondent's perception of the salience of issues to a collectivity of other individuals.[4] In a 1993 Japanese replication of the 1968 Chapel Hill study, respondents were asked: "What do you think people in this city are most interested in, in this election?" In addition, *interpersonal issue salience*, the issues most frequently discussed in conversations with others, was measured by asking: "Did you discuss something about this election with your family or friends in the past week? If so, what kind of topics did you discuss and with whom?" (Takeshita, 1993).[5]

The MIP measure of the importance of the issues on the public agenda was not so highly correlated with the rank order of the issues on the media agenda (Spearman rho = .39) as was the perceived issue salience measure correlated with the media agenda (rho = .68). Takeshita (1993) concluded: "Mass media exert more influence on what people think about the climate of opinion than on what they think about as their own concerns." This conclusion supports the work of the German communication scholar Elisabeth Noelle-Neumann, who showed mass media coverage to have a powerful impact on what individuals think that other people are thinking. Presumably, people have little alternative to the media as a way of knowing others' concerns. One explanation for the superiority of perceived issue salience in Japan is that the Japanese have a strong need to know the climate of opinion of others about issue priorities. Such cultural differences in agenda-setting behavior need further exploration.

Evidence for the Influence of the Media Agenda on the Public

The major finding of the influential McCombs and Shaw (1972) study was that the issue hierarchy on the media agenda set the issue hierarchy of the public agenda. About two thirds of later studies (59 of the 92 empirical studies that we reviewed in 1992) confirmed this media agenda-public agenda relationship. Figure 3. 2 depicts this directional relationship, along with the general finding that real-world indicators are less strongly related to either the media agenda or the public agenda.

A variety of research evidence supports the media-public agenda relationship:

1. Funkhouser's (1973a) investigation of issues in the 1960s, reviewed previously in this chapter, concluded that the public agenda is driven by the media agenda in the United States.

2. MacKuen's (1981) over-time study of the agenda-setting process for eight issues supports this generalization.

Figure 3.2 The Relationship Between Real-World Indicators of an Issue, Issue Position on the Media Agenda, and Issue Position on the Public Agenda

NOTE: The media agenda-public agenda relationship for an issue is not due to a high relationship of these two variables with a real-world indicator for the issue.

3. The laboratory experiments in which a media agenda is altered by the experimenter to test its effects on individuals' public agendas (Iyengar & Kinder, 1987) support this generalization.

4. Brosius and Kepplinger's (1990) over-time analysis of the agenda-setting process for 16 issues in Germany found support for the media agenda-public agenda relationship, even when the effects of these variables at a previous time period on themselves at a subsequent point in time were removed by Granger causality. [6]

So even when a variety of controls are taken into account in different types of designs and data analyses, the general conclusion of agenda-setting research is that *the media agenda sets the public agenda*. This is hardly surprising, but it represents support for a portion of our model of the agenda-setting process (depicted in Figure 1.1). Much of the variability in results of public agenda-setting research is due to a set of contingent conditions that importantly influence the media agenda-public agenda relationship. An overview and update of these conditions, expertly delineated by James Winter (1981), follows here.

Intervening Variables in Predicting the Public Agenda

The McCombs and Shaw (1972) Chapel Hill study aggregated the public agenda responses of their 100 respondents into one issue hierarchy (of five main issues). With a sample of only 100 respondents, there was no alternative to such aggregation. But in the several research studies retesting the main hypothesis of the Chapel Hill study, such as the McLeod et al. (1974) investigation in Madison, Wisconsin, and the Tipton et al. (1975) study in Lexington, Kentucky, data were gathered from larger samples, allowing these communication scholars to segment their respondents into various subaudiences on the basis of socioeconomic characteristics, personal experiences, and degree of media exposure.[7] Essentially, this type of research strategy was a disaggregation to determine if the media agenda-public agenda relationship found by McCombs and Shaw (1972) also held true for specific subaudiences. Generally, it did, although without strong and universal support.

An intervening variable in the media agenda-public agenda relationship is source or channel *credibility*, defined as the perception of a source/channel as trustworthy and competent. For example, a Wall Street lawyer may regard the *National Enquirer* as less credible regarding an international issue than the *International Herald-Tribune*; when the lawyer reads a headline in the *Herald-Tribune* about a new Palestine-Israel peace proposal, the medium's salience for this news item is more likely to be accepted (Rogers & Dearing, 1988).

Several investigations (e. g., McCombs, 1977; Palmgreen & Clarke, 1977; Winter, 1981) sought to determine whether newspapers or television are more important in setting individuals' agendas. Wanta and Hu (1994) found that individuals who perceive the media as more credible relied on the media for information about issues in an Illinois election and were more susceptible to the media influencing their personal agenda of issues.

Further, the degree of media exposure by a sample of individuals is positively related to the degree to which they accept the media agenda as their personal agenda of issues. Research supporting this generalization includes Weaver, McCombs, and Spellman (1975), Shaw and Clemmer (1977), Mullins (1977), Einsiedel, Salomone, and Schneider (1984), and Wanta and Hu (1994).

The most widely studied intervening variable-in explaining the media agenda-public agenda relationship is the amount of interpersonal discussion about an issue in the news. Does such interpersonal communication enhance or inhibit the agenda-setting effects of the mass media? "Few contingent conditions in agenda-setting have drawn so much attention from researchers with so little agreement in their results" (Wanta & Wu, 1992). By analyzing television and newspaper issue coverage for four weeks prior to conducting a random-digit-dial telephone survey of Illinois residents, Wanta and Wu concluded that inter-personal communication can reinforce public agenda-setting when such conversation concerns the same issues that the media had earlier emphasized. Interpersonal communication interrupts the media's agenda-setting influence when discussions concern other issues.

David H. Weaver at Indiana University has led in, among other things, explicating a *need for orientation* on the part of audience members to understand and control their informational environment. Individuals with high uncertainty will have a corresponding high need to become oriented about an issue. A high need for orientation will lead people to seek out more information in the mass media to reduce their uncertainty. This greater exposure to the mass media will then result in greater agenda-setting effects. Investigations supporting this generalization include Weaver (1977, 1984), Weaver et al. (1975), and Tipton et al. (1975).

The Role of Personal Experience with Issues

An individual's close familiarity with an issue, such as being unemployed or losing a close friend to cancer, is a way in which a person's personal experience with an issue overrides the influence of the mass media in determining what's important to that person. For most respondents, however, the media agenda predicts the issues that they rank as of highest salience. Some issues, by their very nature, are difficult or impossible for an individual to experience personally. Examples are the 1984 Ethiopian famine and the U. S. military presence in Somalia in 1992-1993. We learned almost all of our information about these issues either indirectly through the mass media, and especially television, or indirectly through interpersonal communication with others who also took their cues from the media (unless one had a friend or relative in the U. S. Armed Forces sent to Mogadishu).

Originally, Zucker (1978) found that "the less direct experience the people have with an issue ... the greater is the news media's influence on public opinion on that issue" (p. 245). Support for this relationship is also provided by Manheim (1986) and Zhu, Watt, Snyder, Yah, and Jiang (1993). Presumably, individuals who lack personal experience with an issue must rely more on the mass media to set their public agenda. Thus, the media agenda is expected to be more important in setting the public agenda for intemational affairs than for domestic affairs.

On the other hand, personal experience with an issue can sensitize an individual to that issue, so that further information is then sought in the media about the issue. Thus, personal experience with an issue might enhance the media agenda's influence on the public agenda. When personal experience is indexed by the probability of being affected by an issue, a positive relationship of such personal experience with media agenda-setting was found (Erbring, Goldenberg, & Miller, 1980; Iyengar & Kinder, 1987).

Summary

In this chapter, we explored issue-hierarchy studies — investigations of all of the main issues on the public agenda at a certain point in time. The other type of public agenda-setting research (see our next chapter) investigates the rise and fall of a single issue (e. g., health care reform or international trade) on the public agenda over time or through experimental research with individuals.

Research evidence summarized in this chapter showed that often the media agenda sets the public agenda, although the empirical support for this relationship is far from overwhelming. A variety of types of public agenda-setting research support the media agenda-public agenda relationship: McCombs-Shaw-type cross-sectional investigations, overtime studies, and laboratory experiments in which actual newscasts are altered by splicing in additional television news coverage for an issue. The media agenda-public agenda relationship has usually been found even when various intervening variables (such as source/channel credibility and interpersonal discussion of the issue) are taken into account.

Notes

1. This case illustration is based mainly on G. Ray Funkhouser (1973a, 1973b).

2. Funkhouser, however, did cite the McCombs and Shaw (1972) paper in his Second article (Funkhouser, 1973b), published in *Journalism Quarterly*.

3. Only 47% of Japanese respondents identified an issue in response to an MIP-type question.

4. This concept is similar to that measured by McLeod et al. (1974) as the degree to which an individual respondent talked about an issue with other members of the community, or other members raised the issue with the individual.

5. So few respondents identified an issue in response to this question that it could not be used to measure the public agenda.

6. Granger causality in the case of the agenda-setting process controls the influence of people's past public agenda on their present public agenda, so that the previous media agenda's effect on the people's current public agenda can be estimated independently of the people's past public agenda (Brosius & Kepplinger, 1990).

7. The Kentucky study also measured the media agenda and the public agenda at three points in time, so that the time order of the media agenda-public agenda could be determined with cross-lagged correlation techniques.

4. *Public Agenda Studies*: *Longitudinal Approaches*

Agenda-setting has not fully matured into a theory of media effects, yet this is part of its vitality. Agenda-setting is still on the path of inquiry and discovery. It has just arrived at the point where researchers are attempting to describe its natural history.

Craig Trumbo (1995, p. 2)

At the beginning of Chapter 3, we distinguished between hierarchy studies of (usually) six to eight issues versus longitudinal investigations of one or two issues in studies of public agenda-setting. Here we deal with longitudinal approaches to the study of the agenda-setting process that have become popular in very recent years. Longitudinal research, in which data from more than one point in time are collected, is well suited to investigating a *process*, which occurs over time. Longitudinal research designs represent one means of disaggregation in agenda-setting research, providing improved understanding of the process through which an issue comes to public attention, or of the psychological process through which individuals perceive issue salience.

One of the key assumptions of hierarchy approach agenda-setting studies is that the public — people who watch television, listen to the radio, and read the news — react to the mass media. For any one individual, that reaction is sometimes passive, sometimes active. The working hypothesis of the hierarchy approach is that the media's emphasis on certain issues and not other issues determines which issues we as members of the public think are important. This is a conception of a malleable, relatively passive U. S. public. David Weaver's conceptualization that people have a need for orientation (Weaver, 1977) was a means of bringing into agenda-setting research a theoretical rationale for those times when we are active seekers of information or entertainment. Other research strongly suggests that individuals engage in active psychological sense-making about public issues (Gamson, 1992; Liebes & Katz, 1990; Neuman et al., 1992) as well as active social activities that are intended to influence the outcomes of public issues (Blumer, 1971; Dearing & Rogers, 1992; Downs, 1972; Kingdon, 1984; Mead, 1994). For most issues, the majority of people are inattentive rather than attentive, and more passive than active. But for certain issues, depending on our own selective attention, we become very active and take charge of our information environment and, less frequently, organize for action. When this happens, hierarchy studies of agenda-setting do not show a deterministic media agenda-public agenda relationship (Neuman et al., 1992, pp. 110-112). In these circumstances, longitudinal studies of the agenda-setting *process* are more informative than hierarchy studies. Longitudinal designs better enable the researcher to operationalize active publics, which, it has been argued, is how public opinion really exerts itself on policymakers (Blumer, 1948).

The conceptualization of individuals being active information processors can also be extrapolated to society as a whole, as Frank Baumgartner and Bryan Jones (1993) did in their important book about policy agenda-setting, *Agendas and Instability in American Politics* (1993). They conducted longitudinal research on the issue of nuclear power and compared results with the issues of pesticides, tobacco, transportation safety, urban affairs, drug abuse, child abuse, and alcohol abuse. The collection and analysis of longitudinal data allowed Baumgartner and Jones (1993) to view society as an "issue processor" that functions to consider, debate, and sometimes institutionalize responses to conditions that we perceive as social problems.

The Issue of AIDS in the United States[1]

Our critique of agenda-setting research (Rogers & Dearing, 1988) recommended a strategy of disaggregation in future studies to unmask the human behavior change processes that are involved. Longitudinal agenda studies offer one means of disaggregation. We selected AIDS (acquired immunodeficiency syndrome) as a single issue to investigate. AIDS was a puzzling issue in an agenda-setting sense. Although the first AIDS cases were diagnosed in the United States in 1981, this issue did not attract much media attention until 4 years later, in mid-1985. By that time, more than 10,000 individuals had been diagnosed with AIDS, and about half that number had died. Why were the media so slow in discovering the issue of AIDS? What finally put AIDS on the agenda?

We measured the media agenda by the number of news stories about AIDS in the *New York Times*, the *Washington Post*, the *Los Angeles Times*, and the network evening newscasts of ABC, NBC, and CBS. From June 1981 through December 1988 (a period of 91 months), the six media of study carried 6,694 news stories about AIDS. Because media coverage of AIDS in each of the six media of study was highly intercorrelated across time, we combined the coverage by all six media into a variable indexing total mass media coverage of AIDS, which we used to measure the media agenda.

For the first 4 years of the epidemic, a point at which 9,944 individuals had AIDS, the issue was quite low on the mass media agenda (Figure 4.1). U.S. national mass media were slow to respond to the AIDS issue because of the lack of involvement of two traditional agenda-setting influences: the White House and the *New York Times*. As mentioned in earlier chapters, a U.S. president can move the media on any particular issue. President Reagan chose not to give a talk about

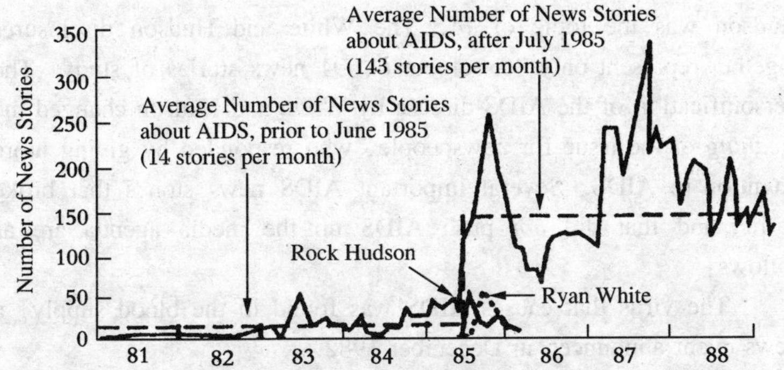

Figure 4. 1 The Number of AIDS-Related News Articles in Six National Media of Study for 91 Months in the 1980s

SOURCE: Rogers et al. (1991). Used by permission of AEJMC.

AIDS until May 1987, 72 months into the epidemic, a point at which 35,121 AIDS cases had been reported by the CDC. The White House saw AIDS as a budget threat and so chose to ignore it.

The *New York Times* published its first page-one story about AIDS on May 25, 1983—12 months later than the *Los Angeles Times* and 10 months later than the *Washington Post*. The *New York Times's* management did not consider AIDS to be newsworthy from 1981 to mid-1985. Moreover, the newspaper's key medical writer broke his leg and was physically unable to cover breaking stories during this time. When a new executive editor was appointed in late 1985, coverage of AIDS expanded dramatically.

The number of news stories about AIDS escalated from an average of 14 per month prior to July 1985, to 143 per month after that date (see Figure 4.1). Conventional wisdom about the media coverage of AIDS credits this tenfold increase in news coverage to the July announcement that film actor Rock Hudson had AIDS. Our analysis shows that it was actually a concomitant news story of a young boy with AIDS, Ryan White, more than Hudson, that propelled AIDS up the media agenda. White was the topic of 117 news stories, while

Hudson was the topic of 74. The White and Hudson disclosures together represent only 3% of our 6,694 news stories of study. The personification of the AIDS disease by White and Hudson changed the *meaning* of the issue for newspeople, who responded by giving more attention to AIDS. Several important AIDS news stones that broke earlier and that did *not* push AIDS up the media agenda are as follows:

· The virus that causes AIDS was found in the blood supply, a news event announced in December 1982.

· Heterosexual contact as a means of HIV transmission was announced by the CDC in January 1983.

· Identification of the virus (HIV) that causes AIDS was announced in March 1984.

· A blood test for HIV antibodies was first reported in January 1985.

Even before July 1985, the rather limited AIDS coverage by the U. S. media had created a sharp increase in public awareness of the disease during 1983 and 1984, and had begun to correct the widespread misperceptions about methods of HIV transmission such as toilet seats and mosquito bites.

How was AIDS framed in the mass media? We identified four eras in the media coverage of AIDS: an Initial Era, a Science Era, a Human Era, and a Political Era. The Initial Era of AIDS media coverage was marked by only 59 news stories (Figure 4.2). Media coverage during the second phase of 26 months through June 1985 depended on scientific sources. Of the 606 news stories in the Science Era, 40% were based on scientific sources.

The third phase of 19 months through January 1987, the Human Era, was characterized by personalizing the issue of AIDS. The Rock Hudson and Ryan White news events helped convince theU. S. public that AIDS was not just an epidemic among a unique category of people.

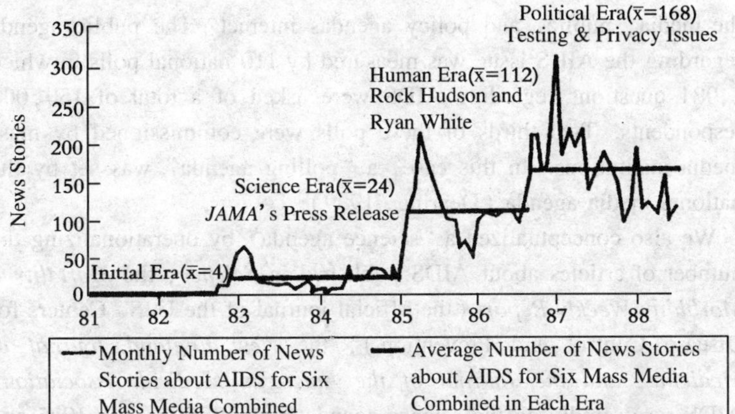

Figure 4. 2 The Issue of AIDS Was Framed Differently in Each of the Four Eras of Media Coverage for This Issue

SOURCE: Rogers et al. (1991). Used by permission of AEJMC

These two events created the major turning point for the issue of AIDS on the U. S. media agenda.

The fourth phase of 23 months, February 1987 through December 1988, was a Political Era for the issue of AIDS. Public controversies emerged about certain aspects of the epidemic, especially public policy concerning mandatory testing and individual privacy. The government thus became deeply involved, and so AIDS became a political issue.

How did the issue of AIDS, once it rose on the U. S. mass media agenda in mid-1985, maintain such a prominent position in the face of competition from other important issues? The 6, 694 news stories about AIDS were coded into 13 story themes, such as children with AIDS, public figures with AIDS, biomedical research findings, discrimination against individuals with AIDS, and so on. Analysis of the 13 AIDS themes shows that as any particular theme faded on the national agenda, another of the themes rose to take its place. How did the media, public, and policy agendas interact? The public agenda regarding the AIDS issue was measured by 110 national polls in which 1,084 questions regarding AIDS were asked of a total of 150,000 respondents. Two thirds of these polls were commissioned by mass media institutions. In this case, a "polling agenda" was set by the national media agenda (Dearing, 1989).

We also conceptualized a "science agenda" by operationalizing the number of articles about AIDS published in *Science*, the *Mortality & Morbidity Weekly Report* (the official journal of the U. S. Centers for Disease Control and Prevention), the *New England Journal of Medicine, and the Journal of the American Medical Association.* AIDS rose rapidly on the science agenda from 1981 through 1985 and then leveled off at 20 scientific articles per month.

Our analyses indicate that the real-world indicator of the severity of AIDS had very little impact on the other four agendas. The media agenda was affected by the science agenda, and to a less reliable extent by the polling agenda and the real-world indicator of the number of AIDS cases. The polling agenda was affected by both the media agenda and the policy agenda.

When interaction among the time-series data is analyzed for each of the four eras, the general model of the agenda-setting process (see: Figure 1.1) is supported. During the Initial Era, the science agenda: and the real-world indicator affected the media agenda. Many of the news stories were rewrites of science and medical jouranl press releases. During the Science Era, when scientific information about disease transmission dominated news content, the media agenda affected the polling agenda (pollsters asked questions in response to media coverage about AIDS). During the third stage, the Human Era, the media agenda and the polling agenda influenced each other. This relationshipoccurred because media organizations sponsored polls that asked questions about AIDS and then created news stories based on the poll results.

During the (fourth or) Political Era, both the science agenda and the media agenda influenced the policy agenda. The media agenda-policy agenda relationship during this fourth era contradicts the results from our full 91-month time-series analysis.

If the policy agenda is indexed by appropriations, in 1993, the federal government allotted \$1.3 billion for AIDS research, \$2 billion for cancer research, and \$770 million for research on heart disease. Only 34,000 individuals died from AIDS in 1993, compared with 500,000 from cancer and 700,000 from heart disease. So, it is perceptions of health problems that influence policy decisions, not real-world indicators of mortality.

We conclude that studying agenda-setting over time, rather than cross-sectionally, can provide explanatory insights into the often intricate process of agenda-setting.[2]

The Issue-Attention Cycle

Two articles in the early 1970s popularized the over-time study, or "natural history" approach, to understanding the nature of social problems and public issues. In 1971, sociologist Herbert Blumer published an article that decried the reliance of many sociologists on cross-sectional and aggregated uses of quantitative data. Blumer emphasized the importance of studying the time-ordered stages of problems being recognized, then achieving legitimization as bona fide issues, their proponents and opponents organizing to push for resolution, and the possible outcomes of policy decisions.

In another much cited article 1 year later, political scientist Anthony Downs (1972) described what he called the "issue-attention cycle," the rise and fall of an issue on the public agenda. He noted: "Each of these problems [issues] suddenly leaps into prominence, remains there for a short time, and then — though still largely unresolved — gradually fades from the center of public attention." Downs (1972) postulated a series of stages in an issue-attention cycle:

(1) *Pre-problem stage*. Some undesirable situation (a social problem) exists but has not yet captured public attention. "Usually, objective conditions [real-world indicators] regarding the problem are far worse during the pre-problem stage than they are by the time the public becomes interested in it" (Downs, 1972).

(2) *Alarmed discovery stage*. A dramatic event suddenly creates public alarm about the issue, accompanied by euphoric enthusiasm about society's ability to solve the social problem.

(3) *Realizing the cost of problem solution*. At this stage, the public gradually realizes that the cost of solving the social problem is prohibitively expensive.

(4) *Decline of public interest state*. Now the issue begins to slip down the public agenda as interest fades, due to the high cost of solving the social problem and because the issue's extensive media coverage creates public boredom with the issue.

(5) *Post-problem stage*. The issue drops off of the public agenda, although the policies, programs, and organizations formed to cope with the social problem persist. For example, the EPA (Environmental Protection Agency), established during the first environmental crisis in the late 1960s, continues to the present day, although it was not very centrally involved in the environment issue in the early 1990s.

An issue's life cycle may indeed have discernible stages over time. Such longitudinal qualities could not be identified until scholars started conducting single-issue studies of the agenda-setting process. Whether these stages are very clear-cut, or whether stages differ for different issues, has yet to be determined by research.

How an Issue Gets on the Public Agenda

How do the mass media convey the priority of an issue to the public? Mainly through repetition, which cues the public as to the relative importance of an issue. The cumulative effect of media messages about an issue operates through the relentless, accumulated impact of a repeated message topic, which affects the public agenda. Previously, we suggested that national media give very similar coverage to issues on a month-by-month basis. The similarity in the amount of media coverage given to an issue creates a consensus about an issue's priority on the public agenda. It does not matter that one individual only reads the *Chicago Tribune* while another person only reads the *San Jose Mercury-News*; both newspapers eventually convey a similar priority for a national issue through their news coverage.

So, the media agenda influences the public agenda for an issue through a gradual and incremental process. As the cumulative number of media messages about an issue increases over time, the public becomes persuaded that the issue is important. Slowly, the public agenda for an issue builds up. Sometime later, it will melt away.

Experimental Research

One important type of agenda-setting research, begun in the 1980s, is experimental investigation of issue salience for individuals. These laboratory experiments artificially alter the media agenda (the experimental treatment) to test its effect on the public agenda of issues reported by individual subjects. The experimental approach to agenda-setting research was introduced by Shanto Iyengar, professor of communication and of political science at UCLA. In 1979, Iyengar began his association with Donald Kinder, a social psychologist at the University of Michigan. The first results of these experiments were published as a journal article in 1982 (Iyengar, Peters, & Kinder, 1982) and later as the book *News That Matters: Television and American Opinion* (Iyengar & Kinder, 1987). This volume is a celebrated classic, demonstrating the particular intellectual benefits that can be obtained from creatively using an alternate methodology, experimentation, to probe the psychology of the agenda-setting process, previously investigated only by survey-content analysis methods. The introduction of experimentation marked another methodological move toward disaggregation in agenda-setting research, and a focus on the micro-level behavior involved in the consequences of issue salience.

The experiments involved the investigators' active intervention in the agenda-setting process for individuals by altering the cues about issue salience. Videotapes of a television network's evening news broadcasts were doctored by inserting extra news coverage of some particular issue: civil rights, arms control, unemployment, and so on. Then, individuals were recruited to a university laboratory to view these doctored newscasts every day for a week (they were paid a small fee as an inducement to participate in the experiment). Other individuals were randomly assigned to watch a corresponding set of undoctored newscasts (thus serving as a control group). Both groups of respondents were asked about the salience of the manipulated issue (Iyengar & Kinder, 1985, p. 124). Respondents who had viewed the treatment videotapes, which contained extra news coverage of some issue, rated that issue as more important. Iyengar and Kinder (1987) carried out 14 different experiments along the general lines just described.

One consequence of such manipulation of individuals' issue hierarchy is *priming*, defined as the effects of a prior context on the interpretation and retrieval of information (Fiske & Taylor, 1984, p. 231). By lavishing news coverage on one issue while ignoring other issues, the mass media draw attention to certain aspects of political life at the expense of others (Iyengar & Kinder, 1987, p. 114). For instance, when people are primed by television news stories about the issue of national defense, people judge their president by how well they feel he has provided national defense. Certain issues in the United States are Republican Party issues (crime, for instance), while other issues such as poverty are Democratic Party issues. When the media elevate one or the other issue to higher saliency, they are inadvertently helping the political party that "owns" that issue. For instance, Iyengar and Kinder (1987) found that respondents who watched simulated television newscasts stressing the arms race cited this issue as a more important problem facing the nation. They also gave greater weight to President Reagan's performance on arms control and presumably would have been more likely to vote for Reagan in a presidential election. Whether subjects actually took this behavioral action was not measured.

Framing is the subtle selection of certain aspects of an issue by the media to make them more important and thus to emphasize a particular cause of some phenomenon (Iyengar, 1991, p. 11). Frames are one means through which a particular meaning is given to an issue. The laboratory experiments of agenda-setting provide improved understanding of how framing occurs, and of its consequences. These results about salience, priming, and framing suggest that the media agenda can do more than set the public agenda; it can also direct how individuals will evaluate issues (Entman, 1989; Iyengar, 1991; Salwen & Matera, 1992).

The Iyengar experiments on public agenda-setting have been followed up by several other scholars. For instance, an Iyengar-type experiment was conducted by Wolfgang Eichhorn (1993) in Germany, but instead of television, the front page of the local news section of a newspaper was altered to include extra material about (a) the growing crime problem in Munich or (b) how this city dealt with traffic problems. The respondents, who lived in Munich, regarded the issues on which they received extra coverage as more salient, thus supporting Iyengar and Kinder's results with television newscasts. Schoenbach and Semetko (1992) investigated the positive and negative tone of mass media coverage of the German national election on voters and concluded that the media's framing of an issue as positive or negative influenced the public's perceptions of issue salience.

A Threshold in Public Attention[3]

The media agenda-public agenda time sequence is not necessarily linear. Imagine a "critical mass" model in which some certain amount of media coverage of an issue must occur before the issue's salience on the public agenda is affected.

Russell Neuman (1990) investigated the Gallup Poll "MIP" measure of issue salience for 10 issues over the period from 1945 to 1980. The media agenda for these issues was operationalized by three media indexes: the *New York Times Index*, the *Readers Guide to Periodical Literature*, and the *Vanderbilt Television News Archive Index*.

Rather than simply correlating the media agenda with the public agenda, as many previous scholars had done, Neuman also looked at the relationships of these two variables when plotted against each other over a time series. Figure 4.3 shows this type of analysis for the issue of the Vietnam War for the years from 1962 to 1975. The cumulative increase of media coverage of the Vietnam War eventually affected the public agenda for this issue. A threshold occurred in the *New York Times* media coverage when about 15 news articles per month were published. A critical mass of media salience was thus created, so that increases in the public agenda salience of the Vietnam War then took off. Eventually, the public agenda response leveled off (when about 50 news stories per month were published). Thereafter, the S-curve became a straight line.

A similar S-curve was found for 7 of the 10 issues of study, although the takeoff threshold was at a somewhat different point for each issue. For 2 of the 10 issues of study, the media agenda-public agenda relationship was linear; that is, a direct one-to-one relationship occurred without a takeoff (suggesting that a critical mass in media coverage did not affect the public agenda).

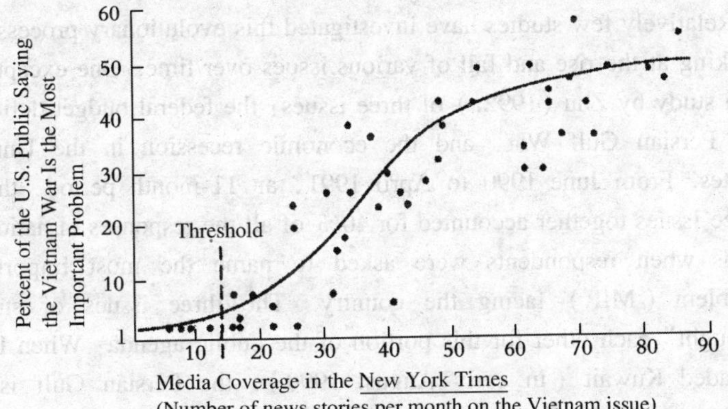

Figure 4. 3 The S-Shaped Relationship of the Public Agenda With the Media Agenda for the Issue of the Vietnam War From 1962 to 1975

SOURCE: Neuman (1990). Used by permission of the University of Chicago Press.
NOTE: The position of the Vietnam War issue on the public agenda took off when about 15 news articles per month about the war were being published by the *New York Times*. The S-shaped public agenda response curve leveled off after 50 news stories per month on the war were being published.

Issue Displacement as a Zero-Sum Game

"American public opinion rarely remains sharply focused upon any one domestic issue for very long — even if it involves a continuing problem of crucial importance to society," stated Anthony Downs (1972, p. 38). The public agenda is an ongoing process of competition among a relatively small number of major-issue proponents. When respondents in national surveys are asked to name as many issues as they wish, they average only four or five issues (Brosius & Kepplinger, 1992b). If the public agenda contains only a limited number of issues at any given time, the agenda-setting process must, theoretically, be a zero-sum game. In other words, if an issue is to climb the public agenda, it must push other issues down the agenda and eventually shove one of the earlier issues off of the agenda.

Relatively few studies have investigated this evolutionary process by looking at the rise and fall of various issues over time. One exception is a study by Zhu (1992a) of three issues: the federal budget deficit, the Persian Gulf War, and the economic recession in the United States. From June 1990 to April 1991, an 11-month period, these three issues together accounted for 40% of all the responses in national polls when respondents were asked to name the most important problem (MIP) facing the country. The three issues of study "fought" each other for this portion of the public agenda: When Iraq invaded Kuwait (in early August 1990), the Persian Gulf issue pushed the federal deficit issue down the agenda. But in October 1990, the federal government fiscally shut down for a few days, and news stories about the budget deficit dominated. Then, in December 1990, the military buildup in the Gulf became the main news item, and concern about the approaching Gulf War pushed the federal deficit issue down the public agenda. The rise of one issue clearly occurred at the expense of another issue. Media agenda-setting attracted the public audience for an issue away from competing issues (Zhu, 1992a).

Evidence that the public agenda is a zero-sum game is also provided by the Gallup MIP polls, in which national samples of the U. S. population are asked: "What do you think is the most important problem facing this country today?" These MIP polls, described in the previous chapter, show that about five issues are on the national agenda at any point in time, at least if one requires a minimum of 10% of the respondents to say that a particular issue is the MIP facing the nation.

Rather amazingly, the *same* five broad issues have been on the national agenda since Gallup began asking the MIP question decades ago (Smith, 1980). These mostnoted issues are foreign affairs, the nation's economic situation (including inflation and employment), social control issues (such as law and order), civil rights, and government. In most cases, if a specific issue does not fit into one of these broader issue categories, it does not climb the public agenda.

To investigate whether a new issue must necessarily displace another issue on the media agenda, James Hertog, John Finnegan, and Emily Kahn (1994) combined a test of Zhu's zero-sum suggestion with a theoretical model developed by Stephen Hilgartner and Charles Bosk (1988), who built on Blumer's (1971) stage model of social problem development. Using Hilgartner and Bosk's idea that social problems "compete," especially with *similar* problems, Hertog et al. (1994) studied the over-time rise and fall of stories about AIDS, cancer, and sexually transmitted diseases other than HIV (the AIDS virus). Their results across different types of mass media suggest little evidence that these issues exhibited a zero-sum relationship on the media agenda. At least for some related issues, displacement does not occur.

Time in Agenda-Setting Research

The original empirical studies such as the McCombs and Shaw (1972) investigation in Chapel Hill were "timeless" in that they consisted of a cross-sectional analysis of data gathered at one point in time. However, both the Cohen (1963) metaphor and the McCombs-Shaw paradigm clearly implied that agenda-setting was a process over time. Eventually, the time dimension was brought into agenda-setting research. Methods of investigating the process aspects of agenda setting include moving from issue-hierarchy studies to investigations of a single issue.

When real-world indicators, the media agenda, and other agenda variables are measured over time, such as on a month-by-month basis, time-series data analysis methods can be used to understand the time order of these variables. The expected time order for the four main variables in the agenda-setting process are shown in Figure 4. 4.

A time sequence like the one shown generally occurs in the agenda-setting process. For instance, MacKuen (1981) found that for six of his eight issues of study, the media agenda led the public agenda. The average time lag was several months. Other investigations have also found a time lag, from a few weeks to several months, between the media agenda and the public agenda (Rogers et al., 1991; Shoemaker, et al., 1981). The length of this period depends upon such factors as the nature of the issue, its amount of media coverage, and so forth (Eyal, 1979; Eyal et al., 1981; Mazur, 1981, 1987).

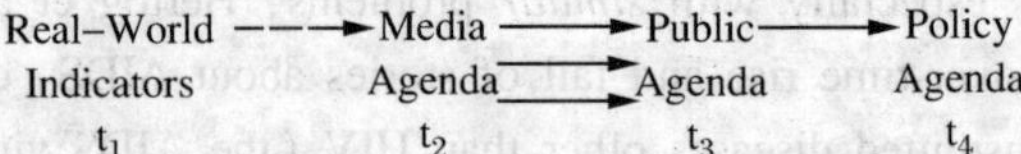

Figure 4. 4 The Expected Time Order of Real-World Indicators, the Media Agenda, the Public Agenda, and the Policy Agenda, With the Degree of Evidence for Each of. These Expected Relationships

NOTE: The strongest evidence for the expected time order of these four variables in the agenda-setting process is for the media agenda-public agenda relationship. Further research is needed to determine the actual time order for the other relationships.

Christine Ader (1993) correlated the media agenda for the issue of the environment, measured 3 months before a public opinion poll about the salience of this issue, with the poll's MIP percentage, and also correlated the media agenda, measured 3 months after each poll, with the poll's MIP percentage. For 66 Gallup MIP polls, the correlation of the pre-poll media agenda with the public agenda is r = .224, while the post-poll media agenda is correlated r = .165 with the public agenda. The first correlation is larger and explains about twice as much variance as the second, leading Ader (1993) to conclude that the media agenda precedes the public agenda in time order. This conclusion supports our model of the agenda-setting process (see Figure 1.1 in Chapter 1).

In addition to the expectation that the media agenda should lead the public agenda, we expect (a) that a real-world indicator should lead the media agenda, and (b) that the public agenda should lead the policy agenda, but these time-ordered relationships have not been explored in many studies.

Quantitative data analyses of the relationships among variables over time are not the only method for determining time order in the agenda-setting process. By arranging the key events that occur for an issue in their actual time sequence, a scholar may be able to understand certain processual aspects of the agenda-setting process.[4] This interpretive pro-cess can complement a statistical time-series analysis.

How the Ethiopian Famine Got on the Agenda[5]

The histories of how issues get on the national agenda provide a general picture of accident, fortuitous events, and chance happenings, along with rare instances of media advocacy. Certainly, for each of the dozen or so major issues that get on the national agenda in any given year, there are hundreds and perhaps thousands of other issues that do *not* get on the agenda. The agenda-setting process is like a gigantic funnel with many many candidate issues entering the wide mouth but very few issues surviving to get on the national agenda. Exactly what happens in this funneling process?

One answer is provided by the way the Ethiopian famine got on the U.S. agenda (and the international agenda) in October 1984, and how the Brazilian drought, which was much more serious by any objective measure, did *not* get on the U.S. agenda. Back in early 1984, these two drought-plagued countries were hard hit by starvation. In Ethiopia, more than 6 million people were trekking to government feeding stations. In Northeast Brazil, 24 million people were facing the worst drought in 200 years. International food relief agencies such as the British-based charity Oxfam saw the two problems of Ethiopia and Brazil as roughly comparable (Boot, 1985). Why did the Ethiopian famine get on the agenda but not the Brazilian disaster?

Ethiopia became one of the major news stories of the year in 1984 because it attracted television reporters whose broadcasts led to immense donations for food relief from the public. In Brazil, meanwhile, starvation quietly continued. In this instance, the media agenda-setting process had vital consequences. "Fate is the editor" (Boot, 1985). The nature of the Brazilian famine did not fit with "good television": Government feeding stations were scattered over a vast territory, rather than being crowded together, as in Ethiopia, where dying children were cencentrated in places that were convenient for television camera persons. "If there's no picture, there's no story" (Boot, 1985).

Actually, pictures about the Ethiopian famine were available for many months before the story "broke" in October 1984, but the media initially failed to react. Key gatekeepers said: "Ho-hum. Starving children in Africa? What's newsworthy about that?" By midsummer, an estimated 7,000 Ethiopians were dying each month. The media dam finally broke in late October, when Mohammed Amin, a Visnews cameraman, paired with BBC correspondent Michael Buerk to file a report from Northern Ethiopia, focusing on a refugee camp at Korem. "As viewers saw a three-year-old child die on camera and a throng of adults resembling Auschwitz inmates, Buerk narrated: 'Death is all around. A child or adult dies every twenty minutes'" (Boot, 1985, p. 47). The BBC broadcast the Ethiopian video report on October 23, 1984. The audience response in England was immediate. Phone calls flooded the BBC as individuals offered donations.

NBC's bureau in London conveyed the Amin-Buerk news report on the Ethiopian drought to New York by satellite, urging that it be broadcast in the United States that evening. October 23 was just a few weeks before the November presidential election, and the NBC evening news broadcast was already packed with political stories. But when NBC anchorman Tom Brokaw saw the stunning film footage from Ethiopia, he ruled that it had to be included in that evening's news show. A 3½-minute segment was broadcast. Telephones at the headquarters of Save the Children, which Brokaw had mentioned on the air, began ringing off the hook. Massive news coverage of the Ethiopian famine followed immediately in the *New York Times*, the *Washington Pos*t, and other national news media. NBC, CBS, and ABC quickly dispatched film crews to Ethiopia. Soon thereafter, rock musicians organized benefit activities to raise tens of millions of dollars of food aid. U. S. government and international agencies quickly joined the relief efforts. In Brazil, meanwhile, the famine continued without international fanfare.

Ten months later, after mid-1985, the Ethiopian famine quietly slipped back down the U. S. media agenda (see Figure 2. 1 in Chapter 2). The starvation continued, but media attention turned elsewhere, except for an occasional news article over the next several years.

Summary

This chapter dealt with the public agenda-setting research that uses a single-issue approach, a perspective that has emerged in recent years as one important means of disaggregation The research paradigm assumes an active, involved public, as opposed to the hierarchy approach, which assumes a passive role for audience members, that of adopting media salience for issues. One main advantage of the singleissue approach is that the agenda-setting process can be traced longitudinally to better understand the time sequence in which the media agenda, public agenda, and policy agenda occur.

This expected sequence, postulated by Blumer (1971) and Downs (1972), has been shown to have generally occurred in a small number of empirical studies. Thus, we see evidence from several studies that media agenda-setting is a process of social construction. Key individuals gradually give meaning to an issue through interaction with each other. Perceptions, not real-world indicators, count.

Priming is the effect of a prior context on the interpretation and retrieval of information. Thus, when news coverage of an issue gives that issue salience with the public, people may be more likely to support a political leader who is identified with the issue. *Framing* is the subtle selection of certain aspects of an issue by the media to make them more important and thus to emphasize a particular cause of some phenomena.

Notes

1. This case illustration is based mainly on Everett M. Rogers, James W. Dearing, and Soonbum Chang (1991).

2. Trumbo (1995) investigated the single issue of global warming during the 1980s and early 1990s, using a similar time-series analysis to the study reported here.

3. This case illustration is based mainly on W. Russell Neuman (1990).

4. Examples of such time ordering of key elements in the agenda-setting process for an issue are Walker (1977) and Rogers et al. (1991).

5. This case illustration is based on William Boot (1985) along with other Sources.

5. *Policy Agenda Studies*

The great problem in American politics is: What makes things happen?

E. E. Schattschneider (1960, p. vii)

Agendas are not first set and then alternatives generated; instead, alternatives must be advocated for a long period before a shortrun opportunity presents itself on an agenda.

John W. Kingdon (1984, p. 215)

The central topic of this chapter is how an issue gets on the policy agenda, and leads, perhaps, to government policies designed to address or solve a social problem. A public policy may be expressed in the form of a new law, an executive order, an appropriation, or some other governmental action. The policy agenda is of key importance because it represents an outcome of activity and influence on the media agenda and on the public agenda. For the mass, inattentive public, public policies represent the resolution of problems that were issues on the public agenda. In practice, however, public policies often function not to solve difficult societal problems but to institutionalize a response to those problems. The policy institutionalization of responses to public issues is how governments grow (Baumgartner & Jones, 1993).

Policy agenda-setting is not typically of central concern to communication scholars, but many researchers who have recognized the critical societal roles of communication have been centrally concerned with policy agenda-setting. Walter Lippmann, Robert Park, Gabriel Almond, James Davis, James Rosenau, and Bernard

Cohen, the forerunners of agenda-setting research, directed their attention to policy agendasetting as well as to the particular role of the mass media. Contemporary mass communication scholars such as Maxwell McCombs, Donald Shaw, and Shanto lyengar have a keen interest in political outcomes, expressed in their research as the likelihood to vote, the voting preference of subjects, or the manipulation of advertising by political candidates.

Policy agenda-setting has been of somewhat less interest to communication scholars than the subprocesses of media agenda-setting and public agenda-setting because policy agenda-setting involves collective political behavior as well as communication behavior. As conceptualized and operationalized by sociologists who study social movements and political scientists who study decision making, policy agendasetting is more complex than either media or public agenda-setting. The public and the mass media are just two types of influences on policy agendas; yet they are important influences. For example, a wide-ranging and sophisticated analysis of more than 142, 000 telephone survey responses over 12 years tested the relationship between public opinion and policy making in each of the 50 states. The authors concluded that "public opinion is the dominant influence on policy making in the American states" (Erikson, Wright, & Mclver, 1993, p. 244). But how does that influence actually occur?

Scholars investigating policy agendas have concentrated on how a political issue gets on the agenda of a city, state, or national government. Often, a case study approach is followed in an attempt to reconstruct the main events and decisions in the process of policy determination. Barbara Nelson's (1984) book, *Making an Issue of Child Abuse: Political Agenda Setting for Social Problems*, is an example of reconstructing the variety of forces that gave rise to a state and national issue. On a local level, Timothy Mead (1994) conducted a case study of the *Charlotte Observer* newspaper and its editors' attempts to put the issue of metropolitan reform on the local policy agenda. By using archives, personal interviews, and his own experience, Mead tells the intricate story of how even though the newspaper has failed in its objective of consolidating city and county governments, the *Observer* has been successful in repeatedly getting the problem of government inefficiency placed as an issue on the policy agenda. Mead (1994) uses Kingdon's (1984) model to explain the newspaper's influence in pushing its concerns up the policy agenda, of working on opponents and decision makers to "soften them up," and of reframing the issue of metropolitan reform so that it comes to be perceived as related to other desirable goals, such as accountability and leadership. In this case, a mass media organization is clearly an issue proponent: "We bring it [consolidation] up at every opportunity. Any time anyone mentions it, we report it. And if they don't mention it, we say they should have" (Williams, 1993, quoted in Mead, 1984, p. 35).

The Media-Policy Relationship

Policymakers are expected to consume themselves with issues that represent our most dogged social problems. For the U. S. media, especially, the careful analysis of problems, the application of various interventions (such as the federal Head Start program), and their evaluation and possible reauthorization just does not make for good news. It is too slow, too gradual, and too issue centered. American journalism values newness above all else and is thus biased toward events, not drawn-out issues (Jamieson, 1992; Patterson, 1993). This is one reason for the media agenda's less than constant influence on the policy agenda (Kingdon, 1984, p. 62). So, although policymakers pay close attention to and are often forced to respond to media coverage, and reporters prize their access to elected officials as story sources, the media-policy relationship is defined by this temporal disjuncture of reporters needing immediacy to do their jobs and policymakers needing contemplation to do their jobs. The relationship of media reporters and policymakers is symbiotic in that journalists need access to the sources of news and policymakers need coverage of their proposals and actions; nevertheless, the needs of journalists and policymakers are often incompatible because of their different orientation to time.

The mass media often have a direct influence on the policy agendasetting process, in addition to their indirect influence through the public agenda-setting process (see Figure 1.1). For example, Kingdon (1984) found that a window of opportunity for addressing or solving a social problem occurs (a) when a problem (b) converges with a solution in search of a problem (c) in a favorable political climate. Kingdon (1984) applied a model of decision making in organizations (Cohen, March, & Olsen, 1972) to public policy making. He concluded that the relationship of problems, policies, and politics in the decision-making process is not random; it is opportunistic. Kingdon usefully distinguished the agendasetting process from the process of alternative specification. He considered agenda-setting to be a narrowing of the set of subjects that could occupy policy attention to the list on which attention is actually focused. *Alternative specification* is the process of narrowing the range of possible positions for any one issue. Scholars of public agenda-setting would label this process *media framing*.

Policymakers regularly use the media to accomplish their goals. There is little doubt that circularity better defines the total agenda-setting process (Figure 1. 1) than does a linear and directional mediapublic policy model. Kingdon (1984), Linsky (1986), Rogers and Dearing (1988), Baumgartner and Jones (1993), and Trumbo (1995), among others, argue for circular models of the agenda-setting process that include certain general directional relationships (such as media to public). Even those scholars who present their ideas as stage models, such as Blumer (1971), Downs (1972), and Nelson (1984), include recursive feedback loops.

Recursivity means that the policy agenda, for example, has influence on the public agenda and public behavior. Derksen and Gartrell (1993) demonstrate the importance of conceptualizing and operationalizing recursivity in a study of the social context of recycling behavior in Canada. People who had curbside recycling in their community (a public policy in place) and who had pro-environmental attitudes engaged in recycling behaviors. People who did not have curbside recycling in their community (no policy enacted), even those who had pro-environmental attitudes, tended not to recycle.

Previously, for example, we stated that the U. S. president can put an issue on the national agenda just by giving a talk about it. If the president does not do so, the issue is hampered in its likelihood for getting on the agenda. The U. S. president "is the political system's thermostat, capable of heating up or cooling down the politics of any single issue or of an entire platter of issues" (Bosso, 1987, p. 261). A thermostat exerts powerful influence in a system: "No other single actor in the political system has quite the capability of the president to set agendas in given policy areas for all those who deal with these policies" (Kingdon, 1984, p. 17). Yet, of course, a U. S. president can ignore an issue and it can still get on the media and public agendas. This is a politically dangerous position for an elected official such as a president, as well as for government agency bureaucrats, who then risk losing control over how the issue is defined and framed on both agendas. For example, there are many cases in which the U. S. Environmental Protection Agency and the Department of Energy tried to hide information about the siting of waste treatment facilities or soil and water contamination problems. In hindsight, the bureaucrats involved would have fared far better in the public spotlight of media attention if they had proactively released information and sought to portray their problems and activities to their advantage before journalists or issue opponents such as consumer interest groups and environmental organizations defined and framed the issues. How an issue is reported is as important as whether the issue is reported at all.

Given that the U. S. president is a dominant force in setting the national agenda, how is the president's agenda set? Certain issues enter the White House with the election of a president, perhaps because they were a campaign promise (an example was President Bill Clinton's health care issue). Other issues are championed by a president after they bubble up through the media agenda and the public agenda, perhaps originally instigated by trigger events over which the president has no control but to which he must respond. Finally, certain issues are placed on the national agenda by the power of world events, such as a warlike act by some foreign power or by an international disaster, whether the president likes it or not. The mass media are omnipresent and central in the world of policy making (Linsky, 1986). Cohen (1965) described the central role of the media in foreign policy making:

> The press functions in the political process like the bloodstream in the human body, enabling the [foreign policy] process that we are familiar with today to continue on, by linking up all the widely-scattered parts, putting them in touch with one another, and supplying them with political and intellectual nourishment. (p. 196)

Media Coverage and Decision Making in Washington[1]

What goes on inside the Washington Beltway is puzzling to most Americans, but they would generally agree that the mass media are important influences in federal policy making. Evidence for the degree of media influence is provided by Martin Linsky, a lecturer in the John F. Kennedy School of Government at Harvard University. Linsky was uniquely qualified to lead a study of mass media influence on federal policy making. He had been a threeterm member of the Massachusetts House of Representatives and assistant attorney general for the Commonwealth of Massachusetts as well as an editorial writer and reporter for the *Boston Globe*. Linsky's team of researchers investigated the role of the mass media by conducting six case studies. Their topics were the 1969 reorganization of the Postal Department, the resignation of Vice President Spiro T. Agnew, the decision of President Jimmy Carter not to deploy the neutron bomb, the relocation of 700 families from the Love Canal area in New York State, the Reagan administration's support of a tax exemption for Bob Jones University, and the 1984 suspension of Social Security Disability reviews.

These six case studies show that Washington policymakers often infer the public agenda from the media agenda (Linsky, 1986; Linsky, Moore, O'Donnell, & Whitman, 1986). That is, government officials and politicians take the amount of media attention given to an issue as an indirect expression of public interest in the issue. This inference is not as strange as it might seem, as we know that the media agenda is related to the public agenda. The bureaucrats and elected leaders in Washington, D. C., could better consult poll data (such as the MIP) to track an issue on the public agenda. But they often don't.

Second, Linsky (1986) shows that many political factors, such as political party differences, the role of lobbying organizations, and the personal power of individual politicians are involved in determining the policy agenda. But for the mass media, he reserves an especially crucial role. In Linsky's (1986) cases, media coverage affects the ability of policymakers to get their policies successfully adopted and implemented. Many politicians and powerful bureaucrats learn of each other's activities through the mass media. So policymakers attempt to get positive coverage for their issues while tipping off reporters about negative aspects of competing issues. In short, policymakers proactively use the media to further their own policy goals. Many ofthe senior officials whom Linsky interviewed said that the media had a larger impact on the *process* of policy making (such as timing and the extent of consultation before making a decision) rather than the *content* of the policies themselves. And these same officials are frustrated by the media's ability to affect their issue priorities. In keeping with Kingdon's (1984) adaptation of Cohen et al.'s (1972) "garbage can model of organizational choice," which views federal policy making as an organized anarchy of problems, policies, and politics, Linsky (1986) found that policy agenda-setting is

> not subject to rigid rules or formulae. It is the result of the interplay of various currents, including but not limited to the intent of both journalists and officials. Journalists can set the agenda without trying, just by doing their jobs. (p. 89)

From the Issue of Power to the Power of Issues

Power is the crucial concept of study for many political scientists and international relations scholars, dating from Hans J. Morgenthau's classic book *Politics Among Nations* (1948). Because setting the policy agenda involves the use of individual and organizational power, it attracts the attention of contemporary political scientists, historians, and sociologists who are concerned with the actual or potential use of power.

One of the most influential studies in the policy agenda research tradition was by Roger W. Cobb and Charles D. Elder (1972/1983), *Participation in American Politics: The Dynamics of Agenda-*

Building. Published at about the same time as the McCombs and Shaw (1972) Chapel Hill study, the Cobb and Elder book similarly laid out many of the basic concepts for the policy agenda-setting investigators who followed. For example, Cobb and Elder (1972/1983, p. 85) emphasized the role of trigger events in issue creation. A *trigger event* is a cue-to-action that occurs at a point in time and serves to crystallize attention and action. In earlier chapters, we encountered numerous examples of trigger devices: the 1986 death of Len Bias and the War on Drugs; the 1989 Exxon *Valdez* oil spill and the environmental issue; and the 3½ minute television film broadcast by NBC on October 23, 1984, of the Ethiopian famine. Such triggers help the mass media frame an issue and also help the issue catch the public's attention. Essentially, a trigger event simplifies the nature of a complex issue into a form that the public can more easily understand. The public faces many issues at any point in time, far more than they can understand completely, given their limited time and attention. Thus, a trigger is a propelling force that helps an issue climb the agenda.

How is the study of policy agenda-setting different from other research by political scientists? Both types of scholars center their attention on the study of power, but policy agenda scholars focus on the power of issues, a much more specific research topic than the issue of power (Mansbach & Vasquez, 1981). Also, scholars of policy agendasetting use research methods that allow them to follow issues over time and incorporate the analysis of many difficult-to-quantify variables, such as leader personality and control over how issues are framed.

Due to their different goals of seeking to explain the behavior of nations, international relations scholars have categorized issues in different ways than have scholars of public agenda-setting. A series of deductive issue typologies have been proposed. For example, Lowi (1964) distinguished between *distributive issues*, which do not involve much expenditure of public funds and do not generate much interest from public groups; *regulatory issues*, which involve the allocation of contested public funds, and combative public interest groups, and so result in winners and losers; and *redistributive issues*, which encourage political leaders to divide public funds for problem solution in many ways in an attempt to pacify all of the involved attentive public groups. Rosenau (1971) proposed a division of issues according to the status of each issue, the extent to which human and nonhuman resources are required, the territory affected, and the extent to which the means and ends of issue resolution are tangible. Zimmerman (1973) extended Lowi's (1964) typology to foreign policy issues. Brecher, Steinberg, and Stein (1969), in a substantive typology more similar to those of mass communication scholars, considered issues to be military-security, political-diplomatic, economic, or cultural. Empirical tests of these issue typologies provide the most support for the Rosenau typology (Mansbach & Vasquez, 1981, pp. 36-47). Mansbach and Vasquez (1981), building on Cobb and Elder (1972/1983), propose a model of how and why issues get on the global policy agenda by focusing on issue proponents, issue salience, what is at stake, the nature of the stake, and the values associated with the stakes at hand. Baumgartner and Jones (1993) build on many of these ideas in their development of a methodology for combining cross-sectional and longitudinal approaches to the study of policy agenda-setting.

Investigative Reporting and Policy Making in Chicago[2]

Investigative reporting of the Watergate incident by two *Washington Post* newspeople, Woodward and Bernstein, contributed to the resignation of a U. S, president in 1974. The purpose of investigative reporting is to bring about a policy change, so it is intimately related to the agenda-setting process. Basically, the results of investigative reporting, when they appear in the mass media, ought to lead to a policy change. Whether they do so or not is an important topic of research for communication scholars and for students of policy making.

A decade ago, a band of scholars in Northwestern University's Center for Urban Affairs planned a research program on the role of investigative reporting in the policy agenda-setting process. This interdisciplinary research group was led by David Protess, a professor in the Medill School of Journalism at Northwestern, and included several scholars who had worked as investigative reporters, Despite the important role of investigative reporting in American journalism, little scholarly research had been conducted on whether or not investigative journalism actually results in policy change.

The Northwestern University research team designed a series of six field experiments on the effects of investigative reporting about the issues of government fraud and abuse in a health care program, rape, toxic waste disposal international child abductions, police brutality, and unsanitary conditions and fraud at federally funded kidney dialysis centers. The scholars would learn well in advance that an exposé resulting from investigative reporting was about to appear in the media. About 2 weeks before this news event, the Northwestern University scholars gathered survey data (a) from a sample of audience members and (b) from a small sample of policymakers. Then, several weeks after the results of the investigative reporting were announced publicly the scholars reinterviewed these same respondents to determine the effects of the investigative news reports on the public agenda and on the policy agenda. To conduct these field experiments with their limited resources, Protess and his colleagues studied investigative reporting's impacts in the Chicago and Philadelphia areas. Most other agenda scholars have not been able to use field experimental designs because they do not know in advance when media coverage of a new issue will occur. Use of this research design was a major advance by the Protess team. For scholarly research purposes, one of the important aspects of investigative reporting is that it is planned and thus can be anticipated by field experimenters.

One of the six field experiments, which dealt with investigative reporting on the issue of rape in Chicago, illustrates the research approach used by Protess and his Northwestern University colleagues (Protess, Left, Brooks, & Gordon, 1985). This field experiment used a pre- and postmeasure design to determine the effects of a newspaper investigative series about rape (a) on a random sample of 347 Chicago residents and (b) on a purposive sample of 39 policymakers. The investigative reporting was carried out by the *Chicago Sun-Times* newspaper and dealt with government improprieties in handling rape cases. Local police departments, especially in suburban areas, were intentionally underreporting rape cases, and state and local officials were not taking adequate measures to punish the offenders.

What effects did this weeklong series of newspaper stories, titled "Rape: Every Woman's Nightmare," have on the media, public, and policy agendas in Chicago? Very little measurable effect on the public agenda, and not much on policymakers, Protess and others (1985) found. Policymakers were already concerned about rape and responded to the newspaper series mainly by announcing various symbolic actions that had little actual substance. For instance, the Chicago mayor announced the establishment of a Rape Hotline, which had actually been created months earlier. The main effects of the investigative reporting about rape were on the media agenda itself. The *Sun-Times* gave much more attention to the issue of rape over the several months following publication of the series of investigative articles on rape in Chicago.

Taken together, the six cases studied by David Protess and his colleagues (1991) suggested to them that a direct public agenda influence on the policy agenda can occur, but the relationship is "weak and unreliable" (p. 19). They documented policy decisions being made in the absence of public reaction. And an issue's rise on the local policy agenda was often the result of behind-the-scenes collaboration between investigative journalists and city offidals. When these scholars did see evidence of the public agenda at work, it was not in evidence through the use of random selection public opinion polls but through organized and special interest groups.

Studying the Policy Agenda

Compared with research about the media agenda-public agenda link, investigations of policy agenda-setting have been fewer in number, and this research front has been less coherent. Even though the number of empirical studies of policy agenda-setting is small, a diversity of approaches have been attempted.

Field experiments like the Northwestern University studies of investigative reporting can provide insight into the causal factors involved in the agenda-setting process. David Protess and his research team at Northwestern University studied the consequences on the policy agenda of a particular type of mass media content, investigative journalism. They conceptualized an "investigative agenda" and related it to local public opinion and policy agendas.

A quite different and more typical approach, exemplified by the six case studies of policies carried out by Martin Linsky and his colleagues, is to begin with a public policy that has been enacted and then trace it retrospectively through the agenda-setting process. Jack Walker's (1977) study of the passage of the 1966 Traffic Safety Act is also an example of this backward-tracing approach.

Does the policy agenda-setting process actually lead to changes in behavior, and to solution of the original social problem, or, with time, does the problem just go away? In the case of certain issues, government commissions are appointed, investigations are conducted, and reports are published and publicized at news conferences, but actual behavior change does not occur (Downs, 1972). The bottom line here is whether or not a policy leads to behavior change, and to solution of the social problem underlying the issue. Seldom have agenda scholars studied what happens as the consequence of an issue being high on the policy agenda, thus leading to new policies, although one would expect that real-world indicators *should* subsequently change.

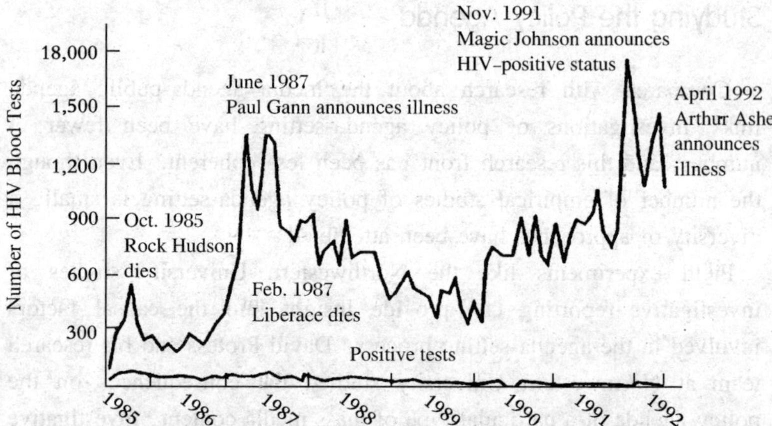

Figure 5.1 News Coverage of the Disclosures by Celebrities That They Have HIV/AIDS Leads to Increased HIV Testing

SOURCE: Gellert et al. (1992). Reprinted by permission of the *New England Journal of Medicine*, @1992, Massachusetts Medical Society.

The behavior change impacts of agenda-setting are indicated by the number of anonymous HIV blood tests following the media coverage of a celebrity with AIDS (Figure 5.1). The number of blood tests in

Orange County, California, a suburban area near Los Angeles, jumped immediately each time it was publicly disclosed that a noted celebrity had HIV/AIDS: Rock Hudson in 1985, Paul Gann (well known in California for leading the property-tax revolt) in 1987, Magic Johnson in 1991, and tennis star Arthur Ashe in 1992. The highest peak in the number of blood tests followed Magic Johnson's announcement, which particularly encouraged young people and individuals of color (two populations at especially high risk for HIV infection) to have blood tests (Gellert, Weismuller, Higgins, & Maxwell, 1992). However, these spikes in the number of HIV tests due to celebrities' disclosures did not lead to identification of more individuals with the virus (see the line across the bottom of Figure 5.1). In other words, the celebrity announcements mainly motivated the "wrong" people to come forward for HIV blood tests.

Note one shortcoming of the HIV blood-testing response to media coverage of celebrities having HIV/AIDS as an indicator of the impacts of a policy on behavior change. The causal factor being evaluated here is not really a *new* policy (the federal policy providing HIV blood tests was implemented much earlier, in the mid-1980s) but the media coverage of celebrities having HIV/AIDS. Thus, the effects of the media agenda rather than the policy agenda are evidenced by the number of blood tests. Nevertheless, the current illustration suggests an approach that could be used to probe overt behavior changes as shown by realworld indicators due to the implementation of new policies.

We need improved measures of the policy agenda and perhaps a greater degree of agreement among agenda scholars as to what the most appropriate measures should be. In comparison, there is a high degree of consensus that the number of news stories about an issue is a best measure of the media agenda. And there is a near consensus among hierarchy agenda researchers that poll questions like the MIP are the best way to measure the public agenda. But scholars who take a single-issue approach (as we detailed in Chapter 4), and policy agenda scholars, index the public agenda and the policy agenda in a variety of ways. The public agenda in single-issue studies may be conceptualized in terms of which special interest groups are able to promote and control the definition of an issue. This is a focus on the active, attentive public, who typically are first exposed to mass media content about issues and then serve as opinion leaders in influencing the views of other members of the public and organizing for action (Weimann, 1994, pp. 281-286). The policy agenda has been indexed by a diversity of variables such as the amount of federal funding appropriated (for coping with an issue), by the creation of a new government agency such as the Environmental Protection Agency in the 1970s, and by the passage of new legislation such as the 1966 auto safety law (Walker, 1977).

Setting the Agenda in the U. S. Senate[3]

Jack L. Walker was a University of Michigan political scientist who investigated the policy agenda-setting process through which the 1966 auto safety law was passed by the U. S. Senate. Previously, Walker had studied the role of various senators and the cliques and coalitions among the senators during their day-today political life. Walker then traced the political process through which a crucial auto safety law was passed, thus giving life to the political structure that he had already documented.

Walker focused on the role of legislative champions in proposing new legislation. Most of the Senate's business consists of routine matters that take up most of a senator's time, and so the opportunity to propose a new law is a rare event. In 1962, Abraham Ribicoff was elected to the U. S. Senate after serving as the governor of Connecticut, where he had established a reputation for strongly enforcing highway safety Ribicoff gained the chatmanship of a Senate subcommittee to investigate the federal government's role in traffic safety. Ralph Nader was a consultant to the subcommittee.

The number of traffic deaths per 100,000 miles driven had declined for 15 years, but in 1960, this real-world indicator turned sharply upward and rose for the next several years (Figure 5.2). The number of traffic deaths jumped from about 38,000 per year to reach 53,000 in 1966. Research on traffic safety had been under way for a decade, but policymakers had not paid much attention to the findings until various experts were called before the Ribicoff Subcommittee to testify. Some experts argued for more of the same type of programs as in the past: high school driver training courses, for example, and other efforts aimed at the individual driver. This perspective assumed an individual-blame definition of the social problem, that traffic deaths were due to the "nut behind the wheel."

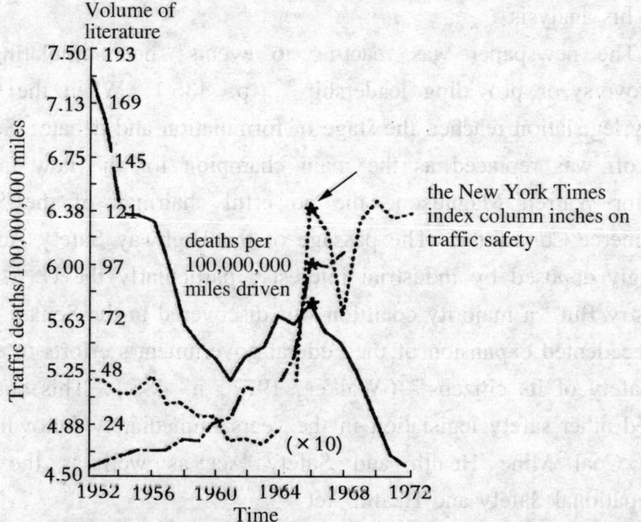

Figure 5.2 The Agenda-Setting Process for the Passage of the Highway Safety Act in 1966

SOURCE: Walker (1977). Used by permission of Cambridge University Press.

Some technical experts, however, advocated more radical changes, including such automobile redesign as installed seat belts, padded dashboards, and other kinds of crash protection. These system-blame advocates also called for the safer design of highways, such as placing impact attenuators (yellow barrels filled with gravel) in front of viaduct Columns. Ralph Nader's 1965 book, *Unsafe at Any Speed*, popularized this system-blame viewpoint of auto safety, which argued that unsafe cars and highways were responsible for traffic fatalities, as well as careless drivers.

The *New York Times* news coverage of traffic safety turned upward in 1964 and increased sharply in 1965, the year of the Ribicoff Subcommittee hearings. The *Times's* coverage then surged in 1966, the peak year in the rate of traffic deaths and the year in which the new law was passed (see Figure 5. 1). Walker (1977) concluded from his analysis:

"The newspaper was reacting to events, not stimulating the controversy or providing leadership" (p. 435). When the traffic safety legislation reached the stage of formulation and debate, Senator Ribicoff was replaced as the main champion for the new law by Senator Warren Magnuson, the powerful chairman of the Senate Commerce Committee. The passage of the Highway Safety Act was strongly opposed by industrial interests, particularly the U. S. auto industry But "a majority coalition was discovered in the Senate for an unprecedented expansion of the Federal government's efforts to ensure the safety of its citizens" (Walker, 1977, p. 435). This coalition passed other safety legislation in the years immediately following the 1969 Coal Mine Health and Safety Act as well as the 1970 Occupational Safety and Health Act.

Why did the 1966 traffic safety law pass in the Senate?

An easily understood, widely respected social indicator [traffic deaths] pointed to the development of a serious national problem that prevailing public polieies were unable to handle. A body of research with clear policy implications had emerged that provided justification for new legislation. ... And skillful political entrepreneurs were available who could tie all of these elements together in a dramatic proposal for change. (Walker, 1977, p. 435)

This case illustration demonstrates how policy agenda-setting research can illuminate the exercise of power: "Those who manage to shape the legislative agenda, in other words, are able to magnify their influence many times over by determining the focus of attention and energy in the entire political system" (Walker, 1977, p. 445). Here we see how research on the policy agenda-setting process illuminates the nature of power in the political process.

Summary

This chapter summarized what has been learned about how an issue gets on the policy agenda. Circularity of influence is a consistent finding in policy agenda studies. There is little agreement among agenda-setting scholars on the best way to measure the policy agenda, and indeed, a variety of measures (federal appropriations, a new law, legislative hearings, creation of a new government agency, and so on) have been used.

In some cases, the media agenda has a direct effect in the policy agenda-setting process, although more often, the media agenda has an indirect effect through the public agenda or through prepublication information sharing. The U. S. president is a dominant force on the national policy agenda, but little scholarly research has investigated how the president's agenda is set. *Alternative specification* is the process of narrowing the range of possible positions for any one issue as that issue is being set on a policy agenda. And, as in the case of media agendasetting and public agenda-setting, an issue is often boosted up the policy agenda by a *trigger event*, defined as a cue-to-action that occurs at a point in time and serves to crystallize attention and action.

Notes

1. This case illustration is based on Martin Linsky (1986) as well as other sources.

2. This case illustration is based on David L. Protess, Fay Lomax Cook, Jack Doppelt, James S. Ettema, Margaret T. Gordon, Donna R. Leff, and Peter Miller (1991), Harvey L. Molotch, D. L. Protess, and M. T. Gordon (1987), and other sources.

3. The following case illustration is based on Jack L. Walker (1977).

6. *Studying the Agenda-Setting Process*

The biggest obstacles that bedevil the transition from [public consciousness to working through social problems] relate to what is sometimes referred to as the "agenda-setting" function of the press.

Daniel Yankelovich (1991, p. 86)

Institutions are often the children of agenda access, and the means through which short periods of attention affect outcomes and government policies for decades.

Frank R. Baumgartner and
Bryan D. Jones (1993, p. 84)

The main theme of this book is a broadening of scholarly research on the agenda-setting process in recent years from hierarchy studies to include investigations of a single issue (or a small interacting number of issues), either studied over time in a sociological approach or studied experimentally in a psychological approach. This paradigmatic change is part of a more general trend toward disaggregation in agenda-setting research. Reasons for this move toward disaggregation are discussed in this chapter.

In this volume, we reviewed the nature of media, public, and policy agenda-setting. Separate chapters were devoted to cross-sectional hierarchy designs versus longitudinal research designs about public agenda-setting. Different methods for studying each of these types of agenda-setting are required. The hierarchy approach to studying public agenda-setting has been dominated by one-point-in-time correlational comparisons of media content with the aggregated responses by the public to survey questions about issue salience. In recent years, however, longitudinal studies have begun to replace the dominance of the multiple-issue hierarchy approach. Investigations of how the media agenda is set now include over-time participant observation in media organizations as well as the analysis of quantitative variables (like real-world indicators). Studies of policy agenda-setting display more variation in method, from depth interviews with elites, to surveys of public leaders, to time-series analyses of congressional voting behavior. Each research method has strengths and weaknesses. Bias of different types is inherent in each method.

This final chapter (a) critiques past research on the agenda-setting process and suggests directions for future work, and (b) identifies ways of combining research methods to increase the validity and reliability of observations and to allow study of new aspects of the entire agenda-setting process.

Comparisons Among Agenda-Setting Approaches

The more than 350 scholarly publications about the agenda-setting process included in our Suggested Readings represent a diversity of research approaches. These varied studies have certain aspects in common. Most are influenced by the agenda-setting metaphor. "One strength of the robust agenda concept is its ability to pull together previously unconnected lines of research" (Reese, 1991, p. 310). Agenda-setting is an exciting idea, and it has attracted a tremendous amount of research attention. It still does. About 25 agenda-setting publications have appeared annually in recent years. The agenda research approach originally promised to illuminate more clearly whether the mass media had effects. "Walter Lippmann's quest in *Public Opinion* to link the world outside to the pictures in our heads via the news media was brought to quantitative, empirical fruition by agenda-setting research" (McCombs, 1992, p. 815).

McCombs and Shaw (1972) justified agenda-setting research as an improved approach to understanding media effects. Have we accomplished what they envisioned several decades ago? The media agenda is powerful in its impact because it usually launches the agenda-setting process. "This media agenda simultaneously projects forward a powerful structuring effect on audience perceptions, while itself indicating the powerful influences behind its creation" (Reese, 1991, p. 309).

Longitudinal studies of agenda-setting are one of relatively few types of over-time investigations in communication research. Longitudinal research allows for the charting of "positive feedback" within a political system, in which small inputs by active, organized groups of issue proponents can cascade into major effects, similar to bandwagon effects, through "issue expansion" (Baumgartner & Jones, 1993). This diffusion of an issue within a system is another way of conceptualizing what Downs (1972) termed the *issue-attention cycle* as an issue is popularized and institutionalized, or not. Longitudinal perspectives on issue development reveal the exponential growth function characteristic of the diffusion of innovations (Rogers, 1995). As Brosius and Kepplinger (1992a) pointed out:

> Compared to cross-sectional analyses, longitudinal or time-series analyses provide several advantages ... one can determine the direction of influence of the agenda-setting process (whether media coverage precedes and influences public opinion, or vice versa). Second, one can determine the strength of influence for different issues, and thus define attributes of issues that are contingent conditions for media effects. Third, one can distinguish time periods with either strong or weak media effects, and thus analyze media effects at different points in an issue's

history. (pp. 5-6)

It is the longitudinal aspect of certain agenda-setting research designs, both quantitative and qualitative, that allows them to illuminate the nature of media effects with special clarity at a sociological level of analysis, just as it is the control of experimental designs that allows them to illuminate the nature of media effects with special clarity at a psychological level of analysis.

Generalizations About Agenda-Setting

We conclude the previous five chapters with the following generalizations about the agenda-setting process.

1. A common finding of numerous agenda-setting researchers, dating back to the original study by McCombs and Shaw (1972), is that *at a given point*, *or over a certain period of time*, *different media place a similar salience on a set of issues*. This similarity of issue saliences in media coverage does not mean that all media are saying exactly the same thing at the same time. Indeed, some studies comparing television with newspaper coverage show that these media differ at times in how they cover an issue. But, in general, *the media tend to agree in the number of*, *or the proportion of*, *news stories that they devote to a particular issue*. The media agenda is a very gross indicator of media message content; an agendasetting investigator does not care what the media say about an issue of study, just *how much* they say about it.

2. *Real-world indicators are relatively unimportant in setting the media agenda*. Funkhouser (1973b), one of the first scholars to compare the media coverage of an issue with a real-world indicator of that issue, found little correspondence. For example, American involvement in Vietnam peaked in 1968, but media coverage had

peaked 2 years earlier, in 1966. Real-world indicators for the War on Drugs issue and the environmental issue were continuously improving during the years in which these issues climbed the national agenda (Ader, 1993). In these two cases, the real-world indicator is *negatively* related to the media agenda. Clearly, what counts is the attention that organized networks of people can muster concerning their framing of a problem (Blumer, 1971), and not so much the severity of the problem.

3. *The agenda-setting process is one of social construction through which key individuals interpret clues from the media and from their environment to determine the salience of an issue.* Trigger events (such as the 1984 BBC film clip on the Ethiopian famine) are more important than real-world indicators in putting an issue on the agenda. Agenda-setting is, in some cases, an emotional reaction to certain trigger events.

Unless an issue is perceived as a social problem, at least to a certain degree, it probably will not get on the media agenda. But real-world indicators are usually dry statistics, without much news value and with little impact on the media agenda, unless they are illustrated by a tragic event or a personal tragedy.

4. *The White House, the New York* Times, *and spectacular trigger events play a dominant role in putting an issue on the U. S. media agenda.* Examples of trigger events are the death of Rock Hudson due to AIDS and the Exxon *Valdez* oil spill. Such human drama simplifies a complex issue. Disasters and tragedies help newspersons and the public attach meaning to an event by linking it to an issue.

Can an issue climb the agenda without a trigger event like Rock Hudson or the Exxon *Valdez*? Sometimes. The guns-and-violence issue of 1993 1994 was not tied to any particular personal tragedy or disastrous event. We conclude that *cues-to-action can help an issue climb the national agenda, but these trigger events are not necessary or sufficient.*

5. *Scientific research results do not play an important role in the agendasetting process*. Looking back across the case illustrations in our previous five chapters, we seldom encountered any role for scientific findings in putting an issue on the media agenda. In the Rogers et al. (1991) study of AIDS in the 1980s, several important scientific breakthroughs (such as determining that the exchange of bodily fluids was the means of AIDS transmission, identification of the AIDS virus, and finding an HIV blood test) were announced and featured in media news stories. These scientific events, however, did not set the media agenda for the issue of AIDS. Jack Walker's (1977) analysis of the vehicle safety issue in the mid-1960s showed that considerable scientific research had been conducted on ways to lower the rate of traffic deaths through the design of safer vehicles and highways. This research had been widely reported in the scientific literature during the decade prior to passage of the 1966 auto safety law by the U. S. Congress. However, this safety research had no impact on the policy agenda-setting process until its main results were championed by key senators such as Ribicoff and Magnuson.

6. *The position of an issue on the media agenda importantly determines that issue's salience on the public agenda*. Of the 112 empirical studies of the agenda-setting process that we reviewed, 60% support a media agenda-public agenda relationship. Most of these studies were crosssectional. Subsequent longitudinal investigations continue to support this generalization (Trumbo, 1995). When the media give heavy news coverage to an issue, the public usually responds by according the issue a higher salience on the public agenda. This relationship of the media agenda to the public agenda seems to hold under a wide variety of conditions, for a diversity of issues, and when explored with diverse research methods.

Does the public agenda influence the policy agenda? Here the research evidence is less strong, although the recent large-scale investigation by Erikson et al. (1993) of public opinion and policy positions concludes a strong effect of public opinion on state- level policy making. Other factors also influence the policy agenda (see Figure 4.3).

Toward Disaggregation in Agenda-Setting Research

A powerful paradigm in any scientific specialty can be dangerous in that a single approach to the central research problem may become overly standardized (Kuhn, 1962/1970). Agenda-setting research may have become overly stereotyped around the McCombs and Shaw (1972) paradigm. "The literature on agenda-setting has been stunningly successful in telling people what data to collect but it has not been very successful in telling its readers why the data matter" (Ettema et al., 1991, p. 76). Another critic of the agenda-setting paradigm, Burd (1991), noted: "Unfortunately, too many agenda-setting researchers rely on a linear, one-dimensional, assembly-line model for the production and manufacture of public opinion and policy" (p. 291).

How can such criticisms of the agenda-setting paradigm be overcome? *A long-term trend in agenda-setting research is toward disaggregation of the data.* The original McCombs and Shaw (1972) study was highly aggregated: All of the 100 undecided voters' issue priorities were pooled in one composite ranking of the five main issues of study. The number of news stories in the nine mass media (five newspapers, two newsmagazines, and two television networks' evening news broadcasts) were pooled in one aggregated ranking of the same five issues (foreign policy, law and order, fiscal policy, public welfare, and civil rights). Using less aggregated approaches allows scholars greater insight into the relationships of key variables in the agenda-setting process—relationships that are otherwise masked.

An important move toward data disaggregation is represented by the

Erbring et al. (1980) study. These scholars gathered personal interview data from a national sample of respondents in 1974 (to measure the public agenda) and correlated it with the media agenda (of newspaper coverage, which was content-analyzed).

> For those 94 newspapers *actually read* by seven or more of the 1974 survey respondents, all front-page articles (about 8,900) were manually coded for issue content and merged with the survey data by *matching each respondent* with content information from the particular paper he or she had read. (Erbring et al., 1980, pp. 20-21)

As a further step toward localization as a means of disaggregation of the agenda data, *these scholars measured crime and unemployment rates in the communities where their survey respondents lived* (rather than using nationwide real-world indicators for crime and unemployment). They then used these localized real-world indicators in their data analysis. Thus, the media agenda variables, the public agenda variables, and the real-world indicators were disaggregated to the individual and localized level of analysis. This basic change from the much more aggregated approach of the original McCombs and Shaw (1972) study allowed Erbring et al. (1980) to bring the personal characteristics of their respondents into their analysis. They found that issues on the newspaper agenda had greater impact on individuals who were sensitive to a particular issue. For example, elderly and female respondents were more fearful of crime. The media agenda for the crime issue had almost no impact on other audience individuals. This conclusion could not have been investigated through survey research without a high degree of disaggregation.

Other types of localization are also possible as part of a disaggregation strategy. At a given point in time, when the health care issue may top the national agenda, the drunk driving issue tops the agenda in the state of New Mexico, AIDS is the priority in San

Francisco, and a particular individual who is out of work in Des Moines perceives that unemployment is the most important problem facing the nation. There may be a relationship of the agenda-setting process at one level with that at another level, but not necessarily.

Further, certain racial or other segments of U. S. society may have an agenda-setting process that operates independently of the national agenda-setting process. For example, Cherry (1986) found that black people in the United States, in answer to national polls, ranked a different set of issues in high priority than did the white population. Black Americans read *Jet*, *Ebony*, and other distinctive media whose media agenda of issues corresponds closely to the public agenda of issues for African Americans. Perhaps Hispanics have a unique agenda-setting process also, as do other segments of the national population.

Single-issue research or a comparative case study design for the agenda-setting process is one type of disaggregation. Sociological singleissue studies allow scholars to conduct longitudinal time-series analyses of agenda-setting variables, thus allowing insight into the processual aspects of agenda-setting. Experimentation too represents a longitudinal disaggregation strategy, in that one variable, such as the salience of an issue on the media agenda, is manipulated, and the effect of this treatment manipulation on the public agenda of the experimental subjects is tested at the individual level of analysis.

We see similar promise in the nascent use of computer software content analysis programs, such as Wordlink, developed by James Danowski at the University of Illinois at Chicago, and Negopy, a network analysis program developed by Bill Richards at Simon Fraser University in British Columbia. Wordlink was combined with Negopy by Maria Hibbs (1993) in her over-time agenda-setting study of the steel trade issue:

"Words in the text are codes or symbols for the ideas and

positions of actors within the issue network. By conducting the word network analysis of the text of news articles and government documents and records, it is possible to explore the word network's structure." (p. 120)

Research Questions for Future Study

Despite more than 350 publications, several vital research questions about the agenda-setting process have not been answered. The following questions might be addressed in future studies of the agenda-setting process.

(*1*) *Who else puts an issue on the national agenda?* What institutions in addition to the *New York Times* and the White House put an issue on the national agenda? Does influence between nations in determining which problems come to be recognized as international issues follow a similar logic as we understand for domestic agenda-setting?

(2) *What keeps an issue on the national agenda over a lengthy period of time?* Can the length of time that an issue is on the agenda be managed? Most issues rise and then fall on the national agenda, usually after being at the top only for a rather short period of several months or years. The War on Drugs issue rose and fell on the national agenda from 1986 to 1991. Yet other issues, AIDS, for example, once on the media agenda (in 1985) stayed there, although with some ups and downs. Is this staying ability of the AIDS issue because of its life-and-death nature, because of the lack of a cure, or for some other reason? How does the context of an issue's rise onto an agenda, whether one of enthusiasm or criticism (Baumgartner & Jones, 1993), affect issue duration? Why does an issue drop down the agenda and disappear? Very few studies have investigated this issue.

(*3*) *What is the nature of the private process of agenda-setting that often may occur prior to the public process that scholars typically observe and report*? For instance, in the mid-1980s, such powerful individuals as Frank Stanton, former president of CBS, persuaded Jay Winsten, the Harvard public health professor, to launch the designated driver campaign with Hollywood prime-time television scriptwriters. Thanks to Stanton, Winsten's designated driver issue became relevant among the top officials in the Hollywood television industry (Montgomery, 1993). Seldom, however, can scholars glimpse such behind-the-scenes aspects of agenda-setting. Such low-profile processes should be illuminated, perhaps through the use of case studies, participant observation, depth interviews, and field methods of inquiry.

(4) *What is the role of an issue proponent in the agenda-setting process*? Charismatic and persistent issue proponents seem to be necessary for launching certain issues, such as rock musician Bob Geldoff for the 1984 Ethiopian famine and former *San Francisco Chronicle* reporter Randy Shilts for the issue of AIDS in San Francisco. Would these issues have progressed through the agenda-setting process without these issue champions? Political scientists and sociologists, in conducting case studies of political or social actors, have a great deal to teach communication researchers about the role of issue proponents.

(5) *Do the proponents responsible for the policy agenda-setting of one issue learn from prior experiences with the agenda-setting process for other issues*? Is there any carryover or generalizability of policy agendasetting from issue to issue? Walker's (1977) study of the 1966 Highway Safety Act suggests that its enactment by the U. S. Senate led directly to later passage of the Mine Safety Act. Thus, one issue may clear the way for a closely related issue. Does this happen often?

(6) *How is an issue framed, by whom, and with what regularity*? Jay Winsten's designated driver issue focused on drunk driving, but not on

alcoholism. The alcoholism issue is threatening to the U. S. television industry, which depends on alcohol advertising sales. AIDS was framed initially as a gay men's disease, then reframed as a minority health problem. Although the framing of an issue is very important, it may happen in a rather accidental way. For example, a spectacular and tragic event may frame an issue. Such framing by a trigger device can then propel the issue through the agenda-setting process. For instance, the Exxon *Valdez* oil spill in March 1989, and how it was framed by the media, helped put the environmental issue on the U. S. policy agenda.

(7) *To what degree is the agenda-setting process for an issue in a local community similar to what happens nationally for the same issue*? Do issues usually begin locally and then bubble up to the national level? For example, the designated driver campaign began in Boston when a local TV newscaster was killed by a drunk driver. Two years later, Jay Winsten launched the designated driver issue nationally by influencing Hollywood scriptwriters. Another example is the AIDS issue, which was high on the local agenda in San Francisco for several years before it climbed the national agenda in the United States. The DWI (driving while intoxicated) issue in Albuquerque and in the state of New Mexico in 1993 led to new state laws providing particularly harsh penalties for drunk drivers. It was set off by an event, the 1992 Christmas Eve deaths of three members of a young family who were hit by a drunk driver. Will the DWI issue eventually spread from New Mexico to the national agenda?

(8) *What is the end of the agenda-setting process*? Why can a short-lived hot glare of mass media attention result in the creation of institutions that then persist for decades, rather independently of social problems? Does a new policy that is adopted as a consequence of the agenda-setting process have an ultimate effect in bringing about social change? Does the new policy solve the social problem that launched the agendasetting process? Usually, an end goal of an agenda-setting

process is individual-level behavior change: smoking cessation, recycling, condom use and safer sex, and designated driving.

One policy effect of the post-1989 environmental crisis was to encourage the public to adopt pro-environmental attitudes toward recycling. Did it affect overt behavior? Derksen and Gartrell (1993) investigated the recycling of cans, bottles, and newspapers in two Canadian cities: Edmonton, which had curbside pickup of recycled materials, and Calgary, which did not have such a program. The generally favorable attitudes toward recycling were highly related to actual recycling behavior in Edmonton, but not in Calgary. Thus, whether or not the high priority of the environmental issue on the public agenda led to actual recycling behavior depended on whether or not a city recycling program was in operation. So, other factors (such as infrastructural variables) intervene in whether the agenda-setting process leads to behavioral change.

(9) *Why are some issues not resolved*? Homelessness, for example, seems to be an unsolvable problem in the United States. The War on Drugs in the late 1980s was preceded by an earlier drug eradication program in the 1970s. Similarly, the 1990s environmental crisis resulting from the Exxon *Valdez* oil spill is the second time that the environmental issue has climbed the national agenda in the past 25 years. Some social problems persist despite human attempts to resolve them. These longterm problems are occasionally made anew into "issues" through certain trigger devices and/or issue champions.

(*10*) *How does one issue compete for salience with another issue*? In 1990-1991, the Gulf War pushed all other issues off of the U. S. agenda for a period of several months. Do such dominant issues occur very frequently? How do media gatekeepers decide that a certain issue should overshadow another issue? What criteria are used to decide on the amount of news coverage to give to an issue? This dynamic of issue competition has rarely been addressed (Hilgartner & Bosk,

1988). The media agenda and the public agenda can be zero-sum games. How does this issue competition actually occur?

(11) *Is the media agenda-setting process limited to news issues?* Can entertainment media content affect the public agenda for an issue? The previously cited example of the designated driver campaign in the United States, which boosted awareness of the concept and led to an increase in the use of designated drivers, was mainly accomplished through prime-time television shows, supplemented by public service announcements. The unexplored issue here is whether media content other than news (such as entertainment and advertising) plays a role in the agenda-setting process.

(12) *How is the agenda-setting process in other nations different from this process in the United States?* Most of the more than 350 agenda-setting publications have a made-in-the-U. S. A. label. Brosius and Kepplinger (1990) and Takeshita (1993), for example, suggest strong similarities between public agenda-setting in Germany and Japan with this process in the United States. Studies have also been carried out in Australia (Gadir, 1982), Canada (Winter, Eyal, & Rogers, 1982), Denmark (Siune & Borre, 1975), Ghana (Anokwa & Salwen, 1988), Saudi Arabia (AlHaqeel & Melkote, 1994), Singapore (Holaday & Kuo, 1992), Sweden (Asp, 1983), and Venezuela (Chaffee & Izcaray, 1975). Although these studies and those carried out in Germany and Japan provide valuable information about comparative media functions in less industrially developed and more industrially developed nations, more research in a wider variety of countries is needed.

The Need for Multimethod Research Designs

Brewer and Hunter (1989), Yin (1989), and Shadish, Cook, and

Leviton (1991) argue for the strategic combination of different research methods that vary in their types of inherent bias. *Multimethod research* is a systematic inquiry that combines several different data-gathering methods. A *complementary multimethod approach* is a research design in which each method provides data about different but related research questions. A *focused multimethod approach* is a research design in which each method provides different data in a strong test of the same hypothesis or research question.

There are also disadvantages of conducting multimethod research. Using different methods of data gathering requires more preparation and planning in the design of a research project. More resources (time, money, and collaborators or assistants) are usually required. A wider range of competencies is required of multimethod investigators. They must understand each of the methods they use. Despite these difficulties, multimethod research on the agenda-setting process is needed. In the past, most investigations have measured each variable with a singledata-gathering method.

Agenda-Setting in Democratic Societies

What is the unique contribution of the agenda-setting perspective? It "implicitly adopts the pluralistic values of democratic theory, bringing public opinion to center stage" (Reese, 1991, p. 310). This emphasis on public opinion is especially characteristic of conceptualizations of the entire agenda-setting process where public opinion plays a deterministic role.

What assumptions about the media, public opinion, and democracy do agenda-setting scholars make? "No doubt most agenda researchers ...are motivated by the notion that they have isolated a key moment in the process of governance" (Ettema et al., 1991, p. 76). Ideally, in American democratic theory, " the press monitors the political environment, contributes to the formation of public opinion, and, thereby, motivates policy initiatives." So, one crucial assumption about the agenda-setting process is that the media agenda often launches the process, putting an issue on the public agenda, which then may lead to policy change. This instigating role for the mass media highlights a crucial role they play in a democratic society.

* * *

On the twentieth anniversary of agenda-setting research, McCombs and Shaw (1993) concluded that recent studies suggest more than a limited effect on cognition. Under certain conditions, the media of mass communication tell us how to think about issues and, therefore, what to think. We agree. The public agenda-setting effects of media are more powerful than indicated by Bernard Cohen (1963), with whose quotation we began this book. Fascinating studies that explore the political nature of policy agenda-setting, the diverse sources of influence on media agendas, and the use of multiple methods to study the longitudinal dynamics of media, public, and policy agenda-setting are being published. Taken together, such research offers to raise the sights of students of agenda-setting from the testing of a hypothesis to holistic investigations of social influence.

References

Ader, C. R. (1993, August). *A longitudinal study of agenda-setting for the issue of environmental pollution*. Paper presented at the Association for Education in Journalism and Mass Communication, Kansas City.

AI-Haqeel, A. S., & Melkote, S. R. (1994). *International agenda-setting effects of Saudi Arabian media: A case study*. Paper presented at the Association for Education in Journalism and Mass Communication, Atlanta.

Anokwa, K., & Salwen, M. B. (1988). Newspaper agenda-setting among elites and non-elites in Ghana. *Gazette*, *41*,201-214.

Ansolabehere, S., & Iyengar, S. (1994). Riding the wave and claiming ownership over issues: The joint effects of advertising and news coverage in campaigns. *Public Opinion Quarterly*, *58*, 335-357.

Asp, K. (1983). The struggle for agenda: Party agenda, media agenda and voter agenda in the 1979 Swedish election campaign. *Communication Research*, *10*(3), 333-355.

Ball-Rokeach, S. (1985). The origins of individual media system dependency: Sociological framework. *Communication Research*, *12*, 485-510.

Baumgartner, F. R., & Jones, B. D. (1993). *Agendas and instability in American politics*. Chicago: University of Chicago Press.

Blumcr, H. (1948). Puhlic opinion and public opinion polling. *American Sociologi cal Review*, *13*(5), 542-554.

Blumer, H. (1971). Social problems as collective behavior. *Social Problems*, *18*(3), 298-306.

Boorstin, D. (1961). *The image*. New York: Harper.

Boot, W. (1985, March-April). Ethiopia: Feasting on famine. *Columbia Journalism Review*, pp. 47-48.

Bosso, C. J. (1987). *Pesticides and politics: The life cycle of a public issue*. Pittsburgh: University of Pittsburgh Press.

Brecher, M., Steinberg, B., & Stein, J. (1969). A framework for research on foreign policy behavior. *Journal of Conflict Resolution*, *13*(1), 75-101.

Brewer, J., & Hunter, A. (1989). *Multimethod research*. Newbury Park, CA: Sage.

Brosius, H., & Kepplinger, H. M. (1990). The agenda-setting function of television news: Static and dynamic views. *Communication Research*, *17*(2), 183-211.

Brosius, H., & Kepplinger, H. M. (1992a). Linear and non linear models of agenda setting in television. *Journal of Broadcasting and Electronic Media*, *36*, 5-32.

Brosius, H., & Kepplinger, H. M. (1992b, May). *In search of killer issues: Issue competition in the agenda-setting process*. Paper presented at the American Association for Public Opinion Research, St. Petersburg, FL.

Burd, G. (1991). A critique of two decades of agenda-setting research. In D. E. Profess & M. McCombs (Eds.), *Agenda-setting: Readings on media, public opinion, and policymaking* (pp. 291-294). Hillsdale, NJ: Lawrence Erlbaum.

Carragee, K., Rosenblatt, M., & Michaud, G. (1987). Agenda-setting research: A critique and theoretical alternative. In S. Thomas (Ed.), *Studies in communication 3* (pp. 35-49). Norwood, NJ: Ablex.

Chaffee, S. H., & Izcaray, F. (1975). Mass communication functions in a media rich developing society. In S. H. Chaffee (Ed.), *Political communication: Issues and strategies for research* (pp. 367-395). Beverly Hills, CA: Sage.

Cherry, D. (1986). *A longitudinal analysis of the agenda-setting power of the black periodical press*. Unpublished doctoral dissertation, University of North Carolina, Chapel Hill.

Cobb, R. W., & Elder, C. D. (1981). Communication and public policy. In D. D. Nimmo & K. R. Sanders (Eds.), *Handbook of political communication* (pp. 391-416). Beverly Hills, CA: Sage.

Cobb, R. W., & Elder, C. D. (1983). *Participation in American politics: The dynamics of agenda-building*. Baltimore: Johns Hopkins University Press. (Original work published by Allyn & Bacon in 1972)

Cohen, B. C. (1963). *The press and foreign policy*. Princeton, NJ: Princeton University Press.

Cohen, B. C. (1965). *Foreign policy in American government*. Boston: Little, Brown.

Cohen, M., March, J., & Olsen, J. (1972). A garbage can model of organizational choice. *Administrative Science Quarterly*, *17*, 1-25.

Crane, D. (1972). *Invisible colleges: Diffusion of knowledge in scientific communities*. Chicago: University of Chicago Press.

Danielian, L., & Reese, S. (1989). A closer look at intermedia influences on agenda-setting: The cocaine issue of 1986. In P. J. Shoemaker (Ed.), *Communication campaigns about drugs: Government, media and the public* (pp. 47-64). Hillsdale, NJ: Lawrence Erlbaum.

Davis, F. J. (1952). Crime news in Colorado newspapers. *American Journal of Sociology*, *57*, 325-330.

Dearing, J. W. (1989). Setting the polling agenda for the issue of AIDS. *Public Opinion Quarterly*, *53*(3), 309-329.

Dearing, J. W. (1992). Foreign blood and domestic politics: The issue of AIDS in Japan. In E. Fee & D. M. Fox (Eds.), *AIDS: The making of a chronic disease* (pp. 326-345). Berkeley: University of California Press.

Dearing, J. W., & Rogers, E. M. (1992). AIDS and the media

agenda. In T. Edgar, M. Fitzpatrick, & V. Freimuth (Eds.), *AIDS: A communication perspective* (pp. 173-194). Hillsdale, NJ: Lawrence Erlbaum.

DeFleur, M. L. (1987). The growth and decline of research on the diffusion of the news 1945-1985. *Communication Research*, *14* (1), 109-130.

Derksen, L., & Gartrell, J. (1993). The social context of recycling. *American Sociological Review*, *58*, 434-442.

Deutschmann, P. J., & Danielson, W. (1960). Diffusion of the major news story. *Journalism Quarterly*, *37*, 345-355.

Downs, A. (1972). Up and down with ecology: The issue-attention cycle. *Public Interest*, *28*, 38-50.

Eichhorn, W. (1993, August). *An experimental test of the agenda-setting function of the press*. Paper presented at the Association for Education in Journalism and Mass Communication, Kansas City.

Einsiedel, E. F., Salomone, K. L., & Schneider, F. P. (1984). Crime: Effects of media exposure and personal experience on issue salience. *Journalism Quarterly*, *61*, 131-136.

Entman, R. M. (1989). How the media affect what people think: An information processing approach. *Journal of Politics*, *51*, 347-370.

Erbring, L., Goldenberg, E. N., & Miller, A. H. (1980). Front-page news and real-world cues: A new look at agenda-setting by the media. *American Journal of Political Science*, *24*(1), 16-49.

Erikson, R. S., Wright, G. C., & Mclver, J. P. (1993). *Statehouse democracy: Public opinion and policy in the American states*. New York: Cambridge University Press.

Ettema, J. S., Protess, D. L., Leff, D. R., Miller, P. V., Doppelt, J., & Cook, F. L. (1991). Agenda-setting as politics: A case study of the press-public-policy connection. *Communication*, *12*, 75-98.

Eyal, C. H. (1979). *Time-frame in agenda setting research: A study of the conceptual and methodological factors affecting the time frame context of the agenda-setting process*. Unpublished doctoral dissertation, Syracuse University, Syracuse, NY.

Eyal, C., Winter, J. P., & DeGeorge, W. F. (1981). The concept of time frame in agenda-setting. In G. C. Wilhoit & H. DeBock (Eds.), *Mass communication review yearbook* 2 (pp. 212-218). Beverly Hills, CA: Sage.

Fiske, S., & Taylor, S. (1984). *Social cognition*. New York: Random House.

Fitzgerald, F. (1986). *Cities on a hill: A journey through contemporary American culture*. New York: Simon & Schuster.

Funkhouser, G. R. (1973a). The issues of the sixties: An exploratory study in the dynamics of public opinion. *Public Opinion Quarterly*, *37*(1), 62-75.

Funkhouser, G. R. (1973b). Trends in media coverage of the issues of the sixties. *Journalism Quarterly*, *50*, 533-538.

Gadir, S. (1982). Media agenda-setting in Australia: The rise and fall of public issues *Media Information Australia*, *26*, 13-23.

Gamson, W. A. (1975). *The strategy of protest*. Homewood, IL: Dorsey.

Gamson, W. A. (1992). *Talking politics*. Cambridge: Cambridge University Press.

Gans, H. J. (1979). *Deciding what's news: A study of CBS Evening News, NBC Nightly News, Newsweek and Time*. New York: Pantheon.

Gellert, G. A., Weismuller, P. C., Higgins, K. V., & Maxwell, R. M. (1992). Disclosure of AIDS in celebrities. *New England Journal of Medicine*, *327*(19), 1389.

Goodman, R. (1994, May). *Bush administration congressional versus presidential agenda-setting: The China most favored nation controversy*. Paper presented at the International Communication Association, Albuquerque.

Hedo, H. (1978). Issue networks and the executive establishment. In A. King (Ed.), *The new American political system* (pp. 87-124). Washington, DC: American Enterprise Institute.

Hertog, J. K., Finnegan, J. R., Ir., & Kahn, E. (1994). Media coverage of AIDS, cancer, and sexually transmitted diseases: A test of the public arenas model. *Journalism Quarterly*, *71* (2), 291-304.

Hibbs, M. P. (1993). *A crossfire of information: A network approach to the agenda-setting hypothesis of the press: The case of steel trade*. Unpublished doctoral dissertation, University of Illinois, Chicago.

Hilgartner, S., & Bosk, C. L. (1988). The rise and fall of social problems: A public arenas model. *American Journal of Sociology*, 94(1), 53-78.

Holaday, D., & Kuo, E. (1992, August). *Upsetting the agenda: Media and the* 1991 *Singapore election*. Paper presented at the Association for Education in Journalism and Mass Communication, Montreal.

Iyengar, S. (1991). *Is anyone responsible? How television frames political issues.* Chicago: University of Chicago Press.

Iyengar, S., & Kinder, D. R. (1985). Psychological accounts of media agendasetting. In S. Kraus & R. M. Perloff (Eds.), *Mass media and political thought* (pp. 117-140). Beverly Hills, CA: Sage.

Iyengar, S., & Kinder, D. R. (1987). *News that matters: Television and American opinion*. Chicago: University of Chicago Press.

Iyengar, S., Peters, M. D., & Kinder, D. R. (1982). Experimental demonstrations of the 'not-so-minimal' consequences of television news programs. *American Political Science Review*, *76* (4), 848-858.

Jamieson, K. H. (1992). *Dirty politics*. New York: Oxford University Press.

Kerr, P. (1986, November 17). Anatomy of an issue: Drugs, the evidence, the reaction. *New York Times*, pp. 1, 12.

Kingdon, J. W. (1984). *Agendas, alternatives, and public policies*. Boston: Little, Brown.

Kuhn, T. S. (1970). *The structure of scientific revolutions*. Chicago: University of Chicago Press. (Original work published 1962)

Lang, G. E., & Lang, K. (1981). Watergate: An exploration of the agenda-building process. In G. C. Wilhoit & H. DeBock (Eds.), *Mass communication review yearbook* 2 (pp. 447-468). Beverly Hills, CA: Sage.

Lasswell, H. D. (1927). *Propaganda technique in the world war*. New York: Knopf.

Lasswell, H. D. (1948). The structure and function of communication in society. In L. Bryson (Ed.), *The communication of ideas: A series of addresses*. New York: Harper.

Lazarsfeld, P. F., & Merton, R. K. (1964). Mass communication, popular taste and organized social action. In L. Bryson (Ed.), *The communication of ideas: A series of addresses* (pp. 95-118). New York: Harper. (Original work published 1948)

Liebes, T., & Katz, E. (1990). *The export of meaning*. New York: Oxford University Press.

Linsky, M. (1986). *How the press affects federal policy making*. New York: Norton.

Linsky, M., Moore, J., O'Donnell, W., & Whitman, D. (1986). *How the press affects federal policy-making: Six cases studies*. New York: Norton.

Lippmann, W. (1922). *Public opinion*. New York: Harcourt Brace.

Lipsky, M. (1968). Protest as a political resource. *American Political Science Review*, *62*, 1144-1158.

Lowi, T. J. (1964). American business, public policy, case studies and political theory. *World Politics*, *16*(4), 677-715.

MacKuen, M. B. (1981). Social communication and the mass policy agenda. In M. B. MacKuen & S. L. Coombs (Eds.), *More than news: Media power in public affairs* (pp. 19-144). Beverly Hills, CA: Sage.

Manheim, J. B. (1986). A model of agenda dynamics. In M. L. McLaughlin (Ed.), *Communication yearbook* 10 (pp. 499-516). Newbury Park, CA: Sage.

Mansbach, R. W., & Vasquez, J. A. (1981). *In search of theory: A new paradigm for global politics*. New York: Columbia University Press.

Mazur, A. (1981). Media coverage and public opinion on sdentific controversies. *Journal of Communication*, *31*, 106-115.

Mazur, A. (1987). Putting radon on the public's risk agenda. Science, *Technology and Human Values*, *12*(3-4), 86-93.

McCarthy, J. D., & Zald, M. N. (1977). Resource mobilization and social movements: A partial theory. *American Journal of Sociology*, *82*(6), 1212-1241.

McCombs, M. E. (1977). Newspaper vs. television: Mass communication effects across time. In D. L. Shaw & M. E. McCombs (Eds.), *The emergence of American political issues: The agenda-setting function of the press* (pp. 89-105). St. Paul, MN: West.

McCombs, M. E. (1981a). The agenda-setting approach. In D. D. Nimmo & K. R. Sanders (Eds.), *Handbook of political communication* (pp. 121-140). Beverly Hills, CA: Sage.

McCombs, M. E. (1981b). Setting the agenda for agenda-setting research: An assessment of the priority, ideas and problems. In G. C. Wilhoit & H. de Beck (Eds.), *Mass communication review yearbook 2* (pp. 219-224). Beverly Hills, CA: Sage.

McCombs, M. E. (1992). Explorers and surveyors: Expanding strategies for agenda-setting research. *Journalism Quarterly*, *69*

(4), 813-824.

McCombs, M. E., & Shaw, D. L. (1972). The agenda-setting function of the mass media. *Public Opinion Quarterly*, *36*, 176-187.

McCombs, M. E., & Shaw, D. L. (1993). The evolution of agenda-setting research: Twenty-five years in the marketplace. *Journal of Communication*, *43*(2), 58-67.

McCombs, M., & Zhu, J. (1995). Capacity, diversity, and volatility of the public agenda: Trends from 1954 to 1994. *Public Opinion Quarterly*, *59*(4), 495-535.

McLeod, J. M., Becket, L. B., & Byrnes, J. E. (1974). Another look at the agendasetting function of the press. *Communication Research*, *1*, 131-166.

Mead, T. D. (1994). The daily newspaper as political agenda setter: *The Charlotte Observer* and metropolitan reform. *State and Local Government Review*, *26*(1), 27-37.

Molotch, H. L., Protess, D. L., & Gordon, M. T. (1987). The media-policy connection: Ecology of news. In D. Paletz (Ed.), *Political communication: Theories, cases and assessments* (pp. 26-42). Norwood, NJ: Ablex.

Montgomery, K. C. (1989). *Target: Prime time—Advocacy groups and the struggle over entertainment television*. New York: Oxford University Press.

Montgomery, K. C. (1993). The Harvard Alcohol Project: Promoting the designated driver on television. In T. E. Backer & E. M. Rogers (Eds.), *Organizational aspects of health communication campaigns: What works?* (pp. 178-202). Newbury Park, CA: Sage.

Morgenthau, H. J. (1948). *Politics among nations: The struggle for power and peace*. New York: Knopf.

Mullins, L. E. (1977). Agenda-setting and the young voter. In D. L. Shaw & M. E. McCombs (Eds.), *The emergence of American political issues*: *The agenda-setting function of the press* (pp. 133-148). St. Paul, MN: West.

Nader, R. (1965). *Unsafe at any speed*. New York: Grossman.

Nelson, B. J. (1984). *Making an issue of child abuse*: *Political agenda setting for social problems*. Chicago: University of Chicago Press.

Neuman, W. R. (1990). The threshold of public attention. *Public Opinion Quarterly*, *54*,159-176.

Neuman, W. R., Just, M. R., & Crigler, A. N. (1992). *Common knowledge*: *News and the construction of political meaning*. Chicago: University of Chicago Press.

Noelle-Neumann, E. (1984). *The spiral of silence*. Chicago: University of Chicago Press.

O'Gorman, H. (1973). Pluralistic ignorance and white estimates of white support for racial segregation. *Public Opinion Quarterly*, *39* (3), 313-330.

Palmgreen, P., & Clarke, P. (1977). Agenda-setting with local and national issues. *Communication Research*, *4*, 435- 452. Park, R. E. (1922). *The immigrant press and its control*. New York: Harper.

Patterson, T. E. (1993). *Out of order*. New York: Knopf.

Ploughman, P. (1984). *The creation of newsworthy events*: *An analysis of newspaper coverage of the man-made disaster at Love Canal*. Unpublished doctoral dissertation, State University of New York, Buffalo.

Price, D., de Sola. (1961). *Science since Babylon*. New Haven, CT: Yale University Press.

Protess, D. L., Cook, F. L., Doppelt, J. C., Ettema, J. S., Gordon, M. T., Left, D. R., & Miller, P. (1991). *The journalism of outrage*. New York: Guilford.

Protess, D. L., Left, D. R., Brooks, S. C., & Gordon, M. T. (1985). Uncovering rape: The watchdog press and the limits of agenda-setting. *Public Opinion Quarterly*, *49*(1), 19-37.

Reese, S. D. (1991). Setting the media's agenda: A power balance perspective. In J. A. Anderson (Ed.), *Communication yearbook 14* (pp. 309-340). Newbury Park, CA: Sage.

Reinarman, C. (1988). The social construction of an alcohol problem: The case of Mothers Against Drunk Drivers and social control in the 1980's. *Theory and Society*, *17*, 91-120.

Rogers, E. M. (1983). *Diffusion of innovations* (3rd ed.). New York: Free Press.

Rogers, E. M. (1994). *A history of communication study: A biographical approach*. New York: Free Press.

Rogers, E. M. (1995). *Diffusion of innovations* (4th ed.). New York: Free Press.

Rogers, E. M., & Chang, S. (1991). Media coverage of technology issues: Ethiopian drought of 1984, AIDS, Challenger and Chernobyl. In L. Wilkens & P. Patterson (Eds.), *Risky business: Communicating issues of science, risk and public policy* (pp. 75-96). New York: Greenwood.

Rogers, E. M., & Dearing, J. W. (1988). Agenda-setting research: Where has it been? Where is it going? In J. A. Anderson (Ed.), *Communication yearbook 11* (pp. 555-594). Newbury Park, CA: Sage.

Rogers, E. M., Dearing, J. W., & Bregman, D. (1993). The anatomy of agendasetting research. *Journal of Communication*, *43* (2A), 68-84.

Rogers, E. M., Dearing, J. W., & Chang, S. (1991). AIDS in the 1980s: The agenda-setting process for a public issue. *Journalism Monographs*, *126*.

Rosenau, J. N. (1961). *Public opinion and foreign policy*. New York: Random House.

Rosenau, J. N. (1971). Pre-theories and theories of foreign policy. In J. N. Rosenau (Ed.), *The scientific study of foreign policy*.

New York: Free Press.

Salwen, M. B., & Matera, F. R. (1992). Public salience of foreign nations. *Journalism Quarterly*, *69*, 623-632.

Sehattschneider, E. E. (1960). *The semisovereign people: A realist's view of democracy in America*. New York: Holt, Rinehart & Winston.

Schoenbach, K., & Semetko, H. A. (1992). Agenda-setting, agenda-reinforcing or agenda-deflating? A study of the 1990 German national election. *Journalism Quarterly*, *69*(4), 837-846.

Schweitzer, J. C., & Smith, B. L. (1991, Summer). Community pressures on agenda-setting. *Newspaper Research Journal*, pp. 46-62.

Shadish, W. R., Jr., Cook, T. D., & Leviton, L. C. (1991). *Foundations of program evaluation: Theories of practice*. Newbury Park, CA: Sage.

Shaw, D. L., & Clemmer, C. L. (1977). News and the public response. In D. L. Shaw & M. E. McCombs (Eds.), *The emergence of American political issues: The agenda-setting function of the press* (pp. 33-51). St. Paul, MN: West.

Shaw, D. L., & McCombs, M. (1977). *The emergence of American political issues: The agenda-setting function of the press*. St. Paul, MN: West.

Shefner, C. L., & Rogers, E. M. (1992, May). *Hollywood lobbyists: How social causes get in network television*. Paper presented at the International Communication Association, Miami.

Shoemaker, P. (1991). *Gatekeepers*. Newbury Park, CA: Sage.

Shoemaker, P. J., Wanta, W., & Leggett, D. (1989). Drug coverage and public opinion, 1972-1986. In P. J. Shoemaker (Ed.), *Communication campaigns about drugs: Government, media and the public* (pp. 67-80). Hillsdale, NJ: Lawrence Erlbaum.

Siune, K., & Borre, O. (1975). Setting the agenda for a Danish election. *Journal of Communication*, *25*(1), 65-73.

Smith, C. (1993). News sources and power elites in news coverage of the Exxon Valdez spill. *Journalism Quarterly*, *70* (2), 393-403.

Smith, T. W. (1980). America's most important problem: A trend analysis, 1946-1976. *Public Opinion Quarterly*, *44*, 164-180.

Stone, G. C., & McCombs, M. E. (1981). Tracing the time lag in agenda-setting. *Journalism Quarterly*, 58(1), 51-55.

Takeshita, T. (1993). Agenda-setting effects of the press in a Japanese local election. *Studies of Broadcasting*, *29*, 194-216 (NHK).

Tipton, L., Haney, R. D., & Baseheart, J. R. (1975). Media agenda-setting in city and state election campaigns. *Journalism Quarterly*, *52*(1), 15-22.

Trumbo, C. (1995). Longitudinal modeling of public issues: An application of the agenda-setting process to the issue of global warming. *Journalism Monographs*, *152*.

Walker, J. L. (1977). Setting the agenda in the U. S. Senate: A theory of problem selection. *British Journal of Political Science*, *7*, 433-445.

Wallack, L. (1990). Two approaches to health promotion in the mass media. *World Health Forum*, *11*, 143-164.

Wanta, W., & Hu, Y. (1994). The effects of credibility, reliance, and exposure on media agenda-setting: A path analysis model. *Journalism Quarterly*, *71*(1), 99-109.

Wanta, W., & Wu, Y. (1992). Interpersonal communication and the agenda- setting process. *Journalism Quarterly*, *69*(4), 847-855.

Weaver, D. H. (1977). Political issues and voter need for orientation. In D. L. Shaw & M. E. McCombs (Eds.), *The emergence of American political issues: The agenda-setting function of the press* (pp. 107-119). St. Paul, MN: West.

Weaver, D. H. (1984). Media agenda-setting and public opinion: Is there a link? In R. N. Bostrom (Ed.), *Communication yearbook* 8 (pp. 680-691). Beverly Hills, CA: Sage.

Weaver, D. H., Graber, D. A., McCombs, M. E., & Eyal, C. H. (1981). *Media agendasetting in a presidential election: Issues, images and interest* (T. Takeshita, Trans.). New York: Praeger; in Japanese, Tokyo: Keiso-Shabo.

Weaver, D. H., McCombs, M. E., & Spellman, C. (1975). Watergate and the media: A case study of agenda-setting. *American Politics Quarterly*, *3*, 458-472.

Weimann, G. (1994). The influentials as leaders and agenda-setters. In G. Weimann, *The influentials: People who influence people*. Albany: State University of New York Press.

Weisman, A. P. (1986, October). I was a drug-hype junkie. *New Republic*, pp. 14-17.

Williams, E. (1993). Personal interview, May 5, as quoted in Timothy D. Mead (1994), The daily newspaper as political agenda setter: The Charlotte Observer and metropolitan reform. *State and Local Government Review*, *26*(1), 27-37.

Winter, J. P. (1981). Contingent conditions in the agenda-setting process. *Mass communication review yearbook 2* (pp. 235-243). Beverly Hills, CA: Sage.

Winter, J. P., & Eyal, C. (1981). Agenda-setting for the dvil rights issue. *Public Opinion Quarterly*, *45*, 376-383.

Winter, J. P, Eyal, C., & Rogers, A. H. (1982). Issue-specific agenda-setting: The whole as less than the number of parts. *Canadian Journal of Communication*, *8*, 1-10.

Yankelovich, D. (1991). *Coming to public judgment: Making democracy work in a complex world*. Syracuse, NY: Syracuse University Press.

Yin, R. K. (1989). *Case study research*. Newbury Park, CA: Sage.

Zhu, J. (1992a). Issue competition and attention distraction in agenda-setting: A zero-sum perspective. *Journalism Quarterly*, *69*

(4), 825-836.

Zhu, J. (1992b). *Media agenda-setting and priming during the deficit crisis and the Gulf War: A time-series analysis*. Unpublished paper, University of Connecticut, Storrs, Department of Communication Science.

Zhu, J., Watt, J. H., Snyder, L. B., Yan, J., & Jiang, Y. (1993). Public issue priority formation: Media agenda-setting and social interaction. *Journal of Communication*, *43*(1), 8-29.

Zimmerman, W. (1973). Issue area and foreign-policy process: A research note in search of a general theory. *American Political Science Review*, *67*(2), 1204-1212.

Zucker, H. G. (1978). The variable nature of news media influence. In B. D. Ruben (Ed.), *Communication yearbook* 2 (pp. 235-246). New Brunswick, NJ: Transaction.

图书在版编目(CIP)数据

传播概念·Agenda-Setting/〔美〕迪林、罗杰斯著;倪建平译.
—上海:复旦大学出版社,2009.3
ISBN 978-7-309-06326-4

Ⅰ.传… Ⅱ.①迪…②罗…②倪… Ⅲ.传播学-研究 Ⅳ.G206

中国版本图书馆 CIP 数据核字(2008)第 159740 号

上海市版权局著作权合同登记号:图字 09-2006-811 号
This edition is published by arrangement with Sage Publication Inc.
Translated by Fudan University Press from the original English language version.
All rights reserved.

传播概念·Agenda-Setting
〔美〕James W. Dearing Everett M. Rogers 著 倪建平 译

出版发行 复旦大学出版社 上海市国权路 579 号 邮编 200433
86-21-65642857(门市零售)
86-21-65100562(团体订购) 86-21-65109143(外埠邮购)
fupnet@fudanpress.com http://www.fudanpress.com

责任编辑 黄文杰
出 品 人 贺圣遂

印 刷 上海肖华印务有限公司
开 本 850×1168 1/32
印 张 9.875
字 数 197 千
版 次 2009 年 3 月第一版第一次印刷

书 号 ISBN 978-7-309-06326-4/G·791
定 价 25.00 元

如有印装质量问题,请向复旦大学出版社发行部调换。
版权所有 侵权必究